PIERRE KHORAT

SCÈNES

DE

LA PACIFICATION

MAROCAINE

Librairie académique *PERRIN et Cie.*

SCÈNES

DE LA

PACIFICATION MAROCAINE

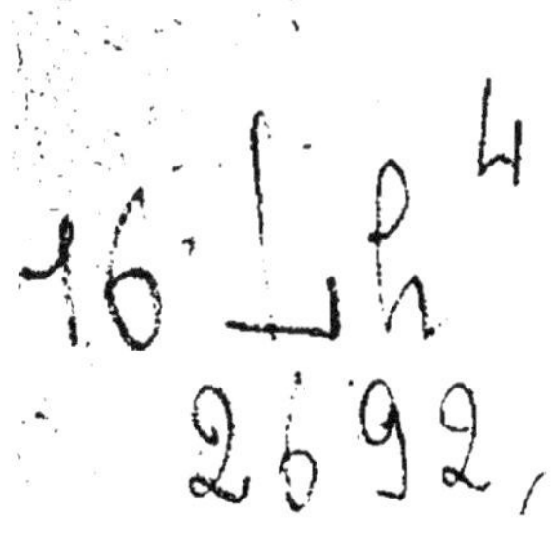

PIERRE KHORAT

SCÈNES

DE

LA PACIFICATION

MAROCAINE

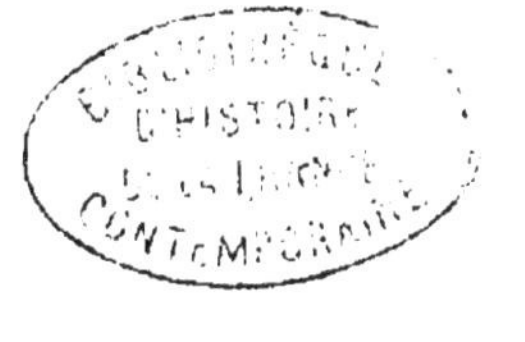

PARIS

LIBRAIRIE ACADÉMIQUE

PERRIN ET Cie, LIBRAIRES-ÉDITEURS

35, QUAI DES GRANDS-AUGUSTINS, 35

1914

AVANT-PROPOS

Les Scènes de la Pacification marocaine,
qui ont déjà paru en articles dans la *Revue
des deux Mondes*, forment la suite naturelle
et la conclusion de mon précédent volume
En colonne au Maroc. Je me suis proposé
d'y exposer, sans prétentions dogmatiques,
quelques solutions des problèmes guerriers,
économiques et administratifs que nos compatriotes civils et militaires peuvent avoir à
résoudre dans ce pays en effervescence.

Depuis l'entrée de nos troupes à Fez et
Meknès, en mai-juin 1911, et les arrangements européens qui nous ont permis d'établir notre protectorat, les étapes de notre

pénétration au Maroc s'exécutent selon un rite immuable. En bordure des régions soumises, des tribus indépendantes et belliqueuses troublent la tranquillité de nos protégés, les entreprises des immigrants. Quand l'autorité française juge opportun de les châtier, elle rassemble des troupes qui vont accepter ou rechercher la lutte avec nos adversaires, pour les contraindre à se soumettre à leur tour. Quelques postes sont alors fondés dans le territoire conquis ; à leurs chefs revient la tâche de rendre définitifs les résultats obtenus par les colonnes de pacification.

Ainsi les incidents qui caractérisent les phases de la conquête se groupent naturellement dans les trois parties de ce récit. Dans la première apparaissent les conséquences inévitables d'une politique d'atermoiement, volontaire ou imposée par les circonstances, qui lasse la patience de nos clients et surexcite l'audace de nos ennemis. Dans la seconde se déroulent tous les épisodes tragiques ou pittoresques qui rendent compréhensible le scénario des opérations contre

rebelles et dissidents. La troisième, enfin,
montre les procédés d'une politique active et
fière qui, suivant l'expression du Résident
général, peut faire de chaque nouveau poste
un « musoir protecteur » des régions pacifiées.

Les personnages qui parlent et agissent
dans ce volume ne sont pas tout à fait des
personnages fictifs. Ils sont même aussi vraisemblables que les événements auxquels ils
assistent sont réels. Leur présence dans le
récit facilite, d'après nature, l'intelligence
des théories qui passionnent souvent et divi-
sent parfois les acteurs ignorés ou notoires
de l'œuvre entreprise par la France au Maroc.
Les uns, gênés par leur caractère, leurs traditions, leur intérêt, ignorent ou négligent
les termes de comparaison dont notre histoire coloniale est remplie, et s'illusionnent
sur les difficultés de la conquête marocaine
qu'ils sont enclins à exagérer. Les autres,
plus conscients des réalités locales, préconisent et pratiquent une audace avisée, au
service d'une activité sans cesse en éveil.
Leur esprit offensif est ainsi d'accord avec le

règlement militaire et le tempérament de notre race. Du succès qui les récompense j'ai été le témoin impartial, et c'est à leur opti misme clairvoyant que je convie le lecteur.

17 décembre 1913.

SCÈNES

DE LA

PACIFICATION MAROCAINE

CHAPITRE PREMIER

AU PAYS DES DISSIDENTS

Les déboires d'un immigrant. — Vers d'autres cieux. — Sur les
ailes de la vapeur. — Les transformations de Bou-Znika. —
Les douceurs de l'automobile. — Psychologie rétrospective. —
A Rabat ; critiques et opinions. — L'ascension d'une race.
— Croquis de paysage et de grands restaurants. — Sur la route
de N'Kreïla. — Les émois d'une garnison et l'hospitalité
grecque. — Le paradis des dissidents. — Le camp Marchand
et la paix française. — Esquisses de ralliés. — A la recherche
des enfants prodigues. — Philosophie militaire.

La bouche pâteuse, les paupières lourdes,
Paul Pointis s'éveilla de mauvaise humeur. Son
regard chercha le calendrier et la pendule, parcourut la chambre banale du Grand Hôtel, mal
défendue par ses persiennes rétives contre la clarté
aveuglante du soleil déjà haut, contre le tumulte
du soukh voisin : « J'ai besoin de changer d'air,
et le séjour à Casablanca ne me vaut rien, grommela-t-il. J'ai à peu près perdu mon temps dans

cette petite ville de province où, suivant un mot
de théâtre, « les affaires, c'est l'argent des autres. »
Le souvenir amer d'une demi-mondaine de pacotille dont il subissait depuis un mois les caprices,
l'insomnie causée par le hurlement lancinant
d'un chien aggravaient sa sévérité naturelle pour
une localité qu'il n'avait jamais jugée avec indulgence.

Après avoir cherché, sans succès, dans l'eau
froide un remède à sa nervosité, il s'habilla prestement. Quand il eut fulminé contre la maladresse
chronique de la servante juive qui lui apportait le
café matinal, il tourna d'un pas saccadé autour de
la table et se mit à réfléchir. Chez lui, comme chez
tous les hommes façonnés par la solitude, souvent
la pensée s'évadait en monologues sans apprêt.
Cette fois, sa méditation fut silencieuse. Elle
s'exerça sur des cartes rapidement consultées, sur
l'attirail de voyageur qui gisait dans un coin, sur
le contenu de cantines vidées en toute hâte sur le
lit. Et, avec la joie exubérante de l'homme d'action qui vient de prendre un parti : « Mohammed !
— cria-t-il en tirant à le briser sur le cordon de la
sonnette; — Mohammed ! hâte-toi ! Je sors, mais
tu viendras me rejoindre à la gare avec les bagages, pour le train de midi. — Où allons-nous ?
— Chez les farouches Zaër, ô Mohammed ! »

Trois mois auparavant, Paul Pointis avait partagé l'engouement de ses compatriotes pour le Maroc, provoqué par les suggestions d'une presse bien stylée. Repris par la nostalgie des voyages, il avait laissé sa jeune femme à Paris, et il avait débarqué comme tant d'autres à Casablanca, plus riche encore d'illusions que de sa respectable lettre de crédit sur la Banque d'État. Mais il était arrivé trop tard, ou trop tôt. Il n'avait aucun goût pour les spéculations de terrains où se complaisait l'ingéniosité des premiers immigrants, pour le commerce des laines de moutons ou de peaux de bœufs, pour les copieux profits des fournisseurs militaires ou des fondateurs de bazars. Il ne s'était pas soucié d'entrer en relations d'affaires avec les Juifs, les protégés étrangers, les Levantins, qui mettaient entre les indigènes avides et les capitalistes confiants une épaisse barrière d'intermédiaires retors. Ses aptitudes, qui le portaient vers les entreprises industrielles, l'avaient aussitôt éloigné de la Chaouïa plantureuse où s'entassaient les nouveaux débarqués. A la suite des convois militaires, il avait visité Fez, Meknès, avec l'espoir de prendre date pour des concessions de houille blanche, de transports mécaniques, d'éclairage, que la transformation escomptée de ces vieilles cités lui faisait supposer désirables et prochaines. Mais la révolte de Fez avait assombri la situation politique ; l'entourage du Sultan et nos diplomates ne s'étaient pas montrés favorables aux projets industriels que Pointis leur présentait. Il avait eu, alors, des ambitions plus modestes. De ses voyages en Extrême-Orient il conservait le souvenir des bénéfices qu'on pouvait espérer d'une batellerie primitive au service des militaires et des commerçants. On l'avait vu dans les vallées du Sebou et du Bou-Regreg ; des parlementaires en mission et des journalistes l'avaient même rencontré vers Mechra-ben-Abbou et Dar-Chafaï. Cette fois encore, les méfiances ambiantes paralysèrent son ardeur. De guerre lasse, il s'était attardé dans Casablanca pour y rêver à de moins aléatoires combinaisons. Un mois après il songeait, plus qu'il n'aurait fallu, aux yeux noirs d'une cabotine, et il résistait à grand'peine aux suggestions décevantes des spéculateurs de terrains. Il se trouvait noyé dans le nouveau flot de Tartarins cosmopolites et bruyants que la ratification du traité de protectorat déversait sur le Maroc. Il se prit soudain à regretter son boulevard, ses relations parisiennes, sa famille surtout qu'il avait abandonnée pour courir après des chimères. Et il s'apprêtait à prendre le premier « Paquet » pour rentrer en France, quand des propos de café, entendus par hasard, modifièrent sa résolution.

Selon l'expression consacrée, on devait enfin « châtier les farouches Zaër ». Une forte colonne, dirigée par un chef réputé, s'organiserait à Rabat, Maaziz et Camp-Marchand ; on était décidé à poursuivre les rebelles dans leurs plus lointaines retraites, jusque dans les gorges de l'oued Grou, à briser les résistances et à mettre fin à l'anarchie. Pointis s'était renseigné. Un officier d'état-major, de ses amis, avait consenti à trahir en sa faveur le secret de Polichinelle. L'attrait d'une randonnée derrière nos troupes, à travers une région dont quelques initiés vantaient l'aspect sauvage et pittoresque, le souvenir de lectures sur les entreprises minières des Portugais, l'avaient décidé à voir, comme dernière expérience, « s'il n'y avait pas quelque chose à faire par là ». Il se promettait de ne pas utiliser les Grecs qui ouvraient boutique autour des postes et qui se tenaient ainsi à l'affût des bonnes affaires, les Juifs qui servaient les deux partis, les protégés qui négociaient avec les cadis besogneux de redoutables combinaisons. Il espérait que sa patience de vieux routier serait enfin récompensée, que les montagnes lui dévoileraient leurs secrets et les filons leurs richesses dans un pays d'où la mauvaise réputation des habitants avait jusqu'alors éloigné les touristes et les agioteurs.

Mais, dans le train, son enthousiasme tomba. La course lente des wagons qui bondissaient péniblement sur la voie de o^m,6o, derrière une locomotive essoufflée, lui donna jusqu'à Bou-Znika le temps de méditer. Le « chemin de fer stratégique », dont il profitait par faveur spéciale, lui apparut comme le symbole d'une mainmise précaire et contestée de la France sur le Maroc. Il considéra que le Génie militaire, gêné par les circonstances, avait employé quinze mois à poser 48 kilomètres de rail Decauville en terrain horizontal, sans autres ouvrages d'art que trois ou quatre ponts sur pilotis. Il regretta ses chevauchées si pittoresques, sur la piste sablonneuse qui dessinait alors un ourlet grisâtre au tapis de fleurs dont le mois d'avril couvrait le Maroc. La tête à la portière, il reconnaissait les palmiers ébouriffés, les figuiers massifs, les koubas ruinées qui ponctuaient ses souvenirs. Des Arabes gouailleurs le narguaient au passage en luttant de vitesse avec le train dont les ferrailles gémissaient. Et ce joujou d'enfant, qui semblait perdu dans l'immensité des moissons mûres, lui donna soudain la nostalgie des courses folles en automobile, du glissement berceur des grands express européens. Pour s'égayer, il songea aux comparaisons que Moulay-Hafid avait dû faire en France, entre le Paris-Côte d'Azur et cette roulotte à vapeur qui lui fit connaître les saines émotions d'un déraillement.

A Bou-Znika, terminus provisoire de la ligne, il sauta vivement de sa cage surchauffée. En s'acheminant vers l'automobile qu'un loueur entreprenant de Rabat mettait à la disposition des voyageurs pressés, il s'étonna de retrouver, presque sans changements, un paysage connu. Il avait observé, en d'autres contrées, les transformations à vue opérées par le rail. Il s'était imaginé un Bou-Znika mué en ville à l'américaine, hérissé de constructions hâtives, bourdonnant d'une fébrile activité. Mais les amas de matériel du chemin de fer, les poteaux indicateurs de propriétés incultes et vastes, seuls, accusaient une prévoyance méticuleuse et bien ordonnée. Quelques soldats s'agitaient autour du train figé, simulant sans hâte des besognes d'hommes d'équipe fatigués et dolents. Dans les mêmes baraques en bois, les mêmes gargotiers semblaient considérer les rares clients comme les ennemis de leur repos. Les murs de la kasbah montraient les mêmes blessures, que le temps avait envenimées. Des géraniums avaient remplacé les fonds de bouteilles dans les plates-bandes du « jardin des zouaves », mais l'infirmerie indigène était toujours aussi misérable, la « case du Génie » aussi miteuse, l'horizon aussi désert.

Les beuglements saccadés de la trompe d'auto, qui stimulaient les retardataires, arrachèrent Pointis à ses réflexions. Trois voyageurs, déjà, se calaient sur les coussins, s'entouraient de couvertures, bourraient à forcement les espaces vides, et leur physionomie s'éclaira quand ils eurent la conviction de se trouver « au complet ». Pointis, de loin, avait déjà reconnu l'un deux pour avoir fraternisé, certain soir de fête, au « Moulin de la Gaîté ». Il se félicita poliment de la rencontre, et s'informa des causes d'une sociabilité qui contrastait avec les ruses coutumières des voyageurs en chemin de fer : « Vous n'avez donc jamais fait en auto le trajet de Rabat ? lui demanda son compagnon de route, empaqueté comme un objet fragile et précieux. — Non ; pourquoi ? — Parce que vous n'auriez qu'à chercher la réponse dans vos souvenirs. A quatre, on s'étaie mutuellement et l'on affronte sans trop de peine les secousses du chemin. Quand il y a des places vacantes, on est projeté dans tous les sens, comme une balle de tennis, et l'on arrive fourbu, meurtri, avec des bleus sur tout le corps. »

Dès les premiers tours de roue, Pointis n'avait plus besoin d'explication. Bondissant sur les palmiers nains, plongeant dans les ornières, crissant dans le sable où elle s'enlizait, la voiture allait par saccades brusques, rappelant les attractions affolantes d'un Luna-Park ou d'un Magic-City : « C'est une honte ! hurla soudain le voisin de Pointis, qui luttait avec l'énergie du désespoir contre les symptômes du mal de mer. Voilà plus d'un an que circulent des milliers d'hommes, des milliers de tonnes entre Casablanca et Rabat, et c'est tout ce qu'on nous offre encore comme route ! J'en parlerai au Résident général ! En Amérique, monsieur... » Mais une nausée imminente arrêta la comparaison. D'ailleurs, Pointis l'avait maintes fois entendue sous d'autres cieux, et son attention s'était fixée sur la phrase qui la précédait. Ainsi, déjà, au Maroc, des hommes hargneux, importants et affairés, allaient vers Rabat comme en pèlerinage, pour y faire entendre leurs doléances au Résident général, pour tenter au profit de leurs théories ou de leur avidité le chantage de leur audace ou de leurs relations ! Ils allaient vers l'autorité suprême comme vers le tout-puissant manitou, dispensateur des grâces, des fonctions et des indemnités ! Ils exhibaient avec ostentation quelque vague carte de presse, faisaient sonner bien haut leurs titres de parlementaires ou de « missionneux », parlaient avec autorité de leurs capitaux trop souvent illusoires, des mythiques groupements financiers qu'ils représentaient. Le « j'en parlerai au Résident général », qui revenait comme un leit-motiv sur les terrasses des cafés de Casablanca, remplaçait au Maroc le « j'attends Doumer » que Pointis avait jadis entendu. Il se rappela soudain les *Sauterelles* à systèmes, à monopoles, à concessions qui s'étaient abattues sur l'Indochine où, pendant quelques mois, « attendre Doumer » facilita le bluff de prétentieuses inutilités. Et il conclut entre deux cahots : « Ce sont peut-être les mêmes qui vont « en parler » au Résident général ».

La fureur de ses compagnons s'était apaisée dans le coma. Le roulis, le tangage et le bruit combinés leur avaient enlevé le courage de la plainte. Inconscients et veules, il fallait au chauffeur une éloquence insinuante pour les décider à descendre quand la voiture, enfoncée jusqu'aux moyeux dans le sable fluide, refusait d'avancer. Pointis, plus aguerri par une pratique ancienne de l'automobile et des sports, eut donc toute la tranquilité nécessaire pour coordonner ses observations et ses projets. Il songea que la piste sans apprêt, où se croisaient de temps à autre des véhicules trépidants, mouchetés de képis polychromes, était la suite harmonieuse du chemin de fer fossile dont le Génie rougissait. « D'après l'état de la grande route impériale, que vais-je trouver en pays zaër? » murmurait-il quand une secousse violente dérangeait son équilibre laborieux. Et sa pensée évoquait aussitôt l'obstination du chameau fatigué qui se couche, l'indolence affairée des conducteurs, l'appréhension des arrimages, l'arrivée tardive à l'étape, les départs au petit jour, le cheval traîné par la bride, la mare boueuse des points d'eau, les marchandages énervants, les palabres sans fin et sans but avec des indigènes quémandeurs et retors, qui, vus du boulevard, s'appellent Noblesse arabe et Poésie du Désert.

A la nuit tombante, la voiture franchissait en grondant la sinueuse entrée de Rabat. Elle filait vivement. Les beuglements ininterrompus de la trompe la signalaient aux habitants impassibles, aux chiens effarés, qu'elle enveloppait dans les nuages d'un crottin poussiéreux. Puis, sur une petite place bosselée, le chauffeur lui fit décrire une courbe sans grâce et l'arrêta devant une maison indigène d'aspect médiocre, mais qu'une enseigne en grosses lettres décorait d'un nom ronflant : « C'est le meilleur hôtel de la ville, qui en compte déjà plusieurs », avait-on dit à Pointis. Il aimait en voyage le confortable, et cet avis détermina son choix.

Tandis qu'il dînait seul dans la cour transformée en salle à manger coiffée d'une verrière malpropre, il observait la foule des clients, assis par groupes sympathiques autour des tables en bois blanc. Dans le brouhaha des voix confuses, il entendait les mots, toujours les mêmes, qui traduisaient les espoirs et les déceptions. D'ailleurs, la poursuite des honneurs ou de la fortune paraissait moins préoccuper ces militaires, ces colons, ces commerçants, ces fonctionnaires, que les intrigues sans mystère avec les demoiselles des beuglants. Ils appréciaient les mérites, commentaient les formes, discutaient les tarifs. Quelques-uns plastronnaient, glorieux de la compagne d'occasion qui balançait, avec des minauderies précieuses, les plumes défraîchies d'un chapeau encombrant, et qui, toute fière de dîner au restaurant « avec des messieurs bien », s'efforçait aux attitudes élégantes et au langage correct. Pointis jugea que ces échantillons de la galanterie exotique étaient encore inférieurs à ceux de Casablanca. Il ne se sentit pas le courage de promener son ennui solitaire à l'Eldorado ou au Casino, et d'affronter les voix aigres, les refrains canailles et les quêtes obsédantes. Mais il songea que sa chambre prenait jour dans la salle à manger, et qu'elle devait être empestée par les odeurs de nourriture, de graillon et de tabac. Alors il s'évada et se perdit dans la nuit.

Il consacra le lendemain aux préparatifs de son voyage. Une expérience déjà longue lui avait appris l'insuffisance chronique des renseignements sollicités dans les bureaux officiels. Maintes fois, la courtoisie du personnel militaire n'avait pu le préserver des indications vagues et des conseils fallacieux. Il redoutait les distances erronées, les affirmations dubitatives, les échappatoires prudentes, où il devinait la méfiance instinctive des guerriers à l'égard des civils qu'ils supposaient gênants, inquiétants ou bavards. La qualité de correspondants de presse, que s'attribuaient la plupart des voyageurs, si elle déclenchait la loquacité de nombreux grands chefs ravis de parler à la cantonade, incitait leurs subordonnés à une diplomatique réserve. Pointis ne perdit point son temps à l'affronter de nouveau, malgré les lettres de recommandation dont son portefeuille était bourré. Il préféra se diriger vers le logis d'un commerçant qui devait à sa qualité de fournisseur des popotes militaires une notoriété de bon aloi.

Tout en cheminant, il examinait les rues et les boutiques et, comme il avait de la mémoire, il trouvait que l'occupation française n'avait guère corrigé leur pittoresque mais répugnante saleté.

Dans une salle encombrée de caisses, de rayons et d'acheteurs, le Potin de Rabat l'écoutait, loquace et complaisant : « Comment, monsieur ! vous voulez aller chez les Zaër ? Drôle d'idée, monsieur ! Vraiment, le voyage n'en vaut pas la peine. La contrée est dangereuse, et il n'y a rien à faire par là ! » Pointis commençait à le croire ; mais il était trop avancé pour reculer. Il redoutait de paraître effrayé par les chances d'une attaque ou les difficultés d'une prospection rapide en pays dissident. Il insista pour avoir guide, chevaux de selle, chameaux de charge à ses risques et périls. On les lui promit enfin, en lui conseillant de se joindre au « convoi libre » que le commerçant, qui était aussi entrepreneur de transports, expédiait le lendemain vers les postes de N'Kreïla et de Camp-Marchand.

Cependant, Pointis s'attardait à bavarder. Il avait lorgné les adresses des emballages, l'activité fébrile des employés. Rassuré, maintenant, sur l'organisation de sa petite caravane, il formulait des félicitations polies au sujet du « châtiment des Zaër » qui allait ouvrir au commerce français une vaste région. Son interlocuteur l'arrêta aussitôt : « Nous n'y gagnerons guère, monsieur, nous, les colons ! Nous n'avons pas les coffres-forts de l'Intendance, ni les ressources des Emprunts Marocains. Le résultat le plus certain des colonnes est toujours un fantastique renchérissement des prix. L'autorité militaire achète sur place les denrées, loue les chameaux et les conducteurs, coûte que coûte, sans se préoccuper des conséquences. Et ces sales moricauds, qui n'ont pas de besoins, ne veulent plus, ensuite, diminuer leurs prétentions. » Il souffla un moment, puis, comme s'il avait à exhaler d'anciennes rancunes, il reprit : « Quand le Génie, les officiers d'Administration, le Service des Renseignements ont passé quelque part, savez-vous combien un maçon, un charpentier marocains, dont les ouvriers de France ne voudraient pas comme manœuvres, exigent par journée de travail ? Des 5 et des 7 francs, monsieur ! Savez-vous combien me coûtent, par mois, les trois masures que j'ai transformées en magasin ? 600 francs, monsieur ! Et dans le bled, quand des troupes y ont fait séjour, allez donc acheter de l'orge à moins de 20 francs le sac, des bœufs à moins de 150 ou 200 francs chacun ! Essayez d'avoir des chameaux de charge à moins de un douro par jour ! Informez-vous des prix des terrains que les spéculateurs ont accaparés ! Depuis deux ans que je suis au Maroc, monsieur, le douro qui était à 160 ne vaut plus que 115[1] ! S'il n'a pas la chance d'être admis aux fournitures administratives, ou s'il n'a pas la clientèle des postes, le colon, le commerçant ou l'industriel n'a plus qu'à se faire marchand de goutte, ou à tripoter comme tant d'autres. Et quand on est Français, monsieur, on n'aime guère vendre des camelotes avariées, prêter à la petite semaine, ou céder aux dissidents des fusils volés et des cartouches à quinze sous pièce ! — Soit, mais la crise sera passagère, insinua Pointis. Et la richesse agricole du Maroc... »

Le commerçant ricana : « Oui, je sais : les terres noires, les moissons plus hautes que les hommes, la fertilité extraordinaire, les nuées de troupeaux ! Et après ? Les terrains fertiles et facilement cultivables sont presque tous occupés par les tribus. Dans ce pays sans cadastre, sans notaires et sans receveurs d'enregistrement, l'acheteur est toujours exposé à la mauvaise foi de témoins cupides et de cadis vénaux. Croyez-vous que les paysans de chez nous vont accourir en foule pour défricher les déserts de cailloux et de

---

1. Cent francs en monnaie française valaient 160 francs en monnaie marocaine. Le prix de la vie a donc augmenté d'un tiers en deux ans au Maroc.

palmiers nains? Dépossédera-t-on les indigènes au profit des immigrants? Ceux-ci pourront-ils se passer d'ouvriers agricoles qu'ils devront payer plus cher qu'en France? Que feront-ils de leurs récoltes? Le paysan marocain les garde dans ses silos, ou les transporte sur des chameaux jusqu'à Rabat et Casablanca; mais le paysan français aura besoin de routes et de chemins de fer. D'après la ligne stratégique du bord de la mer, vous pouvez comprendre que les communications intérieures ne seront pas, de longtemps, faciles et peu coûteuses. Sans routes, sans voies ferrées et sans ports, que vaudront les mines après lesquelles on court? Et les adjudications internationales? Et l'égalité douanière? Et les protégés étrangers? Mais, monsieur, c'est seulement à la présence de nos troupes que nous devons les apparences de prospérité dans les villes, et les navires dans les ports! Croyez-moi, le Maroc n'est pas l'Eldorado qu'on nous a vanté. Comme tant d'autres, je vivrais d'expédients si je n'avais eu la chance d'arriver au bon moment et de fonder la succursale bien achalandée d'une grosse maison d'alimentation. J'ai pour clients les postes jusqu'à Fez, et les chameaux que je loue à la Direction des Étapes augmentent mes profits. »

Pointis écoutait avec surprise ce colon désen-

chanté. Mais il observa le teint jaunâtre, le souffle
court, et cette acrimonie insolite lui parut causée
par un estomac capricieux. Soudain, le notable
commerçant s'excusa. Pointis le vit se précipiter
vers un client dont l'arrivée mettait en émoi le
personnel du magasin. Le nouveau venu accep-
tait avec condescendance les affabilités obsé-
quieuses du caissier, l'empressement des commis,
la courtoisie agitée du patron. Avec une sollicitude
inquiète, des jeux de mains expressifs, celui-ci
s'informait : « Qu'y a-t-il pour votre service,
monsieur Salomon ? Comment allez-vous, monsieur Salomon ? Quelle agréable surprise, monsieur Salomon ! » Dans un bourdonnement d'ama-
bilités, les deux hommes se dirigeaient à petits pas
vers l'arrière-boutique transformée en bureau.
Pointis devina qu'un duel savant d'intérêts et de
ruses allait s'y engager. Il en prévit le résultat,
car l'astuce du marchand de conserves lui semblait
inférieure à la roublardise de M. Salomon. Naguère, lors de son retour de Fez, il en avait
observé les effets variés. Aujourd'hui, Pointis
avait eu de la peine à reconnaître dans son costume
européen bien coupé, dans son allure désinvolte,
le Youddi à la souquenille malpropre, aux regards
fuyants, aux gestes peureux, qui lui vendait fort
cher les inévitables souvenirs de voyage, tapis de

Rabat, turqueries allemandes, vieilles monnaies truquées. De brocanteur insinuant et cupide, M. Salomon était devenu grand négociant. Il accaparait les terrains, agiotait sur les grains et sur les peaux, soutenu maintenant par tous les douros de sa communauté, joyeusement extraits des cachettes où la prudence de ses frères, autrefois exposés aux brutales reprises, les avait enfouis.

Pointis en fut attristé. L'envie de repartir aussitôt pour la France l'effleura un instant. Puis, comme il descendait vers le fleuve après avoir terminé ses préparatifs, ses idées prirent un autre cours. La lumière légère, l'animation des rives, le calme de la mer qui plaquait un bleu cru sous le vert pâle de l'horizon, invitaient à la paix du cœur et donnaient la joie de vivre. Accoudé sur le parapet de la Douane, il ne songeait plus qu'à contempler un paysage connu, mais toujours séduisant, à discerner les changements que les mois écoulés lui avaient fait subir. A cette heure indécise qui précède le crépuscule, le filet blanc des murailles de Salé, soulignant les touches sombres des figuiers massifs, semblait tout proche. Sur la plage, où naguère grouillaient les chameaux têtus et rageurs, les troupes entassées, une ville de bois remplaçait les camps poussiéreux et nauséabonds que les soldats avaient maudits. Vers l'amont, les marécages aux reflets de satin, où papillotaient les miroirs des flaques d'eau, les taches claires des aigrettes et des pluviers, couvraient d'un linceul d'herbes drues le port qui abrita les galères des Romains et les caravelles des Portugais. Sur la rive gauche, les symboliques toitures de tôle émergeaient des vergers, formaient une garde d'honneur à la nouvelle Résidence Générale blottie dans les arbres. Écrasées par la masse fruste de la Tour Hassan, elles montraient le présent plein de promesses à ce témoin d'un passé barbare et glorieux.

La nuit venait. Pointis rêvait toujours. Comme en hiver avant de se lever, il différait de quitter cet endroit où il se trouvait bien. Il redoutait sa gargote surchauffée, aux odeurs de pétrole et d'eaux grasses, que le contraste du moment lui faisait paraître plus sinistre. Et, brusquement, un nom saisi au vol dans la conversation bruyante d'officiers qui allaient dîner au camp de la plage le décida. Le « Café de Toulouse », d'après une légende bien établie, mais récente, offrait à ses clients une cuisine honnête, des repas en plein air, et des serviteurs diligents. De tels mérites convenaient aux goûts raffinés de Pointis. Il traversa la ville, constata sans s'étonner que les tables d'apéritifs obstruaient les rues, et, guidé par un *muchacho* futé dans un dédale de chemins sablonneux bordés de cactus, il se trouva bientôt sur la dune frangée d'argent. Dans le hall à claire-voie du Casino silencieux qui la dominait, des sous-officiers et des soldats courtisaient des chanteuses maussades. Au delà de la nappe de lumière que l'acétylène étendait autour du beuglant, une ligne de points rouges semblait suspendue dans la nuit. Des silhouettes de dîneurs s'agitaient sur un fond sanglant d'andrinople, et Pointis devina qu'il était arrivé.

Déjà une foule hétéroclite, en groupes compacts, avait envahi les petites tables. Les verres crasseux des photophores évoquaient, sans les remplacer, les lampes électriques aux abat-jour fleuris des grands restaurants. Des couverts de fer et d'étain, des couteaux sinueux, des verreries grossières, s'étalaient sur les nappes sales et les serviettes trouées. Des poteaux mal équarris et chancelants soutenaient une toiture en carton imperméable, et le vent frais du large faisait regretter les murs absents. Mais le site était si bien choisi, le chant de la mer était si berceur, le Casino était si proche pour les digestions difficiles que le « Café de Toulouse » méritait vraiment la clientèle des élégances de Rabat.

Debout au milieu du hangar encombré, Pointis cherchait en vain des yeux une place. Le gérant, dédaigneux, avait appris à ce provincial qu'on devait retenir sa chaise une semaine à l'avance. Il réussit pourtant à se caser près d'un poteau gênant et, résigné à la patience, il attendit les faveurs intermittentes des garçons. D'ailleurs, il s'amusait. Des éclats de voix triomphantes et des gestes exubérants lui dénonçaient ceux qui, le matin, avaient « vu le Résident général ». Des femmes trop fardées riaient sur les notes aiguës, pour faire admirer leurs boas en plumes de volaille et leurs hermines en poils de lapin. Des broussards en bombe prouvaient, par les confidences de leurs têtes penchées, qu'ils n'oubliaient pas les affaires au milieu des plaisirs. A la table voisine, des officiers aux uniformes variés discutaient âprement, Pointis entendit quelques noms connus, et son attention se concentra. Des effectifs, des plans de campagne, des appréciations admiratives ou mordantes fusaient dans le brouhaha des interlocuteurs qui parlaient sans s'écouter. Il examina ces jeunes gens aux physionomies ouvertes, aux yeux ardents, aux mâchoires volontaires, que grisait l'imminence des luttes prochaines et des lendemains douteux. Du sous-lieutenant au chef de bataillon, ils étaient confiants, loquaces et fraternels. Ils n'avaient rien du *miles gloriosus*, mais ils n'étaient pas fâchés de faire savoir à la cantonade qu'ils allaient bientôt se mesurer contre les Zaër. Leur prestige de guerriers en route pour la mort attirait sur eux la sympathie apitoyée des femmes, l'intérêt envieux des hommes, et il égalait presque celui des officiers aviateurs, modestes et discrets, dont l'entrée provoqua des chuchotements admiratifs.

Les projets de fête nocturne succédaient maintenant aux propos belliqueux. Pointis n'écoutait plus. Il en savait assez pour deviner que les célébrités galantes de la ville se refuseraient ce soir-là aux désirs des bourgeois concupiscents. Il comprenait aussi que le hasard l'avait lancé sur une bonne piste, et que les renseignements de son ami de Casablanca étaient exacts. Tout en effectuant un voyage d'études en pays zaër, il assisterait à des opérations militaires qui paraissaient prochaines, et dont le programme le séduisait. Alors, il considéra le « Café de Toulouse » avec plus d'indulgence ; il oublia le mauvais dîner, le café tiède, le service exaspérant. Il sortit, et son auberge elle-même lui parut confortable. Sa crainte de l'eau rare, des draps douteux s'évanouit, et il s'endormit paisiblement.

Le lendemain, sur la piste déserte et poussiéreuse, le « convoi libre » avançait lentement. Pointis s'était lancé en éclaireur, suivi de son domestique arabe et d'un cuisinier sénégalais recruté à Rabat, tous deux juchés sur de paisibles mulets. Le plateau couvert de palmiers nains n'était pas propice aux embûches, et nulle fumée suspecte ne se montrait à l'horizon. Entre ses petits fossés distants de cinquante mètres, la route s'enfonçait vers le Sud, droite comme une voie romaine. Mais, à la délimiter ainsi, s'était épuisée l'ardeur novatrice d'un obscur sous-ordre stimulé par une récente circulaire du Résident général. Ce ruban de sable, découpé à l'emporte-pièce dans le sable, enflait les chiffres fallacieux des statistiques où se complaisent les amours-propres administratifs. Les deux traits de la viabilité certaine qui le figuraient sur la carte pouvaient narguer le touriste et décevoir le charretier : ils représentaient la route nouvelle, œuvre déférente d'un zèle obéissant.

Bientôt une masse sombre apparaissait dans le lointain. Le terrain ondulait doucement, comme soulevé par une houle expirante. La piste s'enfonçait maintenant dans les taillis rabougris d'une forêt dévastée. Derrière Pointis, l'Arabe et le Sénégalais, qui se défiaient des surprises, diminuaient sans affectation leur vitesse pour se laisser rattraper par le convoi. Cependant, les chameliers, deux Grecs qui accompagnaient des marchandises jusqu'à Camp-Marchand, quelques Juifs qui s'é-taient glissés avec leurs mulets étiques dans la caravane, tous gens paisibles et prudents ne mani-festaient aucune inquiétude. D'ailleurs, dans les éclaircies des jujubiers et des chênes-lièges, des douars attestaient la sécurité de la région. Tentes et troupeaux prouvaient que toutes les tribus n'é-taient pas en dissidence, et leur présence était la sauvegarde efficace des voyageurs. Cavaliers se dirigeant vers la ville, piétons poussant leurs bourricots enfouis sous les « tellis » bourrés de grains ou de pacotille, circulaient sans armes appa-rentes ; ils avaient la physionomie amène et le salut courtois : « De la politesse et pas de fusil,... où sont donc les « farouches » Zaër ? » se deman-dait Pointis qui n'avait pas oublié l'expression consacrée par des ordres du jour récents. Et comme la chaleur était accablante, il cessa de régler son allure sur celle des chameliers pour arriver plus tôt à El-Mati dont on lui avait vanté la source abondante et les ombrages frais.

Sous des figuiers séculaires, des boîtes de con-serves vides et des papiers gras gâtaient le charme du ruisseau qui chantait dans les vasques de roches. Un plateau jalonné par des monticules de

crottin, des tranchées à demi comblées, dénonçait
le traditionnel gîte d'étapes des convois-navettes
qui reliaient Rabat à N'Kreïla. Depuis des mois,
escortes, voitures et mulets de bât, mus par une
direction sagace, échangeaient en ce lieu les vivres,
le matériel et les munitions destinés aux « postes
de l'avant » contre les malades évacués par les
formations sanitaires, les tonneaux vides et les
caisses hors d'usage de l'Administration. Depuis
des mois, aussi, les témoignages malodorants de
leurs périodiques rencontres s'accumulaient sans
contrainte, malgré les prescriptions platoniques
des circulaires et des règlements. Pointis considéra qu'ils déshonoraient le paysage, et que les
mouches innombrables y rendraient la sieste
impossible. Il résista aux suggestions tentatrices
de son cuisinier, ancien maître d'hôtel d'une
popote d'officiers, qui avait médité pour ses
débuts un menu séduisant ; il renonça aux délices
d'une étape sous les arbres, près d'une eau cou-
rante, qui l'invitaient aux paresseuses rêveries.
Lesté par les traditionnels œufs durs du repas
froid, il résolut d'imiter le « convoi libre » qui,
après une courte halte, allait sans rompre charge
jusqu'à N'Kreïla.

« La route est courte et bonne », lui affirmait
un Grec qui suivait la caravane et qui, flairant

dans ce Français pressé quelque providentiel commanditaire, multipliait depuis Rabat les offres de service et les compliments. Et, vraiment, elle contrastait avec les pistes dans le sable ou les sentiers de chèvres hérissés de cailloux, que Pointis avait jusqu'alors parcourus au Maroc. Le tracé serpentait dans les vallons boisés qui descendent vers la profonde coupure de l'oued Korifla ; une compagnie de marsouins avait adouci les déclivités, nivelé la chaussée, jeté des ponceaux sur les ravins, arrondi les tournants. Pendant des semaines, sous les yeux narquois des indigènes méprisants, les soldats de France avaient ainsi accompli des besognes de forçats : « C'était pour l'automobile du général... » expliqua le Grec qui se révélait cicerone averti. Pointis admira les desseins de la Providence et le secours puissant donné à la colonisation par le désir d'un grand chef.

Mais, au delà du Korifla, l'aspect du pays changeait sans transition. Le plateau s'étendait sans limites apparentes, et le crépuscule couvrait d'une teinte lugubre l'immensité des palmiers nains. Dominant une gorge invisible de la route, les bicoques du poste de N'Kreïla faisaient paraître plus menaçante la solitude qui les entourait. Pointis, d'ailleurs, remarqua bientôt que la nuit s'annonçait pleine d'angoisses. Une fièvre guerrière agitait la petite garnison. Des allées et venues, qui voulaient être mystérieuses, dénonçaient les embuscades préparées contre d'hypothétiques assaillants. Des éclats de lumière blanche attestaient que des troupiers malhabiles s'initiaient à la manœuvre de projecteurs. Peu confiants dans le voisinage du poste, les mercantis se hâtaient de donner des ceintures de pierres sèches à leurs baraques en planches ; ils préparaient des cartouches de chevrotines et nettoyaient leurs fusils. Moins belliqueux, le débitant juif avait déjà demandé au commandant d'armes un asile derrière ses talus ; mais les Grecs, ses rivaux, riaient de ses craintes qui semblaient méprisables à leur fierté d'Européens. Peut-être, aussi, leur bravoure était-elle affermie par des pactes mystérieux.

Grâce à son compagnon de route, Pointis avait trouvé chez l'un d'eux un gîte inconfortable. Couché de bonne heure sur son lit Picot, toutes lumières éteintes « pour éviter les balles », il interrogeait son hôte improvisé. Il apprit ainsi que les tribus zaër, effrayées par les attentats des rebelles, allaient grossir, l'une après l'autre, le bloc des dissidents. Pendant longtemps, elles avaient espéré du secours ; mais elles avaient maintenant perdu confiance, et elles cédaient aux invitations et aux menaces des chefs de la rébellion dont elles redoutaient les coups de main audacieux. Ces irréductibles adversaires, d'ailleurs, n'hésitaient pas à voler des troupeaux, assassiner les gardiens, piller les douars. Ils avaient annoncé leur intention d'obliger les Roumis à la retraite en faisant le vide autour de leurs garnisons. Réfugiés dans la haute vallée de l'oued Grou, ils en sortaient pour fondre sur les voyageurs isolés comme sur les caravanes. Les routes n'étaient plus sûres au Sud de N'Kreïla; le bled devenait inhabitable pour les gens paisibles; les commerçants ne pouvaient plus compter que sur leurs profits de mastroquets; les postes eux-mêmes étaient sur le qui-vive.

A ce moment, une fusillade tout proche interrompit les doléances du mercanti. Des balles passèrent en sifflant. Un bruit mat sur les pierres, un trou dans les planches de la case firent aplatir ses habitants sur le sol. Pointis remarqua cependant que nul « moukala » n'avait provoqué les claquements caractéristiques des lebels. « Les sentinelles ont cru voir quelque chose, dit-il; elles ont tiré au hasard... » Et des appels en français, entrecoupés de plaintes, des pas précipités, des exclamations apitoyées, des jurons, confirmèrent la méprise que suivit un silence lourd : « Ils ont dû prendre une de leurs patrouilles pour des Marocains, supposa le Grec d'un ton dolent. Depuis une semaine, monsieur, c'est presque chaque nuit la même chose ! Si je ne m'étais enfin décidé à faire autour de ma maison un mur en cailloux, nous pouvions cette fois y rester. Il faut vraiment avoir besoin de gagner sa vie pour s'exposer à de telles émotions ! D'ailleurs, j'en ai assez ! Dès demain, j'emballe mes marchandises et je rentre à Rabat. » Pointis essaya de le réconforter, en évoquant les résultats de la colonne prochaine : « La colonne ! clama l'autre. On n'en parle toujours, elle ne vient jamais. Les Bicots n'y croient plus. Ils s'imaginent même que les Français ont peur d'eux. » La phrase finit dans un soupir gros de regrets et de réticences, et Pointis n'insista pas.

Énervé, maintenant, il attendait en vain le sommeil. Il songeait à la fragilité de la barrière qui le protégeait. Il admirait le fatalisme ou l'héroïsme inconscient de son hôte, qu'une feuille de sapin séparait de la ruine ou de l'assassinat, et qui dormait, placide, entre deux feux. Dans la plainte du bois qui se gondolait sous la rosée, dans le glissement fureteur d'une souris, il croyait percevoir des symptômes de mort imminente. Il étouffait comme dans un cercueil, entre les planches de la baraque invisibles dans le noir. Son imagination surexcitée lui faisait éprouver les angoisses des factionnaires immobiles et attentifs derrière les parapets du poste voisin. Il frissonnait avec eux aux bouffées passagères du vent, au chuchotement des palmiers nains où il entendait le souffle contenu du Zaër aux aguets, le poignard aux dents, se coulant à plat ventre sous les feuilles vers la victime convoitée. Il sentait le froid du fer dans ses entrailles, il était aveuglé par l'éclat du coup de feu tiré à bout portant. Et, se ressaisissant, il se gourmandait de ses puériles terreurs : « Ce n'est pas étonnant, grommelait-il, si de jeunes troubades, suggestionnés par ces histoires, finissent par voir des Marocains partout et tirent dans le tas. » Il s'endormit enfin, mais sa nuit fut peuplée de cauchemars.

Dès l'aurore, les cheveux sensibles et les yeux douloureux, il était botté, prêt à partir. Il éprouva une agréable surprise en constatant que l'alerte n'avait pas effarouché les chameliers. Quand il eut appris que le convoi libre profiterait de l'escorte du convoi militaire pour arriver à Camp-Marchand, il s'expliqua leur bravoure et leur entrain. Agités et loquaces, ils équilibraient les charges, désentravaient leurs chameaux, préoccupés surtout de ne pas se laisser distancer par la troupe qui se rassemblait pour le départ, dans la grisaille de l'aube. Pointis s'approcha et reconnut une section de Sénégalais, quelques spahis, qu'un lieutenant stimulait en termes brefs. Le commandant du poste, que la fraîcheur matinale faisait grelotter, donnait, en costume de nuit, des conseils écoutés avec respect. Les officiers de la garnison, croyant l'ennemi tout proche, enviaient leur camarade auquel ils prodiguaient des souhaits cordiaux. Juchés sur le parapet, serrés en groupes autour des voitures, les marsouins de la garnison oubliaient leur insomnie en contemplant les cinq arrabas qui allaient s'enfoncer vers le Sud, dans le mystère du désert hostile, emportant les munitions destinées au « châtiment des Zaër ». Ils auraient voulu être à la place des « Sénégal » qui jacassaient dans le français bizarre adopté pour idiome commun, car ils croyaient, eux aussi, au combat inévitable, à la fuite éperdue des assaillants, et ils regrettaient de ne pas être conviés à la fête.

Courtois et déférent, Pointis avait demandé la permission de se joindre au convoi. Après l'avoir obtenue sans peine, il se tenait à l'écart, tandis que les conducteurs et les chameliers terminaient leurs derniers préparatifs. Mais, dans le brouhaha des parlotes, il démêlait aisément les causes de cette insolite surexcitation. Un factionnaire *Les* avait vus ramper vers le parc aux bœufs ; il avait tiré par erreur sur une patrouille qu'un caporal astucieux faisait manœuvrer pour *Les* prendre. C'étaient sans doute *Les mêmes* qui avaient failli capturer naguère le troupeau, qui avaient enlevé de vive force des femmes dans le « douar réservé », souillé la fontaine et dévasté le jardin pour narguer la garnison. Invisibles et insaisissables le jour, on *Les* devinait rôdant la nuit autour des réseaux de fil de fer, pour tenter un coup de main dont la réussite démontrerait aux tribus hésitantes la couardise des Roumis. Et ce danger perpétuel et mystérieux, flottant dans l'atmosphère du poste, impressionnait même les plus braves, mettait une fêlure dans l'audace des plus résolus.

Le convoi s'était enfin ébranlé dans la direction de Camp-Marchand. La piste s'allongeait sans obstacles sur le plateau désert. Cependant, les sentiers bien battus qui, de l'Est, descendaient vers le bassin du Korifla, dénonçaient la circulation intense des dissidents, dont les poteaux en fer du télégraphe, lamentablement couchés sur le sol, affirmaient la désolante audace. On avait depuis longtemps renoncé à réparer cette ligne où fondaient le fil et les isolateurs que les rebelles emportaient comme trophées dans leurs douars.

Pointis comparait en lui-même ce fatalisme inerte à l'activité toujours en éveil des chefs de postes dans les colonies qu'il avait déjà parcourues. Il s'expliqua les défections des tribus par ce témoignage permanent de l'impunité après quelques défaites sans lendemain : « Segonzac avait raison, conclut-il, quand il accusait les « grosses colonnes » de tracer un sillage et non un sillon. L'an dernier, le général Branlières a bombardé la kasbah Merchouch, battu près d'Aïn-Sebbab une harka nombreuse, fondé trois postes dans la région ; mais son œuvre ne paraît pas avoir été, depuis, poussée plus loin que le prologue. Les dissidents auraient tort de se gêner. » L'apparition de cavaliers, dont la silhouette bleuâtre s'estompait dans la brume du matin, lui prouva aussitôt qu'ils n'y songeaient guère. On les voyait, au loin, qui tentaient de tendre un réseau serré de convoitises autour du convoi. Les spahis ne pouvaient que les surveiller en se rapprochant peu à peu de l'escorte, tandis que les Sénégalais, confiants dans leur jeune chef, se préparaient joyeusement au combat. Mais les pillards ne devaient pas se sentir en force. La conquête de la petite caravane dut leur paraître plus riche de coups que de profits, car ils s'évanouirent dans un vallon après avoir esquissé, à distance, une inoffensive fantasia.

« C'est la première fois, sur cette route, qu'ils menacent le convoi régulier, expliqua le lieutenant à Pointis qui s'étonnait de leur manœuvre. Un de ces jours, ils l'attaqueront à fond, et nous voilà obligés, dès maintenant, d'augmenter la force des escortes. Comment pourrait-on rayonner dans la campagne avec une garnison qui, déjà, suffit à peine aux constructions du poste et à la protection des ravitaillements ? Pointis admit la difficulté du problème, quand il eut appris que les moyens de transport manquaient pour organiser des convois plus considérables et moins fréquents. Et il s'étonna des impatiences qui semaient, comme à la volée, des postes dont les forces vives s'usaient sans gloire dans des besognes pénibles de charretiers.

La glace était rompue. Certain d'accomplir sans incident sa mission, l'officier, dont l'esprit et les yeux n'étaient plus aux aguets, parlait volontiers. Il se laissait peu à peu aller aux confidences. Avec une verve ironique, il disait ses désillusions de guerrier, ses mécomptes de colonial. Il comparait son rôle actuel à celui qu'il aurait joué ailleurs, dans quelque secteur d'Indochine ou du Centre africain. Il avait espéré les joies et les responsabilités du chef, et il se morfondait, anonyme, dans une petite garnison. Et Pointis avait le cœur serré en songeant à tous les jeunes gens dont il avait entendu les mêmes doléances, qui étaient pareils à ceux de la frontière sino-annamite, du Ouadaï ou du Congo, et qui étaient, au Maroc, inertes et grincheux : « Mais tout a une fin, lui dit-il, et vous prendrez sans doute part à la colonne prochaine. Vous y trouverez sûrement l'occasion d'agir selon la formule que vous préférez. — Heu ! heu ! Je souhaite, monsieur, que vous soyez bon prophète. Mais j'ai déjà respiré, plusieurs fois, la poussière de ces vagues humanités que les grands chefs traînent en pays marocain. Et jusqu'à présent, tous ces périodiques mouvements de troupes se sont confondus en deux types qui ont entre eux de nombreuses analogies : la colonne fixe, ou d'observation ; et la colonne mobile, ou noria. — Pourquoi noria ? demanda Pointis, étonné. — Parce que, inlassable, elle parcourt un itinéraire fermé, toujours le même, où elle livre les mêmes combats, reçoit les mêmes soumissions, séjourne sur les mêmes feuillées. »

Ils étaient arrivés à l'extrémité du plateau. La vue s'étendait maintenant sur un cirque immense, où les vallées de deux oueds traçaient des rides que la distance et la pureté de l'air faisaient paraître sans relief. Les tentes du Camp-Marchand

simulaient un semis de taches blanches, écrasées
sur le sol rougeâtre. Les fourrés de lauriers-roses
dessinaient de longues chenilles vertes qui se tor-
daient sur les thalwegs et soulignaient le scintille-
ment affaibli des flaques d'eau. Vers le Sud, au
delà du cirque, une terrasse gigantesque projetait
sur le ciel un profil de forteresse, et servait de
piédestal à des montagnes déchiquetées qui jaillissaient de l'horizon comme un archipel lointain.
Mais le regard cherchait en vain, sur la table rase
du plateau, sur les croupes et dans les replis de
vallons qu'elle dominait, les troupeaux et les
douars. Un silence de mort pesait sur le désert,
et les toiles blanches du poste, endormi dans la
sieste des midis africains, faisaient penser à des
linceuls préparés pour la garnison : « La dernière
tribu est partie en dissidence, annonça le lieutenant à Pointis qui méditait; nous voilà désormais
isolés au milieu du bled Siba. » Il en riait comme
d'une aventure drôle, sans songer que les magasins
contenaient à peine huit jours de vivres, et que
la capture d'un seul convoi par les rebelles pouvait avoir de fâcheux résultats.

Dans un flot de poussière, les arrabas, les fantassins, les cavaliers, contournaient enfin le poste
où ils entraient, gênés par des groupes impatients
qui guettaient la grosseur des sacs du courrier.

Pointis suivait le flot, pour connaître sans retard la place que le commandant d'armes attribuerait à son campement. Il savait que l'autorité militaire, méfiante par nécessité, surveillait avec attention les actes des voyageurs. Elle flairait, chez tout civil dépourvu de lettres de créance, un protégé étranger dont les spéculations seraient grosses pour elle d'interminables ennuis. Mais, comme ses desseins étaient honnêtes, il se soumettait volontiers à un formalisme peu gênant, que les recommandations dont il était pourvu transformaient toujours en accueil courtois et souvent cordial.

Cette fois encore, le hasard le servait bien. Tandis qu'il cherchait à suivre adroitement le planton qui le guidait vers le bureau du chef de poste, à travers un dédale d'animaux, de voitures, de caisses, d'hommes de corvée agités et bruyants, le timbre d'une voix le fit tressaillir : « Comment ! c'est vous ? Que venez-vous faire ici ? » Il regarda, et reconnut un officier qui, deux ans auparavant, avait été pour lui, au Tonkin, un compagnon de route, de chasse, de plaisir, sympathique et complaisant. Le quatrième galon de l'officier supérieur s'était, depuis, ajouté à ceux du capitaine Imbert, mais l'œil était toujours aussi vif, la taille aussi svelte, l'entrain aussi exubérant. Cette rencontre rappelait aussitôt à Pointis une exotique Gaby aux cheveux lourds, des tigres manqués en commun, des prospections intéressantes, des placements productifs, plusieurs mois de labeur intense et de joies raffinées. Les mains tendues par un élan du cœur, il s'avança : « Je ne m'attendais guère à vous voir ici, quoique j'aie maintes fois entendu votre nom depuis Casablanca. Mais je vous croyais encore dans quelque Rochefort, et je pensais qu'un homonyme présidait aux destinées de ce poste perdu ! — Je suis seul du nom dans l'arme, et vous oubliez que les envois répétés de bataillons coloniaux ou sénégalais au Maroc réduisent de moitié la durée de notre séjour en France. Je m'en réjouis aujourd'hui, ô voyageur impénitent ! Je vous tiens, je vous garde. Vous ne trouverez pas ici des affaires à étudier, mais vous nous verrez aborder en vitesse un tournant de l'histoire marocaine. Vous ne regretterez pas le spectacle. Nous parlerons aussi du Tonkin, pour nous donner, par instants, l'illusion de changer d'air. » Pointis protestait poliment, ne voulait pas être importun ; mais le commandant l'entraînait avec une insistance persuasive vers une case en briques crues, dont les tôles neuves de la toiture étincelaient. Il y trouvait ses cantines déjà rangées sur le sol, de l'eau fraîche dans les seaux en toile, et le boy Mohammed en train de préparer le lit Picot. Moussa, le cuisinier, assis sur la caisse de popote, attendait sans conviction les ordres pour le repas du soir : il connaissait les traditions de l'hospitalité militaire, et il ne tarda pas à disparaître dans la cuisine des officiers pour offrir à son collègue une collaboration désintéressée.

Pointis était ravi de ce dénouement inattendu. L'hostilité des indigènes, caractérisée depuis N'Kreïla par les espaces déserts, lui avait suggéré de tardifs regrets et de fâcheux pronostics. L'inopportunité d'études agricoles, de recherches minières ou de projets commerciaux lui était apparue évidente, tandis qu'il cheminait sur la route de Camp-Marchand. Il ne voyait alors, à son voyage intempestif, d'autre dénouement que l'assassinat inévitable à quelques centaines de mètres du poste, ou le retour immédiat sous la protection d'un convoi. Et, soudain, la rencontre fortuite d'un ami oublié supprimait tous les obstacles. Il pouvait désormais attendre les événements derrière les épais talus d'une enceinte bien gardée. Ces événements étaient proches, affirmait Imbert en lui imposant le tour du propriétaire dans son camp bouleversé.

Des paillotes misérables, des tentes pourries, des taudis immondes aux parois lézardées, à la toiture vacillante, se dressaient sans ordre sur un sol noir, où des sentiers pavés de cailloux pointus exposaient les chaussures à des épreuves redoutables et les chevilles délicates à des froissements douloureux. Mais, dans un coin, des constructions coquettes s'élevaient autour d'une petite cour encombrée de matériaux. Quelques soldats européens dressaient les murs, tandis que des files de tirailleurs sénégalais portaient, comme de patientes fourmis, des briques crues posées en équilibre sur leurs chéchias : « Vous comparez ces cahutes à nos jolis postes du Tonkin? Elles sont pourtant notre œuvre, dit Imbert avec orgueil. Depuis un mois que mes Sénégalais sont ici, voilà ce que nous avons fait. » Il montrait les maisonnettes basses et blanches, coiffées de paille sur leurs tôles neuves, que dominait le mât de pavillon : « Et voilà ce qu'*Ils* nous ont laissé, après un an d'occupation! » acheva-t-il avec un haussement d'épaules dédaigneux. *Ils*, c'étaient ses prédécesseurs, dont la liste était déjà longue. Et il fulminait contre les marabouts, enterrés pour les rendre invulnérables, doublés pour les rendre frais, surélevés pour augmenter leur capacité : « Ces toiles en loques, ces trous à rats, ces nids à puces, voilà tout ce qu'*Ils* ont trouvé comme dernier cri du confortable ! D'ailleurs à passer ici comme des météores, ils n'ont pas même pu s'occuper de pacifier les environs de Camp-Marchand. Vous ne croirez pas sans peine, mon cher, qu'il y a ici 800 fusils et 2 canons; que le même effectif est stationné à Maaziz, éloigné de 35 kilomètres à peine, et que ces deux postes n'ont pas de relations directes à cause de l'insécurité des chemins. Je comprends maintenant pourquoi les augures prétendent qu'ils nous faudra cent mille hommes au Maroc! »

A la popote, où les commensaux d'Imbert adoptaient aussitôt Pointis comme un des leurs, puisqu'il pouvait parler aussi doctement qu'eux de l'Indochine, de Madagascar ou du Sénégal, les progrès d'El Hiba dans le Sud, les coups de main contre les postes sur la route de Fez, la passivité des troupes dans la région zaër, étaient commentés avec aigreur. Les officiers métropolitains de la garnison, que la cordialité des relations y conviait fréquemment, défendaient avec conviction la prudence des programmes, la lenteur calculée des offensives : « Les Berbères ne sont pas comme vos nègres du Soudan ; ils sont autrement courageux et bien mieux armés », disaient-ils quand on leur citait en exemple la rapidité foudroyante de l'épopée africaine, l'enlèvement de Sikasso, l'entrée à Tombouctou, la capture de Samory, la conquête du Tchad, et surtout la prise d'Abéché par un lieutenant isolé à 3.000 kilomètres de la mer, avec 180 Sénégalais et deux vieux canons. Ainsi, les uns concevaient la solution du problème marocain par le temps, les gros effectifs, les opérations savantes, préparées à coups d'aide-mémoires et de schémas. Les autres vantaient la supériorité de la méthode fondée sur l'initiative des sous-ordres, la mobilité déconcertante de petits détachements des trois armes, l'audace des tentatives, la revanche immédiate d'un échec, l'exploitation intensive du succès. Et ils précisaient : « Plus de grosses garnisons en léthargie ! plus de colonnes en rond, si elles ne doivent pas poser sur le pays les jalons permanents de la conquête ! Un réseau serré de postes, faciles à ravitailler et défendre, commandés par des chefs qui savent allier la prudence à l'ardeur ! Voilà la formule ; elle nous a donné, en trente ans, l'Indochine, Madagascar et le quart de l'Afrique ! » Pointis, que les deux partis prenaient alors pour arbitre, avouait ses préférences pour le système où triomphait l'individualisme de notre race ; mais il invoquait les difficultés de l'heure présente pour exhorter les impatients à la résignation : « J'ai quelque peu vu, et beaucoup entendu, à Rabat et Casablanca. De gré ou de force, une politique méthodique et circonspecte est provisoirement nécessaire. La révolte d'El Hiba, qui gagne la région de Marrakech, est inquiétante. Si les grands caïds du Sud soutiennent le prétendant, la Chaouïa peut se trouver menacée. A Fez, il faut des troupes nombreuses pour contenir la ville et rayonner dans les environs. La ligne d'étapes est engorgée ; les moyens de transport manquent, et l'évacuation de la capitale a même été conseillée, à cause de la difficulté des ravitaillements. Les bataillons, les batteries, les escadrons affluent, et l'on n'a pas les moyens de les nourrir. Par suite des fautes accumulées naguère, nous avons, paraît-il, de la peine à conserver nos positions. La récente abdication de Moulay-Hafid grossit encore la part de l'inconnu dans notre entreprise marocaine. La moindre faute pourrait donc être funeste, et je comprends la nécessité de n'agir qu'à coup sûr ! »

Mais ce discours sage provoqua un *tolle* général. « Africains » et « coloniaux » furent d'accord pour conspuer Pointis : « A coup sûr ! clama un capitaine. Croyez-vous qu'on ne trouverait pas ici, et dans les garnisons voisines, assez de monde pour en finir sans retard avec les Zaër ? Vous avez traversé le pays et vous trouvez qu'on peut attendre ? Que faisons-nous à Camp-Marchand derrière nos parapets ? Quelle confiance voulez-vous que nos partisans aient en nous, puisque nous ne pouvons les protéger ? Les dissidents vont partout disant que notre poste est un mellah de Juifs couards. Le prédécesseur du commandant a voulu leur prouver le contraire ; nous savons maintenant qu'il ne faut pas recommencer. » Étonné, Pointis questionna. On lui apprit que, poussé à bout par les jactances des dissidents, l'ancien chef du poste était parti, de nuit, avec 200 tirailleurs sénégalais, une centaine de « joyeux, » un canon et quelques cavaliers, pour aller donner l'assaut au plateau de Tsili, éloigné de seize kilomètres et réputé comme un repaire inexpugnable. Il avait enlevé de vive force la position, et s'y était maintenu assez longtemps pour affirmer son succès avant de rentrer à Camp-Marchand, sans abandonner un seul de ses 11 morts et 22 blessés. Il s'attendait à des compliments : il fut accusé d'imprudence, et déplacé. « L'imprudence n'était pas d'aller à Tsili, dit Pointis ; mais, dans ce pays où le retour paraît un aveu de défaite, puisque votre troupe ne pouvait installer un poste définitif sur le plateau avant de l'évacuer, il valait mieux n'y pas chercher une victoire stérile. Certes, se hâta-t-il d'ajouter, je n'approuve pas sans réserves cette théorie ; mais elle s'explique par la difficulté des temps. — Vous avez probablement raison, conclut Imbert. Cependant, la colonne des

Zaër, annoncée depuis tant de semaines, est plus que jamais nécessaire, ne serait-ce que pour enlever aux dissidents leurs illusions et rassurer nos partisans. » Aux approbations véhémentes de l'entourage, Pointis comprit les sentiments qui l'animaient. Obscurs officiers de troupe, presque tous vétérans des campagnes coloniales, ils n'avaient à espérer, suivant l'usage, que les restes dans la distribution des prix après la bataille. Ils ne songeaient pas à la mort brutale, aux blessures incurables, aux mutilations hideuses qui peut-être les attendaient; ils ne souhaitaient la lutte que pour y retremper leurs forces morales et leurs caractères de chefs. Et Pointis les admira.

D'ailleurs, la date semblait proche où leurs vœux seraient exaucés. De jour en jour, des nouvelles rassurantes arrivaient du Sud et de l'Est. Le rogui, malgré ses premiers succès, n'avait pu coaliser les tribus, ni déchaîner la guerre sainte. Les jongleries magiques d'El Hiba n'éblouissaient que la populace du Souss et du Haouz, et sa popularité venait mourir sur les rives de l'Oum-er-Rbia. Fez, définitivement maté, acclamait le successeur de Moulay-Hafid, et l'on estimait possible, sans un déploiement considérable de forces, la reprise de Marrakech. L'occasion semblait donc favorable de liquider ailleurs quelques arriérés gênants. Depuis l'assassinat de Méaux et de Marchand nous avions trop souvent promis aux Zaër un châtiment exemplaire, nous avions trop souvent joué chez eux le rôle de matamores impuissants, pour différer plus longtemps l'exécution de nos promesses. Peu à peu, la colonne tant de fois annoncée sortait des nuages de l'hypothèse, et des papiers avant-coureurs annonçaient son approche aux postes enfiévrés.

A Camp-Marchand, choisi pour base des opérations projetées, une volonté prévoyante soudait peu à peu les anneaux de la chaîne qu'elle préparait à la région rebelle. Venus de loin, sans liaison visible, compagnies de tirailleurs algériens et sénégalais, de marsouins et de zouaves, sections de mitrailleuses et d'artillerie, pelotons de spahis et de chasseurs d'Afrique, partisans et goumiers, devaient bientôt plaquer autour du camp les pièces multicolores d'un habit d'Arlequin. Par groupes hétéroclites, les troupes accouraient, soulevant de leurs pas pesants une poussière qui flottait comme un ruban de gaze sur les méandres des pistes et des sentiers. Les guetteurs des dissidents, tapis au sommet des montagnes, épiaient ces mouvements de fourmilière et ne parvenaient pas à dénombrer la mehallah des Roumis. Incrédules, confiants dans l'inviolabilité de leurs retraites, leurs chefs calmaient l'anxiété des douars. Ils songeaient aux alertes précédentes, aux randonnées successives des Branlières, des Moinier, des Brulard, et ils affirmaient à leurs fidèles que, cette fois encore, l'orage s'éloignerait sans éclater.

Cependant, cette concentration semblait de bon augure aux hésitants, qui n'avaient pas changé de parti. Escomptant les revanches prochaines, nos derniers partisans exultaient. L'officier de renseignements du poste voyait chaque jour, sans surprise, les solliciteurs animer son bureau longtemps désert. Naguère, quelque voyage à Rabat ou Casablanca leur avait fait deviner à temps la supériorité finale de notre force : ils avaient dès lors persisté dans l'attente souvent dangereuse de l'imminente curée. Ils conservaient, dans leurs burnous somptueux ou leurs guenilles malpropres, leur traditionnelle allure de grands seigneurs, mais ils mendiaient déjà sans vergogne d'hypothétiques dépouilles qu'ils se disputaient âprement. Débordé par l'assaut de ces convoitises, Imbert qui était pris pour arbitre suprême évitait de se compromettre et n'imposait aucune limite à l'élasticité de ses engagements. Pointis, que la curiosité faisait assister assidûment à ces conférences, s'étonnaît de voir la légendaire fierté arabe s'effondrer dans tant de bassesse et de cupidité.

Nul sentiment noble ne germait dans leur mentalité grossière de ralliés. Certes, Pointis en avait rencontré des vaincus acceptant leur défaite, qui se glorifiaient d'être les collaborateurs loyaux des conquérants. Mais ceux-là savaient que la domination étrangère était l'épreuve indispensable au salut de leur race. Annamites affinés, Hovas orgueilleux, avaient compris l'impossibilité de leur indépendance hors du type social que les États d'Europe représentaient. Ils avaient souffert de leur faiblesse, mais ils espéraient sortir fortifiés de l'école du malheur. Ils croyaient que, seule, notre intervention brutale avait pu briser le moule des traditions où s'était figée leur nationalité. Ils s'instruisaient près de nous, pour préparer à leur pays une destinée nouvelle. Les cœurs fermés, mais les mains tendues, ils venaient vers nous ; ils nous aidaient sans réserve pour mériter notre estime et préparer leur régénération. Dans leur rôle ingrat d'intermédiaires et de conseillers, si leur amour-propre saignait souvent, ils s'en consolaient parfois, en songeant aux revanches futures : « Quand nous en saurons autant que vous, avait déclaré l'un d'eux à Pointis, nous essaierons de nous passer de vous. » Et si dans l'entourage des vainqueurs on rencontrait des courtisans intéressés, on y trouvait en plus grand nombre des patriotes clairvoyants.

Tels n'étaient pas les Marocains quémandeurs et besogneux à qui l'officier de renseignements donnait chaque jour audience. Ils s'observaient, méfiants, et Pointis se divertissait au spectacle de leurs rivalités. Chacun soupçonnait dans son voisin un concurrent redoutable, et le souci de la calomnie savante s'affirmait en d'interminables boniments que l'officier écoutait sans lassitude. Tous avaient des ambitions à satisfaire, des affronts à venger, des rancunes lourdes, des espoirs onéreux. Les plus malins, fiers d'une fidélité sans défaillance, affectaient une foi imperturbable et silencieuse dans notre équité. D'autres, moins avisés, véritables ouvriers de la onzième heure, proclamaient sans mesure la vivacité d'un zèle tardif. Cheikhs sans douars, cadis sans justiciables, khalifas sans thalebs, caïds sans autorité, offraient peu et voulaient recevoir beaucoup. Celui-ci exploitait avec adresse un engouement nouveau pour l'Assistance Médicale indigène, et donnait un gage sans valeur en confiant son esclave fourbu aux soins du « toubib » français. Celui-là mettait à notre service quelques bourricots étiques, ou des projets d'intrigues, ou des promesses de trahison. Des conciliabules dans la nuit attestaient la prudence de per-

sonnages qui n'osaient pas, ouvertement, jouer sur
les deux tableaux. Les délations, les marchandages
affluaient, comme aux séances clandestines d'un
comité électoral sûr du scrutin.

L'assiduité de Pointis à ces réunions pittoresques intriguait les notables du district. Ils flairaient en lui quelque « hakem » au pouvoir mystérieux. Ils le courtisaient pour mériter ses bonnes
grâces et conquérir son appui. Pointis, amusé
par leur manège, mimait une sympathie dilatoire,
et, gravement, avec les phrases conventionnelles,
se déchargeait sur Allah du soin d'exaucer les
solliciteurs. Dans leur foule anonyme, quelques
types cependant l'intéressaient, par l'avidité naïve
des prétentions, la malice roublarde des fourbe-
ries. Il les reconnaissait au passage, s'informait
de l'état de leurs affaires, souhaitait honnêtement
la réussite de leurs combinaisons. Et Bou-Amar
qui voulait étendre, après la campagne, son autorité contestée de caïd sur toutes les fractions des
Ouled-Ali ; Bou-Hazza qui, plein d'égards pour
les deux partis, hésita jusqu'au dernier jour à
opter pour une dissidence inopportune ; le caïd
Saïd, que ses administrés reniaient ; Moussa le
borgne, qui devait à son profil historique le surnom
de François Ier dont il était fier, et qui donnait,
avec une scrupuleuse prévoyance, des gages à

l'autorité française et aux dissidents ; d'autres seigneurs de moindre importance, poussés par une ardeur impatiente, mettaient innocemment à nu, devant lui, leurs âmes de pirates pressés de « manger le voisin ».

Mais, entre tous, Pointis observait Bou-Amar. Celui-ci s'agitait, devinant que l'occasion était unique de satisfaire ses rêves ambitieux. Petit, râblé, il avait une figure intelligente, et l'on pouvait attribuer à la franchise la vivacité de ses regards. Avec une sagacité rare, ce montagnard musulman, inculte et glorieux, avait adopté dès l'origine le parti des Français. Il avait résisté aux menaces des dissidents, comme aux incertitudes causées par notre longue inertie. Depuis l'établissement de nos postes en pays zaër, il s'était multiplié pour mériter une gratitude qu'il entendait monnayer. Il avait, d'ailleurs, chez le caïd Saïd, un rival dont nous étions les débiteurs, et que sa créance morale rendait redoutable. Or, Bou-Amar n'admettait pas une diffusion de notre reconnaissance, qui, lors du règlement de comptes, diminuerait sa part de profits. Il guettait donc les événements pour y trouver une occasion de distancer son concurrent dans la course aux honneurs. On le soupçonnait fort d'avoir poussé, pour le perdre, les douars de Saïd à partir en dissidence. Saïd l'en accusait, non sans raisons plausibles, et la vraisemblance de cette manœuvre paraissait évidente à l'officier de renseignements. Bou-Amar comprit qu'il devait tenter un coup de maître pour regagner, dans notre estime, tout le terrain perdu. D'ailleurs, le temps pressait. Les premières troupes de la colonne arrivaient à Camp-Marchand. Le début des opérations consacrerait la ruine de ses espérances, si Bou-Amar ne s'était révélé auparavant comme l'homme indispensable. Et pendant quelques jours il y eut, dans la cahute des Affaires indigènes, une affluence inusitée d'émissaires mystérieux.

Pointis attendait avec impatience le dénouement. Il se passionnait à la complication de toutes ces intrigues. La mentalité indigène, qu'il s'était imaginée simpliste et fruste, lui apparaissait fertile en machiavéliques combinaisons. Certes, durant son séjour au Maroc, il avait déjà constaté, parfois à ses dépens, la duplicité, l'esprit retors des Arabes et des Berbères ; il connaissait l'astuce de tout candidat caïd ; mais chez ce paysan sans culture elle confinait au génie.

« Tant mieux, puisque nous en profitons, lui dit un soir Imbert qui avait gardé jusqu'alors, sur les offres de Bou-Amar, une diplomatique réserve. Demain matin, si vous ne craignez pas de vous trouver sur le trajet d'une balle égarée, venez avec nous. Je vous montrerai le retour des enfants prodigues. Ce sera un spectacle très marocain.

— Je vous accompagnerai volontiers, affirma Pointis ; mais en attendant, ne pourriez-vous m'expliquer ?... » Imbert aquiesça : « Je le puis. Hier encore, l'affaire n'était pas sûre et je préférais, en cas d'échec, la tenir secrète. Maintenant la discrétion serait superflue. Sachez donc que ce finaud de Bou-Amar s'est abouché avec plusieurs de ses anciens douars qui, pour diverses raisons, regrettent leur dissidence. Il leur a fait passer la bonne parole et leur a promis notre pardon, s'ils abandonnaient le parti des révoltés. Ces douars comprennent bien que tel est leur intérêt. Mais, autant pour sauver la face que pour se garder contre des représailles éventuelles si nous ne sommes pas les plus forts, ils exigent qu'on leur fasse une douce violence. Et voici le programme que nous avons adopté. Demain, je mobilise la garnison, et nous allons soutenir Bou-Amar, qui, avec ses partisans, fera « baroud » contre les intransigeants. A la faveur du tumulte et de la fusillade, les douars repentants décamperont, et nous protégerons leur retraite. Mais il est bien entendu que notre intervention aura seulement le caractère d'un appui moral. Bou-Amar tâchera de s'en tirer avec ses guerriers. — Et si cette intrigue si bien préparée doit, en réalité, l'attirer dans un guet-apens ? — Sans nul doute j'irai le secourir, mais non sans regrets. »

En termes distillés, Pointis s'étonna. Ce programme, insinua-t-il, manquait d'élégante hardiesse : « Je sais, je sais ! riposta Imbert qui, d'ailleurs, n'en paraissait pas très fier. Mais, ni les circonstances, ni les grands chefs ne sont favorables à une deuxième édition de l'affaire de Tsili. Or, cet essai de pacification persuasive m'entraînera dans une zone interdite aux manifestations militaires du poste. Si j'ai de « la casse », on ne manquera pas de dire que j'ai été imprudent, que la prochaine entrée en scène de la grande colonne rendait mon geste inopportun, et que j'ai voulu me tailler un petit succès personnel. Songez que nous serons entraînés jusqu'à 18 kilomètres au Sud de Camp-Marchand ! C'est peu, dans l'Infini ; mais c'est assez, au Maroc, pour me faire accuser de témérité ».

Le lendemain au point du jour, Pointis, équipé comme un reporter militaire, observait le rassemblement. Les « joyeux », les Sénégalais, mal éveillés, s'alignaient sans hâte et répondaient d'une voix dolente à l'appel. Les gradés s'agitaient pour donner à leur troupe un aspect martial. Les officiers arrivaient d'un pas vif, intrigués par cette prise d'armes inopinée, dont ils ignoraient encore la cause ; réunis en petits groupes, ils se livraient au jeu traditionnel des pronostics. L'un d'eux, sceptique, sifflotait : « Nous n'irons plus au bois », en contemplant les gros mulets de la section de montagne, les chevaux alertes des spahis, dont un cliquetis de ferraille, un murmure de jurons, signalaient l'arrivée. A droite, Bou-Amar se démenait autour d'une quinzaine de cavaliers blottis dans leurs burnous, et s'efforçait de leur insuffler son ardeur guerrière ; mais si leurs carabines semblaient en bon état, leurs biques maigres et leurs physionomies indifférentes de « meskine » désabusés, faisaient douter de leurs instincts belliqueux. Leur allure et leur petit nombre étonnèrent Imbert. Dans un colloque prolixe, l'officier de renseignements s'inquiéta. Bou-Amar affirma les dangers des jugements téméraires, et garantit de nouveau le succès. En réalité, le caïd paraissait escompter, au cours de l'entreprise, un de ces incidents de la dernière heure qui modifient le cours prévu des événements et déplacent les responsabilités.

Après deux heures d'une marche rapide, le détachement arrivait au sommet d'un col où la vue s'étendait sur les immensités mystérieuses du bled Siba. Les plateaux et les vallons semblaient confondus dans une plaine sans reliefs, et nulle rumeur, nulle fumée d'appel ne troublaient la sérénité du désert. Vers le Sud, l'horizon était fermé par le fouillis dentelé de la vallée du Grou, par les montagnes bleuâtres de Sidi-Lakdar. En vain, les lorgnettes scrutaient les premiers plans et les lointains : les guerriers dissidents restaient invisibles, comme leurs troupeaux et leurs douars. Faisceaux formés, les troupes trompaient leur impatience en grignotant le repas froid. Les officiers, éclairés maintenant sur les causes de ce déploiement de forces, commentaient sans douceur l'attitude insolite des partisans. Ceux-ci, accroupis devant leurs montures, se désintéressaient de la comédie dont ils devaient être les principaux acteurs. Veules et taciturnes, ils semblaient avoir la nostalgie de l'espace qui s'ouvrait devant eux, domaine inviolé de la liberté sans entraves, paradis de guerriers inaccessible aux Roumis. Bou-Amar, penaud, gesticulait entre Imbert et son officier de renseignements qui l'accablaient de reproches et de menaces : « Bou-Amar, tu nous as menti! Où sont tes partisans? Ce n'est pas avec ces quinze pouilleux que tu vas forcer tes douars à rentrer! » Et l'autre pérorait, invoquait une méprise : « Ils se sont trompés, bredouillait-il, mais c'est là-bas qu'il faut aller ! » Et il montrait une colline lointaine où, par erreur, ses affidés s'étaient sûrement donné rendez-vous.

Pendant ce colloque, les officiers s'étaient rapprochés. Un murmure de colère accueillit la traduction de l'officier de renseignements qui, perplexe, fourrageait dans sa barbe noire. Imbert les consulta du regard, et lut sur leurs physionomies une instinctive anxiété. Tous étaient braves, mais ils flairaient une trahison dans le calme de la plaine et dans l'embarras de Bou-Amar : « Bah ! nous pouvons bien y aller », dit Imbert en contemplant ses soldats qui, repus et reposés, jacassaient gaiement. « Avec un peloton au col pour assurer notre retour, 250 fusils, 2 canons et 20 spahis dans la plaine, c'est plus qu'il n'en faut pour rester maîtres de nos mouvements. Messieurs, dans un quart d'heure nous partons ! Le caïd nous guidera ! — Vous avez tort, mon cher ami, lui souffla Pointis, tandis que les officiers se dispersaient. Songez à ce que vous m'avez dit hier au soir ! Vous devez être prudent. Permettez-moi de vous engager à laisser tous ces Bicots se débrouiller entre eux. » Mais Imbert éclata : « Zut pour la prudence ! J'en ai assez, à la fin, d'être, comme ils le disent, le Hakem du Mellah ! Si nos chefs nous trouvent dangereux et gênants, ils n'ont qu'à nous enlever nos fusils et nos canons pour les remplacer par des porte-plumes et des balais ! » Pointis n'insista pas. Cette révolte, d'ailleurs, lui causait une joie intense. Et, sans inquiétude sur les suites de l'aventure, il suivit le détachement.

De colline en vallée, on parcourut une dizaine de kilomètres dans le désert. Bou-Amar et ses cavaliers, collés aux flancs de la troupe, semblaient attendre une intervention du Destin. L'impression d'une traîtrise hantait peu à peu les « joyeux », dont la nervosité se traduisait par des exclamations coléreuses et des gestes menaçants. Les artilleurs, plus placides, cheminaient lourdement à côté de leurs mulets ; les Sénégalais, comptant sur la bataille, caressaient leurs gris-gris, et leur joie s'envolait dans le « Y a bon » traditionnel. Imbert, à l'avant-garde, épiait le terrain, comme s'il redoutait une défaillance visuelle chez les spahis qui tressaient, autour de la petite colonne, un réseau mobile d'observateurs attentifs.

Soudain, il s'arrêta. Le chemin franchissait une crête rocheuse qu'il adopta comme limite de sa patience. Il disposa sans retard sa troupe en prévision d'une alerte, tandis que l'officier de renseignements sommait Bou-Amar de tenir ses promesses. Le caïd inventait des faux-fuyants et, visiblement, n'était pas disposé à « marcher ». Agacé, Imbert intervint : « Tu m'as entraîné jusqu'ici pour m'aider à ramener ta tribu. Où sont tes douars ? Où sont tes partisans ? Tu m'as trompé, puisque je ne vois rien. Tu dormiras dans un silo ce soir, si tu ne fais pas ce que tu m'as promis. J'attends ici jusqu'à midi : tu as le temps d'agir. » Bou-Amar voulut attester la pureté de ses intentions ; mais, jugeant aux physionomies que l'heure des discours était passée, il rallia son escorte de « meskine » et partit au galop. « Voulez-vous parier qu'il rejoint les dissidents et que vous ne le verrez plus ? » demanda Pointis à Imbert qui soupira : « Tant mieux ! je serai débarrassé d'un intrigant. »

Les heures s'écoulaient. Parfois, quelques détonations assourdies par l'éloignement faisaient lever des têtes de dormeurs allongés à l'ombre des rochers. Imbert, Pointis, des capitaines et des lieutenants, juchés sur un piton, s'étaient groupés autour de l'officier de renseignements qui leur montrait le théâtre des prochaines opérations : « Là-bas, vers le Sud-Ouest, c'est Hadjirat-ben-Naceur, découronné de son village berbère qui, jadis, terrorisa la plaine ; vers le Sud, c'est la vallée de Zahiliga, où les rebelles vont abreuver leurs troupeaux ; plus loin, c'est le massif de Sidi-

Lakdar, où sont campés les Fokras de Merchouch ou Bou-Achéria, qui perpétrèrent l'assassinat de Marchand et de Méaux ; à l'Est, ce chaos de pics déchiquetés, c'est la vallée du Grou qui abrite les dissidents les plus irréductibles et qui confine aux domaines du puissant Zaïani. » Et tout ce pays était si inculte et si dénudé, ses broussailles sèches lui donnaient si bien l'aspect d'un désert grisâtre, que les imaginations les plus folles n'y pouvaient concevoir, avec les chocs imminents de deux races, des hécatombes de guerriers.

La voix berceuse de l'officier de renseignements s'était tue. Les coups de fusil lointains ne ponctuaient plus le silence lourd. L'air dansait sur la plaine et les rochers surchauffés. L'heure du départ approchait. Pointis était près de trouver le sommeil dans la rêverie où son esprit s'évadait, quand un galop le fit tressaillir. Il ouvrit les yeux et reconnut l'agent de liaison de l'artillerie qui se hâtait : « Mon commandant, cria le brigadier, le lieutenant m'envoie vous dire qu'on aperçoit des troupeaux et des gens qui semblent se diriger vers le col. Faut-il tirer ? — Rien ne presse. Je vous suis. Venez-vous Pointis ? Nous verrons sans doute du nouveau. » Pointis se leva d'un bond, et, quelques instants après, il grimpait avec son ami sur le dôme rocheux où les deux pièces de 65

se tenaient en surveillance. Les servants rassemblés en groupes remuants autour des canons, les
Sénégalais du soutien qui gesticulaient, leur apprenaient de loin qu'un spectacle insolite les attendait.

Quand il arriva, essoufflé, sur l'étroite terrasse
où « les crapouillots » béaient vers l'Est, Pointis
ne put retenir un cri d'enthousiaste étonnement.
A ses pieds, une vallée s'élargissait en éventail
vers un hémicycle insoupçonné de montagnes où
s'enfonçaient des ravins qui semblaient séparer
les secteurs des loges d'un théâtre désert. Et cette
comparaison s'imposa sur-le-champ, quand il eut
constaté à la lorgnette, dans les replis estompés
du terrain, des grouillements confus d'êtres en
émoi : « On croirait que la représentation vient
de finir, et que les spectateurs se hâtent vers la
sortie », dit-il à Imbert qui cherchait l'explication
de ces agitations simultanées. D'ailleurs, ils ne
tardèrent pas à comprendre. Les foules, toujours
indistinctes, avançaient. Elles suivaient les thalwegs, franchissaient les ondulations du sol,
comme poussées vers un but commun, et leur
marche lente et régulière les faisait converger vers
la vallée qu'elles couvraient de leurs rangs épais.
Il en sortait de partout, des creux bleuâtres et des
fourrés confus ; il en surgissait des éperons abrupts

qui tendaient un rideau de mystère sur les pentes lointaines des monts. Sur les crêtes violettes, des points noirs, parfois voilés de gaze, s'agitaient : c'étaient des cavaliers qui protégaient les mouvements de ces multitudes et tiraient sur d'invisibles ennemis : « Je comprends, maintenant ! s'écria tout à coup Imbert, Bou-Amar a réussi ! Ses douars lâchent les dissidents ! » Il donna aussitôt ses ordres pour procurer aux fugitifs une sécurité inviolable, et, suivi de Pointis, il courut vers une éminence d'où ils pourraient commodément contempler le défilé.

Déjà les premiers groupes montaient vers le col. Leurs théories se suivaient interminables, et leur apparent désordre laissait intactes les cellules organiques de la tribu. Réunis par douars, les familles et les animaux marchaient confondus, et le tumulte assourdi de leur foule innombrable était semblable au bruissement de la mer. Les chameaux au pas velouté dominaient de leurs têtes placides, balancées par les cous inquiets, le flot roux des bœufs, le tassement aplati des moutons. Les bourricots efflanqués, les mulets aux plaies saignantes, disparaissaient sous des monceaux de choses misérables, toiles brunâtres, piquets de tentes, vaisselle grossière, coffres vermoulus, dont l'arrimage incohérent dénonçait la fièvre d'un départ subit. Des chiens maigres, des enfants futés, de pauvres hères sans armes, couraient sans relâche sur les flancs des troupeaux qui remplissaient comme un fleuve vivant le fond de la vallée. De vieilles femmes à la physionomie résignée, de jeunes épouses à la figure voilée, aux reins alourdis par les nourrissons empaquetés ou par des charges de bêtes de somme, suivaient en trottinant les chevaux caparaçonnés de rouge qui portaient fièrement leurs maîtres et seigneurs. Ceux-ci, le fusil en équilibre sur l'arçon, le regard insolent et vague, semblaient gonflés d'égoïsme et de vanité. Là-bas, les ravins déversaient toujours des affluents intarissables dans le flot des humains et des animaux qui coulait sans arrêt, sans cris, sans remous. Du fond maintenant trop étroit, il débordait sur les versants, il submergeait les collines, montait vers le col qui dressait une barrière symbolique et provisoire entre la paix française et le désordre musulman. Et c'était une vision inoubliable que celle de ce peuple en marche vers son nouveau destin.

« Ne croirait-on pas revivre les temps bibliques ? dit Pointis à Imbert qui rêvait. Ces multitudes d'hommes et d'animaux, errantes dans le désert, ne vous font-elles pas songer à l'Exode ? Il me semble que Pharaon va surgir sous l'aspect d'un chef de dissidents. » Imbert sourit : « Puisque vous évoquez l'Histoire Sainte, dit-il, regardez bien ce groupe, là, tout près. Il vous fournira le sujet d'un paradoxe brillant sur le réalisme dans l'art. » Et il montrait un Marocain orgueilleux, confortablement assis sur un âne rondelet ; la femme suivait, loqueteuse, encore fraîche et jolie, mais courbée sous le poids de ballots énormes et d'un gosse empaqueté sur les reins : « Voilà, reprit-il, comment la fuite en Égypte a dû s'accomplir. Saint Joseph à pied, portant les bagages, la Vierge sur la bourrique avec l'Enfant Jésus dans les bras, sont un contresens artistique et social. » Il allait, d'après nature, passer au crible d'une critique goguenarde le formulaire pictural des sujets religieux, quand une voix joyeuse sortit d'une trombe de poussière qui se rapprochait.

« Mon commandant ! criait l'officier de renseignements, succès complet ! Nous faisons rentrer de dissidence 130 tentes et près de 15 000 têtes de bétail sans tirer un coup de fusil ! » Et il sautait à terre, en même temps que Bou-Amar et ses acolytes qui rayonnaient d'orgueil : « Bou-Amar est un brave homme, reprit-il ; nous l'avions mal jugé ce matin ! » Avec une franchise louable, il expliqua sa méprise d'interprète qui avait fait soupçonner le caïd de trahison. Celui-ci, au contraire, avait habilement combiné son plan. Pendant la nuit, une cinquantaine de cavaliers étaient allés jusqu'aux douars dont il fallait aider le départ. Ils avaient pu échapper aux guetteurs des dissidents, donner les indications indispensables sur la route à suivre pour le retour et sur l'emplacement des troupes de soutien. Grâce à l'obscurité, au secret rigoureux de l'intrigue, les douars avaient pu faire leurs préparatifs et se sauver sans être éventés. Au jour, les ennemis s'étaient aperçus de leur fuite ; il les avaient poursuivis ; mais, retardés par le rideau léger des partisans, ils n'auraient pu devenir gênants que vers l'arête occupée par nos troupes. Là, ne se sentant plus en force, ils avaient fait demi-tour. Le quiproquo de la matinée résultait d'un changement inattendu dans le programme : la veille, les dissidents avaient entraîné plus loin vers le Sud les douars qu'ils prétendaient retenir dans leur parti, et ce contre-temps avait retardé l'heure de la fuite et l'arrivée au rendez-vous.

Imbert écoutait ce récit avec une joie intense. Il s'extasia sur l'importance du succès obtenu sans coup férir : 130 tentes, avec leurs 15 000 animaux, cessaient volontairement la rébellion, et la seule intervention morale de nos forces suffisait pour les y décider ! Il tendit la main à Bou-Amar et le complimenta ; puis il songea aux causes cachées qui transformaient soudain ce caïd obscur et douteux en champion intelligent et zélé des Roumis : « Les pronostics fondés sur les récits relatifs à la prochaine colonne, sur la concentration commencée à Camp-Marchand ? Ils en ont vu d'autres, et ils n'y croient pas. Les rengaines nouvelles sur les profits d'une politique de collaboration ? Non, ils ne savent ce que c'est. Lassitude raisonnée de l'existence errante, convoitise du bien-être stable et reposant ? Pas davantage. Alors ? » Il se butait, mais un trait de lumière traversa son esprit : « Parbleu ! c'est le choc de Tsili qui ouvre cette fissure dans le bloc des dissidents. Ils savent maintenant que, malgré les distances, leur sécurité est devenue douteuse et leur impunité mal assurée. Les hésitants commencent à se garer des coups. »

Les derniers troupeaux disparaissaient derrière le col. Le soleil baissait. Pointis se leva : « Partons-nous ? » demanda-t-il. Imbert cessa de méditer ; il fit à la lorgnette le tour de l'horizon : « Rien de suspect en vue. Nous rentrerons en bon ordre, glorieux et satisfaits. Admirez maintenant la joie de nos troupiers : ils comprennent qu'on a joué un bon tour aux dissidents ! » Sur les figures, on lisait, en effet, la satisfaction causée par une journée bien remplie, dont les épisodes étaient analysés en commentaires bruyants. Les regards se tournaient, admiratifs, vers Bou-Amar qui savourait sans modestie cet hommage réparateur des avanies du matin.

Peu à peu, les éléments protecteurs de l'exode s'étaient soudés dans la formation prescrite pour le retour. Sur la piste rabotée par les pas des animaux innombrables, la troupe marchait allègrement. Elle dépassait les derniers groupes des fugitifs qui égrenaient leurs traînards harassés. Bêtes et gens étaient visiblement à bout de leurs forces, et Pointis put voir, sur les épaules des Sénégalais, quelques moutons fourbus. Il s'en émerveilla : « Non, ce n'est pas ce que vous croyez, lui dit un officier. Nos tirailleurs ne savent pas que la Société Protectrice conseille aux humains : Soyez bons pour les animaux. Et leur sollicitude a un mobile plus intéressé. »

Cependant, le crépuscule brouillait dans l'ombre les fonds des vallées. Au loin, sur les plateaux qui entourent le poste, des lumières apparaissaient, et leurs cercles de feu signalaient aux retardataires les emplacements des nouveaux douars. Les femmes hors d'haleine, les troupeaux épuisés de fatigue et de soif, se hâtaient vers ces lueurs comme vers le refuge sûr qui les préserverait désormais des réveils effarés, des départs furtifs dans la nuit zébrée par les éclairs des coups de fusil. Des vieillards, des enfants s'affaissaient et leurs proches passaient sans les voir, emportés par la dureté de la race et l'égoïsme de la peur. Mais les soldats, goguenards et pitoyables, soulevaient doucement ces épaves humaines et les arrimaient sur les mulets de bât pour épargner les dernières fatigues à leurs pieds endoloris.

Au pied du poste, le fleuve de ce peuple en marche se perdait dans les campements déjà installés. Habitués à la morne solitude des environs, les troupiers acclamaient les douars qui étincelaient comme une capitale en fête. Les officiers, groupés dans la cour, discouraient encore, avant de se séparer, sur les épisodes émouvants ou burlesques de la journée. Un brouhaha de conversations sortait des tentes et des cases, dominé par le concert lancinant des chiens dans les douars. Pointis cherchait à démêler le leit-motiv de cette symphonie, tandis qu'Imbert parcourait du regard un lot de télégrammes apporté par un planton déférent. Bou-Amar et ses acolytes étaient partis à la recherche d'une plantureuse diffa.

« Il ne doute plus de rien, Bou-Amar! dit soudain Imbert. Devinez ce qu'il m'a proposé avant son départ? L'officier de renseignements en est tout abasourdi! — Sa fille, peut-être? supposa

Pointis. — Soyez donc sérieux ! Il m'offre les Fokras de Merchouch, et leur suite, avec la manière de les massacrer. — Pas possible ! Et ce serait pour quand, cette hécatombe ? — Hélas ! n'y pensons plus ! J'ai connu trop tard ce caïd intelligent et ambitieux ! Les dernières troupes qui doivent concourir au « châtiment des Zaër » arrivent demain, et la grande colonne s'ébranle dans trois jours. J'en fais partie avec mon bataillon. Je serai petite flûte là où je pouvais être chef d'orchestre ! — Bah ! dit Pointis, ne regrettez rien ! Vous seriez trop gourmand si vous vouliez garder, pour vous tout seul, le gâteau guerrier de la pacification zaër. Mais j'ai tort de railler votre déception, car vous étiez, sans doute, sûr de réussir un brillant coup de main. Et si vous aviez échoué ? Pensez aux conséquences locales d'une catastrophe, tandis que le Rogui prêche la guerre sainte, et que El Hiba triomphe à Marrakech ! Croyez-moi : pour des tas de raisons d'intérêt général et d'intérêts particuliers il vaut mieux, comme disait l'autre, taper tous ensemble, et tous en même temps ! »

Le tirailleur maître d'hôtel, immobile, guettait la fin de ce discours. Le dîner était servi. Les officiers attendaient Imbert et Pointis autour de la table, fleurie de lauriers-roses en l'honneur du

retour des « enfants prodigues », ainsi qu'un
loustic nommait les dissidents repentis. Et jusque
fort avant dans la nuit, les yeux où brillait l'excitation d'un champagne de traite cherchèrent, sur
les cartes rudimentaires du pays zaër, les emplacements des prochains Austerlitz.

CHAPITRE II

UNE COLONNE DE PACIFICATION

Présentations. — Le départ ; incidents de route. — Combat de nuit. — Dialogues tactiques. — Dans l'attente des événements. — Les amis de la première heure. — Problèmes politiques et guerriers. — A la recherche des silos. — Les effets de la pression morale. — Les premiers soumissionnaires. — Les mercantis et le problème économique. — Une grave décision. — Au cimetière. — Promesses d'avenir.

« Mon colonel, permettez-moi de vous présenter M. Pointis, un vieil ami, qui désire suivre en touriste les opérations de la colonne des Zaër, et qui n'ose vous le demander ? » Une appréhension se devinait dans le ton déférent d'Imbert, qui n'ignorait pas la répugnance instinctive de nombreux guerriers pour les civils dont ils redoutent, en campagne, la curiosité brouillonne et les jugements prétentieux. Justement, son chef était de ceux-là. Il ne ressemblait pas aux habiles metteurs en scène qui ne se lancent jamais sur les pistes du « bled » sans vérifier avant leur départ l'accord et la puissance des trompettes de la Renommée. Son état-major, copieux, laborieux et modeste, n'était pas composé selon les règles de l'art local. Aucun météore militaire n'y présidait aux relations avec la Presse; nul photographe adroit n'y réservait pour les grands Illustrés les clichés dénonciateurs des gestes triomphants et des actes glorieux ; nul publiciste ne s'y préparait à faire connaître au Monde, en les magnifiant, les pensées d'un « patron » qui, même en pyjama, ne cherchait pas à poser devant l'Histoire.

Le colonel se détourna. Il cessa de contempler le plateau où grouillaient déjà les troupes qui, dans leur impatience du départ, oubliaient les indications précises de l'ordre de mouvement. Une contrariété fugitive crispa son visage tanné en des pays lointains, où la vivacité du regard faisait oublier la neige précoce d'une barbe sans apprêt. Pointis devina le refus poli, mais imminent. Il se hâta de réfuter les objections qu'il eût faites lui-même. « Certes, mon colonel, dit-il, je comprends que mon désir vous paraisse indiscret. Mais je ne suis ni journaliste, ni spéculateur. C'est un voyage d'études autant que d'agrément que je compte faire, à mes risques et périls, en pays zaër. Si vous voulez bien me laisser profiter de la protection de vos troupes, je ne serai pas plus gênant que le dernier des « bou-« chaïb » de votre convoi. » Le colonel sourit :

« Puisque vous acceptez d'avance les risques de l'aventure, j'aurais mauvaise grâce à vous refuser une faveur que j'accorde à des mercantis. Votre ami Imbert s'occupera de vous et vous rendra supportable la vie des camps. » En phrases brèves Pointis remercia, car il comprenait que l'heure n'était pas propice aux prolixes effusions. Il s'éclipsa prestement pour confier sa petite caravane à la surveillance intéressée d'un marsouin débrouillard, que son emploi de « muletier du train régimentaire » vouait aux étapes sans gloire, mais sans danger des convois. Et, libre de soucis, tandis qu'Imbert s'éloignait vers sa troupe figée dans l'attente, il chercha un bon poste d'observation pour contempler le défilé.

Aux abords du point initial, une foule tourbillonnait. C'étaient les partisans. Ralliés de la première ou de la onzième heure, ils étaient accourus comme des mouches vers l'appât des pillages prochains. La masse de leurs burnous sombres dominait les selles hautes, dont les innombrables tapis rouges ou bariolés chatoyaient au soleil. Juchés sur leurs chevaux dodus au poil luisant, sur leurs biques sans âge aux côtes saillantes, ils dressaient en des attitudes fières leurs fusils plus redoutables pour nos troupes que pour les dissidents. Embellies avec amour par des ornements de cuivre ou d'argent grossièrement ciselés, le parfait entretien des armes dont les types allaient du Lee-Metford à 16 coups jusqu'au modeste Gras les révélait comme les outils préférés de ces travailleurs du désert. Groupés par des sympathies de familles les piétons faisaient contraste, dans leurs souquenilles grisâtres, avec les cavaliers solennels. Leur misère s'affirmait dans les turbans étriqués, dans les faces hâves, dans les fusils branlants. La plupart, trop pauvres pour posséder même d'antiques *moukhalas*, brandissaient les bâtons avec lesquels ils conduiraient les troupeaux razziés. Tous avaient le poignard en sautoir, pendu à des passementeries crasseuses. Et leur cohue indisciplinée, avide et bavarde, évoquait dans l'imagination toujours en éveil de Pointis la ribaudaille et les chevaliers des combats moyenâgeux.

Soudain, cette troupe hétéroclite se précipita. Le chef du service des Renseignements de la colonne apparaissait derrière son escorte de goumiers que signalait un fanion verdâtre, orné d'une queue de cheval délavée. Grand maître des partisans, dispensateur souverain des futures dépouilles, des brevets de caïd et de cheikh, son arrivée était saluée par les marques exubérantes d'un servile respect. Il distingua par une étreinte protectrice quelques mains de courtisans particulièrement connus, dispersa des compliments et des bénédictions, et proféra d'une voix martiale des ordres méticuleux. Aussitôt les cavaliers s'élancèrent vers les crêtes dans un galop de fantasia ; les fantassins les suivirent en trottinant, pour entourer la zone de marche d'un immense réseau protecteur : « L'étape ne sera pas troublée », murmura Pointis qui admira ce déploiement correct et rapide. Il savait en effet depuis longtemps que l'audace des partisans dans le rôle d'éclaireurs croît en raison inverse de la proximité de l'ennemi.

Cependant, la cavalerie régulière, qui suivait en bon ordre sur le chemin, s'éloignait déjà dans un nuage de poussière où se brouillaient les complets kaki des chasseurs d'Afrique, les vestes rouges des spahis, les manteaux bleus des goumiers. L'avant-garde apparaissait au point initial, annoncée par une rumeur joyeuse. Goumiers à pied de la Chaouïa, tirailleurs sénégalais, jacassaient en marchant d'un pas élastique, ravis d'aller enfin régler avec « les Marocains » un compte séculaire de rancunes. Leurs turbans blancs, leurs chéchias rouges papillotaient dans les taillis rabougris de lentisques et de chênes verts qui, vus de l'émi-nence où Pointis était assis, faisaient songer à quelque prairie émaillée de marguerites et de coquelicots. Puis, à des distances variables selon les difficultés de la piste, venaient les unités d'infanterie européenne dont les hommes, écrasés par le sac, montraient déjà sous les casques en bataille des figures congestionnées. L'artillerie de montagne intercalait ses mulets énormes, ses canonniers vigoureux portant comme un joujou d'enfant le mousqueton en bandoulière, entre des théories de fantassins essoufflés qui enviaient les omoplates libres et conscientes des mitrailleurs. Ceux-ci, fiers de leur rôle spécial, fraternisaient avec les canonniers qu'ils daignaient traiter en égaux.

Soudain, Pointis aperçut Imbert dont l'air maussade l'étonna : « Que signifie, cher ami, en ce jour solennel cette triste figure ? lui demanda-t-il avec intérêt. Quelque contrariété ?... » Imbert poussa son cheval hors de la piste pour laisser la voie libre au détachement de « joyeux » qui le suivait, et s'arrêta : « Devinez ce qui m'arrive ! » cria-t-il furieux. Pointis, résolument, jura qu'il en était incapable. « Eh bien ! voici, reprit Imbert. Au moment de partir, on me communique ce que nous appelons l'ordre de bataille. Savez-vous ce qu'y deviennent mes tirailleurs ? Partagés en trois, mon cher, pour être dilués dans les trois éléments de la colonne. L'unité nouvelle, qui s'appelle « groupe » et qui fleurit au Maroc, doit comprendre, à doses presque égales, des zouaves, des marsouins, des Sénégalais, des Algériens et des Marocains. Il paraît que les seules qualités de ces guerriers disparates résident dans un mélange où s'annihilent leurs défauts. Rusticité, solidité, agilité, habileté, chaque chef de groupe, — j'en suis un, hélas ! — aura tout à son service. Les « Teurs » n'ont qu'à se bien tenir. » Et, rageur, dans ses récriminations prolixes, il prophétisa les pires catastrophes. « Voyez ! conclut-il en ricanant. Jusque dans le convoi, ils ont exercé leur manie de tout brouiller ! »

Pointis avait écouté sans broncher les doléances d'Imbert. Il le savait enclin, dans la colère, aux exagérations pessimistes, et il se préparait à le calmer sous une pluie de commentaires lénifiants ; mais l'aspect du convoi qui s'approchait l'effara. Les phrases consolatrices s'évanouirent de son esprit où se pressaient déjà de fâcheuses comparaisons. Au lieu des pelotons serrés de chameaux innombrables, dirigés par les équipes habiles et zélées d'officiers, de sous-officiers et de béchamars qu'il avait admirées entre Rabat et Fez ; au lieu des charges bien arrimées de caisses et de ballots uniformes, portées par les animaux dociles et vigoureux s'écoulant doucement comme un fleuve au cours régulier, il voyait une cohue bruyante, rétive et bigarrée : « Mais c'est la sortie de l'Arche après le Déluge! s'écria-t-il. Et s'il n'a pu mieux organiser ses moyens de transport, votre chef est vraiment traité en parent pauvre! — Oui, c'est du joli! grommela Imbert. Vous pensez à l'arche de Noé; moi, je songe à Barnum. Avec ça, nous irons vite et loin!... »

Le spectacle était, en effet, cocasse et peu banal. Anes petits comme des moutons, mulets vacillant de vieillesse, poulains dont le poil broussailleux dénonçait le jeune âge, chameaux écorchés et galeux défilaient pêle-mêle, sans hâte, mais non sans bruit. Quelques sous-officiers français, déjà sans souffle et sans voix, quelques goumiers plus placides, s'évertuaient en vain à mettre un peu d'ordre dans cette ménagerie. Des femmes sordides sous leurs haillons crasseux, des enfants à l'allure traînante, des vieillards contemporains des temps bibliques suivaient le flot qu'ils auraient dû conduire, et leur inertie méprisante répondait aux Roumis trop pressés qu'on arriverait sûrement tôt ou tard, *inch Allah!* Les prétextes ne leur manquaient pas, d'ailleurs, pour flâner sur le chemin. Les charges hâtivement faites, bâties sans soin, dégringolaient les unes après les autres, et les animaux retrouvaient un reste de vigueur pour s'éloigner, en quelques bonds, du cauchemar de leur fardeau. Les conducteurs s'empressaient comme des Augustes de cirque, avec une maladresse roublarde ; ils obstruaient le passage, et ces arrêts prolongés, se répercutant jusqu'à l'arrière-garde, augmentaient le désarroi.

« Je n'ai jamais vu confusion pareille, dit Imbert. Nous ne serons pas au bivouac avant la nuit ! Mauvais début pour une entrée en campagne !... » Et, talonnant avec rage son cheval qui n'y comprit rien, il s'éloigna au galop pour rattraper sa troupe. Pointis, interloqué, le suivit un moment des yeux ; puis, quand son ami eut disparu derrière les fourrés, il détourna son attention vers ses bagages dont l'arrivée à l'étape lui paraissait incertaine. Il aperçut enfin le marsouin qu'il avait préposé à leur garde et qui l'interpella sans façon pour lui faire constater son dévouement. Rassuré par l'accord qui régnait entre les serviteurs, les animaux et le soldat bénévole, Pointis à son tour se hâta de fuir les nuages de poussière et la cohue du convoi. Il courut d'une traite jusqu'à l'avant-garde, et la trouva immobilisée dans l'attente, sur un col que la colonne devait traverser. Des officiers, en groupes affairés, inspectaient à la lorgnette le paysage qui s'étendait à leurs pieds. Le colonel, maîtrisant son impatience, supputait la durée d'écoulement de la petite armée qui se tordait avec lenteur et s'allongeait dans les méandres cailouteux du chemin. Les derniers éléments quittaient à peine le poste, et le soleil s'abaissait déjà sur l'horizon.

« Voici le théâtre de la guerre... Le grand chef n'a pas l'air content, et pourtant il ne peut désirer plus beau champ de manœuvre contre un ennemi figuré,... » chuhota dans l'oreille de Pointis une voix connue. Pointis acquiesça. Le capitaine Merton, du Train des Équipages, stagiaire aux Affaires Indigènes et dont il avait été le commensal à la popote d'Imbert, lui montrait d'un geste large la plaine immense, doucement ondulée, que fermaient dans le lointain, vers le Sud, des montagnes tourmentées, à la silhouette bleuâtre. Rendus presque invisibles par la distance et les vibrations de l'air surchauffé, des cavaliers se coulaient dans les vallons, s'égrenaient sur les lignes de faîte indécises et enchevêtrées. Ils sortaient on ne savait d'où, car nulle fumée révélatrice de douars ne se dressait vers le ciel pâle; et nulle pensée hostile ne paraissait coordonner leurs mystérieuses évolutions.

« Ce sont nos partisans ?... » questionna le colonel intrigué lui aussi, comme ses officiers, par cette paix sereine d'un paysage où grouillaient peut-être des foules cachées dans les replis du sol.

— « Oui, mon colonel », affirma sans hésiter le chef des Renseignements qui expliqua son verdict dans un murmure de suppositions contradictoires. « Oh ! oh ! dit tout bas Merton à Pointis, vous verrez que, cette fois encore, le service des renseignements va être celui des « faux tuyaux ». — Que supposez-vous donc ? — Rien qui ne soit vraisemblable. Nous sommes arrivés sur le col avant les ennemis qui espéraient nous en disputer le passage. Ils ont manqué leur coup. Ils vont donc rester dans la plaine pour surveiller nos mouvements et... il y aura de la musique cette nuit. »

Merton avait, quoique peu bavard, une réputation bien établie de sagacité dans les popotes du Camp-Marchand et des postes voisins. Il s'était spécialisé, d'abord en amateur, dans les problèmes de la politique locale, et il passait pour connaître à fond les individus et les coutumes du pays zaër. Mais, d'un naturel conciliant, il ne lançait jamais ses idées à l'assaut contre les opinions de ses chefs. Et, tandis que les officiers de l'état-major discouraient avec gravité sur la nature et les intentions des cavaliers mystérieux, il expliquait doucement à Pointis le plan probable des ennemis : « Voyez-vous, disait-il, cet interminable convoi qui alourdit notre marche ? Nous ne pourrons arriver au point d'eau choisi pour l'étape ; nous sommes obligés de nous arrêter avant la nuit, et la source la plus proche est située dans un bas-fond que je connais. Au Maroc les avant-postes ne s'éloignent pas de la troupe qu'ils doivent protéger. Pendant la nuit les dissidents seront donc libres de s'installer sur les hauteurs voisines du bivouac, et de tirer dans le tas aussi longtemps qu'ils auront des munitions. Nous riposterons tant bien que mal. Dès le jour, nous compterons la « casse », tandis que les ennemis, disparus avec l'aube, triompheront dans leurs douars. »

Cependant, la théorie du convoi se rapprochait. Les fractions de l'arrière-garde apparaissaient à leur tour dans les éclaircies encore lointaines des fourrés. Vers le Sud, nulle silhouette ne se montrait plus sur les ondulations qui s'estompaient déjà dans la brume légère du soir. Mais les prévisions de Merton se réalisaient. Un contre-ordre modifiait les projets annoncés au départ et que l'heure tardive rendait inexécutables. L'étape était diminuée de plusieurs kilomètres, pour permettre à tous, bêtes et gens, de s'installer avant la nuit autour d'un chapelet de flaques profondes qui miroitaient non loin du col. Et, malgré cette variante inattendue, les étoiles brillaient depuis longtemps dans un ciel d'encre quand les derniers arrivés eurent dressé leurs petites tentes au bord des tranchées qui protégeaient le bivouac.

Dans la cohue des animaux qui s'entassaient au fond du vallon herbeux d'où montait un tumulte de cris dissonnants et rageurs, Pointis errait avec une infatigable patience, à la recherche de ses bagages et de renseignements. Il savait que, en campagne, les conducteurs de mulets sont, avec les cuisiniers, la corporation la mieux avertie des nouvelles du théâtre de la guerre et des intentions des grands chefs. Mais, cette fois, s'il trouva aisément sa petite caravane, il ne réussit pas à satisfaire sa curiosité. Du chef de convoi, comme du dernier des tringlots, il ne put tirer que des suppositions vagues : « On ne sait pas ce qu'on fera demain... tout dépend de ce qui se passera cette nuit... » Pointis, impressionné par ces pronostics peu rassurants, se hâta de faire disparaître sa tente dans un repli du sol, pour s'abriter contre la pluie prochaine de balles, amies ou ennemies, que l'instinct de la conservation lui faisait pressentir. Et, découragé par les difficultés d'une marche de nuit à travers les ballots épars, les cordes d'attache, les animaux échappés, il renonça dès les premiers pas à rejoindre ses commensaux habituels pour le repas du soir. Seul sous ses toiles, il grignota sans appétit quelques vivres de circonstance, avant de se coucher tout habillé sur le petit lit de campagne où il s'annihila péniblement dans un sommeil angoissé de cauchemars.

Un fracas de détonations sèches et graves, un bruissement d'orage traversé par des sifflements plaintifs, des imprécations toutes proches, des commandements impérieux, le frôlement ponctué de cliquetis d'armes d'une foule qui semblait ramper, l'éveillèrent en sursaut : « La voilà bien, l'attaque de nuit. Pourvu qu'ils ne soient pas dans le camp... » grommela-t-il. Et, le browning à la main, il se précipita hors de la tente, prêt à vendre chèrement sa vie. Mais il s'arrêta aussitôt, émerveillé.

La pleine lune à son zénith jetait sur la campagne une clarté vive. Des points brillants, aux éclipses rapides, dessinaient sur les hauteurs qui entouraient le camp des illuminations pareilles aux girandoles de gaz d'une fête foraine. D'autres, moins nombreux, apparaissaient dans les fonds d'où s'élevaient des clameurs. Une harpe gigantesque, caressée avec fougue par des mains agiles, semblait frissonner sur le camp ; mais ses cordes invisibles étaient tracées par les balles des fusils de tous les types connus. Des chocs mats dans les charges déposées à terre, des plaintes de blessés, des soubresauts de bêtes atteintes par les projectiles, faisaient au concert de la fusillade et des cris un lugubre accompagnement. Sur les crêtes couvertes d'un glacis de lumière blonde, dans l'ombre des vallons tout proches, des voix coléreuses injuriaient les Roumis, invectivaient les partisans et les goumiers. Vers le douteux abri des tranchées, les troupiers se coulaient en rampant, tandis que des Sénégalais, confiants dans leurs gris-gris, se décidaient avec peine à prendre des attitudes passives si nouvelles pour eux. Officiers et sous-officiers s'employaient à faire taire des ripostes qui permettaient à l'ennemi de repérer son tir sur la lueur des coups de feu. « Ça y est! nous sommes entourés et dominés! Et il n'est pas trois heures... » murmura Pointis qui avait consulté sa montre à la clarté de la lune. « Je ne pourrai plus dormir. Que faire jusqu'au jour ?... » Après de courtes réflexions, il conclut qu'il ne devait pas rester à l'abri, tandis que les autres se battaient. Il s'orienta et, s'efforçant d'esquiver les ricochets qui ronflaient sur le sol, il se dirigea rapidement vers la face du bivouac occupée par le groupe d'Imbert.

Des muletiers du train de combat étaient déjà étendus sans vie ; des infirmiers tiraient des cadavres par les pieds, ou portaient avec précaution, en rasant la terre, des brancards où râlaient des blessés. Il lui parut que l'ennemi, favorisé de ce côté par la disposition du terrain, dirigeait sur les tranchées appuyées à des blocs de roches visibles de très loin un feu particulièrement intense. A droite, les Sénégalais roulés en boule attendaient l'ordre de foncer en avant; seuls, leurs meilleurs tireurs guettaient comme à l'affût, et lâchaient à longs intervalles des coups de fusil sur les lueurs qui révélaient à trois ou quatre cents mètres la présence des assaillants. Au centre, les marsouins, convaincus de l'inutilité de ces ripostes, s'arrangeaient pour reprendre, à l'abri de leurs petits talus, le sommeil interrompu. A gauche, les goumiers moins placides rendaient coup pour coup, injure pour injure. Imbert, que l'alerte avait surpris dans un pyjama blanc, glissait comme un fantôme au long de sa ligne ; il commentait avec insouciance la situation tactique et il expliquait à ses officiers les derniers ordres du colonel.

« Rien à faire jusqu'au jour, dit-il à Pointis qui l'interrogea. La colonne est composée d'éléments trop disparates pour qu'il soit possible de tenter une contre-attaque sérieuse sans risquer des méprises funestes. Songez que nos détachements se sont vus hier pour la première fois ! Donc, nous laissons les ennemis brûler en paix leurs cartouches. Dès que nous y verrons assez clair, toutes les faces du bivouac feront une offensive générale pour « donner de l'air » au convoi et faciliter le départ. » Avec la gravité que lui conférait son incompétence Pointis approuva ce plan. D'ailleurs, à en juger d'après la violence de leur feu, on pouvait espérer que les assaillants épuiseraient vite leurs munitions. Leur imprévoyance garantissait le succès des projets du colonel. Ils semblaient avoir hâte de vider leurs poches à cartouches avant le jour, soit pour faire à temps une retraite sans danger, soit pour terroriser la colonne figée dans une attente passive, et tenter ensuite un assaut fructueux. Comme dans les incendies de brousse qu'il avait vus au Tonkin, la ligne de feu gagnait en effet les crêtes encore obscures ; elle fermait le cercle autour du bivouac et, sur les cimes abruptes, qu'on aurait crues inaccessibles, des grappes lumineuses apparaissaient enfin dans un tumulte de cris et de sifflements.

« Ce serait un petit Sedan s'ils avaient de l'artillerie, conclut Imbert. Mais, malgré le clair de lune, ils font plus de bruit que de mal. » Pointis protesta : « Cependant, les infirmiers et les médecins ne sont pas inactifs. — Sans doute. Mais, en réalité, nos pertes sont légères. » A ce moment un agent de liaison apporta de nouveaux ordres, et Pointis s'éclipsa pour aller observer le bivouac.

Sur une pente douce, assis au milieu de son état-major déférent, le colonel fumait paisiblement sa pipe en épiant les progrès de l'ennemi. Pointis entendit au passage un « ça finira très bien », qui le réconforta d'une confiance joyeuse. L'appréhension qu'il avait éprouvée dès les premiers coups de feu était depuis longtemps évanouie. Sur le sol que labouraient les balles il marchait fièrement, et son âme s'exaltait du danger impunément bravé. Il se jugeait ridicule en songeant qu'il s'était d'abord courbé en frissonnant pour franchir à toute vitesse les espaces découverts, et il ressentait une vanité puérile en parcourant sans précautions, d'un pas nonchalant, un terrain où régnait la mort. Ses facultés intellectuelles avaient acquis une extraordinaire acuité. Ses yeux et son cerveau enregistraient avec précision les moindres détails du spectacle auquel il assistait. Il se louangeait sans réserves d'avoir la bravoure solitaire dans la nuit, et il se prit à murmurer : « C'est beau, la guerre, puisqu'elle procure de telles sensations ! »

Devant lui, maintenant, les zouaves aplatis au bord de leur talus exécutaient, comme à la manœuvre, sur des objectifs incertains, des feux de salve impeccables. Pointis s'attarda un instant à calculer en vain le résultat de leur tir, puis il se dirigea vers l'Ambulance où convergeaient des brancardiers qui se coulaient comme des crabes dans les plis du terrain. Mais soudain il s'arrêta, ébahi. Simultanément, des mitrailleuses « déchiraient la toile » et des obus coiffaient les rochers où les lueurs plus denses de la fusillade venaient de révéler des groupes compacts d'ennemis. « Ils vont sans doute devenir plus prudents et moins gênants », murmura-t-il. Les points lumineux qui, par endroits, dessinaient des grappes s'espacèrent en effet aussitôt et dansèrent comme des lucioles. L'intensité du feu diminua, mais non la furie des invectives. Les assaillants, invoquant la solidarité zaër, invitaient à la désertion partisans et goumiers, et les échos se renvoyaient les chapelets d'injures d'une richesse insoupçonnée par les cochers parisiens.

Cependant, le ciel blanchissait à l'Orient. Avec une agilité discrète, le chef du convoi faisait déjà bâter ses animaux ; le personnel de l'ambulance abattait les tentes et fermait les paniers. L'escadron se massait sans bruit dans un vallon défilé. Mais, grâce à la clarté naissante qui décelait ces préparatifs, l'ennemi comprit que l'instant était propice pour fixer la colonne sur sa position, semer le désarroi, augmenter les pertes et tenter une attaque brusquée. Ses fusils firent rage pendant que des groupes de guerriers se faufilaient à travers les palmiers nains pour se rapprocher des tranchées qu'ils supposaient mal gardées. Il fut promptement déçu. Tout à coup la sonnerie : « En avant » retentit. L'offensive prévue se déclancha. Comme un éclair, baïonnettes hautes, l'infanterie jaillit hors du bivouac, et la cavalerie, dans un galop furieux, balaya la zone de marche de la colonne vers le Sud. Pointis béa d'admiration. Les fantassins gravissaient allègrement les pentes, et les Marocains affolés ne tentaient pas de les arrêter. Le cercle de feu était rompu de toutes parts. Sur les hauteurs abandonnées par les assaillants, nos troupes s'arrêtaient pour tenir par leur tir l'ennemi à distance et protéger l'écoulement du convoi.

Or, l'adversaire semblait se ressaisir. Du tertre où il s'était placé, Pointis le voyait esquisser une manœuvre désespérée. Des burnous s'agitaient en signe d'appel sur un piton voisin où les guerriers couraient se rassembler à l'abri des roches. Il voulut assister au dernier acte du drame et, comme Imbert devait ce jour-là commander l'arrière-garde, il alla vers lui.

Dans son ignorance de la tactique marocaine, il espérait voir une charge folle des dissidents, lancés en ruée foudroyante à travers le rideau d'infanterie jusqu'au convoi qu'ils disperseraient pour le piller. Mais Imbert souffla sans pitié sur ces illusions : « C'est bon pour les « nègres du Soudan », comme on dit en Algérie, de se faire sottement tuer en plein jour dans une attaque sans merci. Le Marocain n'oublie jamais qu'il est père de famille et que son cheval lui appartient. Vous ne verrez donc pas, ici, des corps à corps enragés comme ceux qui ont causé la perte des Bonnier, des Fiegenschuh et des Moll, — pour ne citer que les plus connus. Toutefois, si une manœuvre en retraite, réglée comme une figure de ballet, peut vous intéresser, profitez de l'occasion. » Pointis accepta et suivit son ami qui dirigeait prestement sa troupe, par un vallon encaissé, vers la nouvelle position qu'elle devait occuper. Mais son esprit était obsédé par les récits impressionnants qu'il avait naguère entendus. Avec une inquiétude mal dissimulée il questionna : « Vous croyez donc pouvoir vous « décrocher » aisément ? » Imbert sourit : « Comment ! vous aussi, vous croyez aux histoires que les mots « accrocher », « décrocher » résument dans ce pays de Tartarins ? Sachez donc que tout chef, quel qu'il soit, est « accroché » s'il se laisse faire, et doit pouvoir « se décrocher » quand il veut. — Pour-

tant, quand on est chaudement engagé... — Vous
m'amusez, mon cher, car vous récitez une leçon
bien apprise. Une troupe n'est « chaudement en-
gagée », comme vous le dites, que si elle reste
longtemps immobile, ou si elle se déplace avec
lenteur, par petits bonds exécutés homme par
homme, ainsi que je l'ai vu faire à nombre de
théoriciens. L'immobilité ou la lenteur attirent
les Marocains qui concentrent alors leur tir sur
des adversaires inertes. Eux ne risquent pas
grand'chose, car ils manœuvrent en vitesse, sur de
grands fronts, en ordre mince ; mais nos sections,
nos compagnies, nos groupes, quand ils sont
empêtrés dans les procédés de tactique européenne,
forment des cibles très vulnérables, et se trouvent
presque toujours « chaudement engagés ».

La troupe, maintenant, quittait le thalæeg où
elle masquait son mouvement, pour s'installer
avec précautions sur une ligne de faîte où elle
semblait se tenir à l'affût. Les Marocains, occupés
à se garer des obus que l'artillerie faisait de loin
pleuvoir sur leurs rochers, n'avaient pu éventer
cette manœuvre qui plaçait le groupe d'Imbert
comme une muraille à l'arrière du convoi. Ils s'en
aperçurent trop tard, et leur déception se traduisit
par une fusillade intense, mais à peu près inoffensive.

« Ça y est ! les figurants sont en place ! » dit Imbert qui venait d'expédier ordres et comptes rendus. « Nous resterons ici le temps nécessaire pour que l'ambulance et le convoi puissent gagner assez de champ. » Du mamelon où il s'était assis avec Pointis et son adjoint, il pouvait surveiller sa troupe et les tentatives de l'ennemi. Celui-ci esquissait des pointes bientôt arrêtées par une « bande » ou l'adresse de quelques bons tireurs. La nature du terrain, le dispositif adopté pour l'attente rendaient en outre impossible tout mouvement enveloppant vers le convoi, suivant la formule qu'affectionnent les Marocains. L'ensemble donnait une telle impression de sécurité que Pointis ne put s'empêcher de conclure : « Il avait raison, cette nuit, le colonel : ça finira très bien ! » Imbert approuva : « Vous voyez, cher ami, que la guerre au Maroc n'est pas bien difficile. Avec du sang-froid chez les chefs, de l'initiative et du bon sens chez les subordonnés, on doit sortir avec honneur des situations les plus embarrassées. Je ne pense pas qu'une troupe nombreuse, encombrée d'un lourd convoi, puisse jamais être placée par les circonstances dans des conditions plus mauvaises que celles de notre bivouac. Les « farouches Zaër » ont fort bien manœuvré. Ils ont fait une copieuse consommation de cartouches : à 20 sous chacune, beaucoup de leur argent est parti en fumée. Cependant, malgré le clair de lune, malgré les belles cibles que nous leur offrions, nos pertes ne sont pas fortes. J'ai entendu parler d'une dizaine de tués, d'une trentaine de blessés, et nous ne laissons pas plus d'une douzaine de bourricots et de mulets sur le terrain. Vraiment, ce n'est pas cher ! » L'officier adjoint protesta : « Le combat n'est pas fini ! Nous allons sûrement être accompagnés quand nous partirons à notre tour. » Et il montrait deux blessés que les brancardiers emportaient : « Bah ! reprit Imbert, notre immobilité momentanée en est la cause. D'ailleurs, on ne fait pas d'omelette sans casser des œufs. On oublie trop souvent cet axiome au Maroc. Des rencontres qui passeraient inaperçues comme d'insignifiantes escarmouches dans une guerre d'Europe sont toujours, ici, qualifiées de « sanglants combats ».

La causerie continua ainsi, parsemée de silences. Les cavaliers marocains avaient renoncé à faire admirer leur audace. Ils ne venaient plus, dans un galop de fantasia, faire volter leurs chevaux à 200 mètres des tireurs, et leurs groupes de fantassins n'affrontaient plus les rafales des mitrailleuses. Tapis derrière les rochers, ils sentaient la partie perdue, mais, dans leur vanité, ils guettaient le départ de la troupe, afin de pouvoir s'attribuer le succès par la possession du champ de bataille.

Ils ne devaient pas attendre longtemps. Un chasseur d'Afrique arrivait à toute vitesse et faisait connaître que l'éloignement du convoi permettait enfin l'abandon de la position. Le colonel, ajoutait-il, disposait un groupe en arrière pour faciliter « le décrochage » d'Imbert : « Allons, l'instant est solennel ! goguenarda celui-ci. Pointis, mon ami, suivez la moitié de mon groupe qui va détaler. Je vous rattraperai tout à l'heure. » Cachés par la déclivité du sol, les Sénégalais élargissaient en effet leur front à l'insu de l'ennemi, prenaient la place des marsouins et des mitrailleurs qui filaient vivement vers une ride éloignée de 5oo mètres où ils s'installaient prêts à tirer. Les Sénégalais se replièrent alors à leur tour, et quand les Marocains, s'apercevant enfin de la supercherie, se montrèrent sur la crête évacuée, ils furent accueillis par une fusillade nourrie qui arrêta net leur élan. Quoique ralentie par les piétinements du convoi dont le millier de bêtes s'écoulait avec difficulté sur la piste étroite, la marche en échelons, par bonds de grande amplitude, continua dès lors sans incidents. Le « groupe de manœuvre », avec ses canons, y prenait part avec élégance sur l'autre versant de la vallée. Les Marocains, submergés par une pluie d'obus et de balles qui les maintenait à distance et rendait invulnérables les troupes en mouvement, cessèrent bientôt une poursuite sans espoir.

Pointis, la lorgnette sans cesse aux yeux, avait supputé le nombre de leurs morts et de leurs blessés qu'il voyait emporter couchés en travers sur les selles. Quand le dernier Marocain eut disparu, il donna fièrement à Imbert le résultat de ses observations. Imbert, sans hésiter, le juga exagéré : « Je ne crois pas, dit-il, aux chiffres imposants qui évaluent, d'habitude, les pertes de nos adversaires. A les totaliser depuis 1908, on trouverait que le Maroc n'a plus d'habitants. Mais, aujourd'hui, je ne m'oppose pas à ce que vous pensiez avec les soldats « qu'ils en ont pris pour leur « rhume », et la légende du « décrochage » doit vous paraître exagérée. » Pointis en convint. « Après tout, continua son ami, nous n'avons pas à nous enorgueillir. Aux colonies, nous combattons un contre quatre; au Maroc, le rapport est renversé. De plus, nous y avons force canons et mitrailleuses. Je ne pense pas que ce système soit meilleur. Il n'accoutume pas les chefs et la troupe aux vraies difficultés de la guerre. Il rend le succès assuré, mais il n'exerce pas à le mériter. Et cependant, jusqu'aux derniers des soldats, nous plastronnons tous, comme si nous avions accompli de grandes choses. Tenez, écoutez-les ! Ils ne seraient pas plus fiers si l'engagement d'aujourd'hui était la revanche de Sedan ! »

Sur la piste qui serpentait entre des ondulations légères, la troupe maintenant marchait en colonne de route. Malgré la poussière, la chaleur, la tension nerveuse de la nuit et de la matinée, Sénégalais, marsouins et « joyeux » commentaient avec entrain les incidents du combat. On les sentait si alertes, si riches de bravoure joyeuse, que Pointis se cabra : « Oh! oh! vous cultivez toujours le paradoxe, comme au Tonkin. De quoi vous plaignez-vous ? De ce que les Marocains n'ont pas de canons et ne chargent pas à l'arme blanche ? Laissez donc aux politiciens que vous savez la joie de diminuer vos mérites de guerriers. D'ailleurs, ces Marocains dont vous dédaignez la faiblesse possèdent bien des moyens d'action qui vous manquent et qui remplacent en partie ceux qu'ils n'ont pas. Avec la connaissance parfaite du pays où vous marchez en aveugles, ils sont presque tous cavaliers, tandis que vos colonnes se traînent comme des tortues. Ils peuvent vous attaquer où et quand ils veulent, échapper à votre poursuite, harceler vos convois, vous ruiner en détail ! — Oui, dit Imbert, c'est un essaim de moustiques qu'on chasserait avec une massue... » Mais Pointis confessa qu'il avait trop soif pour continuer la discussion.

La chaleur, en effet, augmentait la fatigue sur la piste à laquelle les ondulations du plateau donnaient un profil de montagnes russes. Les arrêts imposés par les à-coups du convoi rendaient l'étape interminable. Soudain l'ascension d'une côte fit découvrir un spectacle réconfortant. Une plaine immense apparaissait, bordée vers le Sud par des montagnes violettes aux contours déchiquetés; vers l'Ouest, une large trouée entre deux collines la prolongeait jusqu'aux limites de l'horizon; à l'Est, elle dominait un chaos de pitons chauves, dont les sommets seuls émergeaient, et qui jalonnaient la vallée mystérieuse de l'Oued Grou. Isolé comme une île au milieu d'un lac, un tertre élevé, aux pentes abruptes, dressait auprès d'une source abondante sa silhouette de château fort. Une foule agitée grouillait sur ses flancs, et les petites tentes de la colonne, prestement déployées, commençaient à l'entourer d'un chapelet jaunâtre. Des traces de cultures anciennes, les vestiges de moissons récentes, des pistes enchevêtrées dont la netteté dénonçait une circulation intense, attestaient que des douars nombreux avaient dû, naguère, animer ce désert.

« C'est Hadjerat-ben-Naceur expliquait Merton à Pointis pendant leur déjeuner sommaire, — après qu'Imbert eut enfin installé l'arrière-garde sur l'emplacement qui lui était réservé dans le bivouac. — L'endroit est fameux dans les légendes locales, et vous y pourrez chercher les ruines d'une enceinte et d'un village berbères. Depuis cinquante ans, peut-être, les Zaër ont expulsé les anciens habitants, et les tentes ont remplacé les maisons. — Mais les Zaër eux-mêmes, que sont-ils devenus ? Je n'en vois pas un dans ce pays qui me paraît abandonné. — Rassurez-vous ; ils ne sont pas loin. Nous les trouverions au bord du Grou, dans les replis des montagnes où ils supposent que nous n'irons pas les chercher. — Alors ? — Alors, ils viendront à nous tout de même. Ils se sont battus, leur honneur est sauf. Ils ne tarderont pas, sans doute, à demander « l'aman ». Au Maroc, le plus sûr moyen de pacifier une tribu est de la combattre à grand orchestre. Ses guerriers sont ravis de montrer leur bravoure dans un beau « baroud », et l'on s'explique après. La soumission qu'ils offrent est, le plus souvent, sans arrière-pensée. Ceux qui, chez nous, croient conquérir le Maroc par la seule persuasion sont des utopistes dangereux. N'est-ce pas votre avis, mon commandant ? dit-il en se tournant vers

Imbert. — Vous en savez plus que moi, et je ne vous contredirai pas, répondit celui-ci. Je préfère aller aux nouvelles. Peut-être apprendrons-nous quelque chose. » Merton et Pointis acquiescèrent. Ils partirent tous trois d'un pas nonchalant.

Sous les tentes aux parois relevées pour combattre avec les caresses du vent la chaleur concentrée par les toiles, les officiers commentaient avec bruit le début des opérations. Ils critiquaient les manœuvres, décernaient les blâmes, mesuraient les éloges en termes vifs. Imbert, au passage, était choisi pour arbitre : on savait que les deux officiers tués dans l'affaire appartenaient à son groupe et qu'il avait fait tirer les derniers coups de fusil. Il s'y refusait poliment, car les dissertations tactiques après boire lui répugnaient : « A quoi bon ratiociner ? disait-il. Les Marocains nous ont-ils empêchés de partir à notre heure, d'arriver où nous voulions, à notre heure ? Que vous faut-il de plus ? » Mais, comme un officier, important et gras, s'obstinait à dogmatiser en affirmant que l'importance des pertes prouvait « la pile » reçue par la colonne, il éclata : « Seriez-vous, mon cher, de ceux qui cataloguent ainsi les rencontres : ni mort ni blessé pour la « brillante victoire », un blessé pour l' « engagement », un tué pour l' « affaire », trois pour le « sanglant

combat », dix pour la « défaite » ? Si la « casse »
vous donne de tels soucis, vous feriez peut-être
mieux de ne pas vous y exposer! » L'autre appartenait à la catégorie de ceux que leurs camarades
dénomment sans pitié « les vautours », parce
qu'ils apparaissent avec la formation des colonnes
et disparaissent après les propositions de récompenses. Il comprit et se tint coi.

De causerie en causerie, les trois amis se trouvaient maintenant dans le quartier de l'état-major.
Une cohue de chevaux et de Marocains y était
rassemblée. Les chevaux sommeillaient sous leurs
housses écarlates ; les hommes, disséminés en
petits groupes, causaient à voix basse et se déco-
chaient à la dérobée de mauvais regards. La somp-
tuosité relative des burnous, l'éclat des tuniques
vertes et roses, la beauté des armes accrochées
aux arçons des selles révélaient des personnages
importants. Les vêtements étaient frais comme au
sortir des coffres, et les chevaux au poil luisant
attestaient un voyage exempt de fatigues : « Qui
sont ces nobles étrangers ? » demanda Pointis en
les comparant, du geste, au lot de partisans dégue-
nillés ou poussiéreux affalés plus loin sur le sol
et dont les montures fourbues avéraient les agitations de la nuit et les galopades folles du matin.
« Ça ? dit Merton, c'est le passé qui attend sa

revanche ! » Et, sur une interrogation d'Imbert, il précisa : « Ce sont les amis de la première heure, ceux qui assiégeaient déjà les bureaux des environs. Il y a les pacifiques de la dernière siba, qui ont perdu des troupeaux razziés ou des parents tués ; il y a des caïds expulsés de leurs tribus qu'ils ne voulaient pas suivre dans leur dissidence ; il y a ceux qui nous ont servis comme guides ou comme espions, comme négociateurs ou comme chefs de bande ; il y a ceux qui n'étaient rien et qui voudraient être quelque chose ; il y a ceux à qui nous avons promis des récompenses et qui nous firent crédit jusqu'à des temps meilleurs. Il y a des braves gens et des coquins, des malins et des traîtres, des intrigants et des victimes. Pour tous, maintenant, c'est l'heure de la curée, car ils espèrent que les Zaër du Sud vont en faire les frais. Ils viennent réclamer leur dû, sur la foi de vagues promesses consolatrices ou de quelques lettres banales. Paroles ou écrits, même insignifiants, sont pour eux des titres qui consacrent leur influence et qu'ils entendent monnayer. Malgré leur aspect opulent, ils ont les dents longues et le ventre creux. »

A ce moment, le chef du service de Renseignements sortit de sa tente pour donner audience à ses administrés. Par son rôle il était l'Éminence grise de la colonne, et il en était fier. Cependant, il s'arracha des mains qui l'agrippaient en gestes d'une exubérante cordialité, pour échanger avec Imbert et ses amis des congratulations courtoises. Pointis, que les commentaires de Merton avaient intrigué, profita de la rencontre pour s'étonner du hasard qui faisait converger en même temps sur le rocher d'Hadjerat la colonne et les solliciteurs : « Tout se sait au Maroc, lui fut-il répondu, et les nouvelles vont vite. Ces gens-là ont compris que nous voulions en finir avec les Zaër, et que nous laisserions des postes dans leurs districts les plus reculés. Ils sont venus pour le règlement des comptes, en devinant que nous resterions quelque temps ici. Chacun a cru arriver le premier. » Et, tandis qu'ils s'éloignaient, Imbert et ses amis entendirent un bourdonnement de voix insinuantes : « N'oublie pas que le cheikh Mohammed, des Ouled Moussa, m'a volé trente moutons l'an dernier... Tu m'as promis, t'en souviens-tu, de me nommer caïd des Ouled Daho, à la place de cette canaille d'Hammani !... » Les clients parlaient tous à la fois, et Merton conclut : « On aura fort à faire pour se débrouiller dans ce chaos de rancunes, de convoitises, de doléances légitimes et de serments fallacieux. »

Pendant les jours suivants les troupes aména-

gèrent leur bivouac pour un long séjour. Les événements qui s'accomplissaient autour de Marrakech imposaient à la colonne un arrêt indéter-
miné. Ils avaient fixé au Sud le théâtre principal
des opérations, et toutes les forces disponibles du
Maroc étaient employées dans la lutte contre
El Hibba. Des soucis plus pressants faisaient
oublier la prompte soumission des Zaër qui,
naguère, était ardemment désirée. A cette évolution imprévue, la colonne avait perdu, avant son
départ, un bataillon, un escadron, et surtout son
beau convoi de chameaux, remplacé par de lamen-
tables animaux réquisitionnés en toute hâte, qui
la condamnaient à l'immobilité. Même l'occupation d'un plateau rocheux à quelques kilomètres
d'Hadjerat-ben-Naceur, pour y fonder un poste
sur les confins des grandes confédérations Zaïan,
Tadla, Zaër, dont les territoires se soudaient non
loin de là, était jugée par l'autorité supérieure
comme une aventure téméraire. On craignait en
effet que le puissant Moha-Ou-Ammou, chef des
Zaïan, n'offrît alors son appui aux tribus rebelles.
Au cours d'une reconnaissance du pays environ-
nant, une rencontre fortuite qui coûta 11 tués et
29 blessés semblait justifier cette prudence. On
voulait éviter l'engrenage, tant que l'horizon politique ne serait pas éclairci dans le Sud.

Une telle sagesse déconcertait Imbert. Malgré les amputations, la colonne comptait 1 500 fusils, 4 canons, 4 mitrailleuses et une centaine de sabres. C'était, assurait-il, une force bien supérieure à toutes celles qui firent, par étapes épiques, la conquête africaine de Dakar au Ouadaï. Il savait que, même en se gênant beaucoup, les dissidents ne pouvaient rassembler plus de 500 fusils. En quelques jours, croyait-il, une campagne brillante établirait l'autorité française jusqu'aux limites extrêmes du pays Zaër. Les cavaliers ennemis qui venaient narguer de loin le bivouac excitaient sa fureur et son dépit, partagés d'ailleurs par de nombreux officiers. Un fougueux « soudanais » avait même déclaré dans un jugement définitif : « C'est une colonne commémorative, celle des Zaër, et le rocher d'Hadjerat-ben-Naceur lui sert de piédestal ! » Pointis, lui, vaguait désemparé à travers le camp, dans l'attente d'un dénouement. Il déplorait l'étourderie qui l'avait lancé en pleine aventure dans un « voyage d'études » qui lui apparaissait sans but et sans fin. Mais il ne pouvait se résoudre au retour immédiat vers la côte, derrière un convoi. Le service des Renseignements estimait à plusieurs dizaines de milliers le nombre des moutons possédés par les seules tribus dissidentes ; les sommaires explorations de surface donnaient

des indications prometteuses sur la richesse mi-
nière du sous-sol. Laines et métaux, lui disait-on,
valaient bien que le premier « civil », qui n'était
pas un marchand de goutte, égaré en pays Zaër
attendît avec patience le rétablissement de la tranquillité.

Les notables de la colonne l'y invitaient en
termes pressants. Et comme Pointis, un soir,
faisait de sceptiques réserves, le commandant du
cercle, homme aimable et pondéré, lui expliqua :
« L'expérience prouve que le stationnement prolongé d'une forte troupe, en un lieu convenable-
ment choisi, a pour effet la soumission presque
sans coup férir des tribus révoltées. Or, nous
sommes ici les maîtres des terrains de pâturages ;
autour de nous se trouvent de nombreux silos,
dont nous ignorons encore les emplacements
exacts, mais dont nous interdisons l'approche.
Nous pouvons ainsi réduire les dissidents par la
famine. Ils le savent, et ils ne tarderont pas à capituler. » Et, sur un geste d'Imbert, il reprit :
« Je sais bien que notre attitude n'a rien de posi-
tivement héroïque. Mais nous ne cherchons que
le résultat. Le Maroc est trop près de la France
pour que nous agissions comme au Soudan :
l'opinion publique ne veut pas, ici, de combats
meurtriers. Les deux dernières affaires nous ont

coûté 20 tués et 60 blessés, dont la moitié environ sont des Français ; il ne faudrait pas beaucoup de rencontres semblables pour rendre le Maroc aussi impopulaire que le Tonkin ou Madagascar.

— Vous avez tout à fait raison, mon commandant, dit Merton. D'ailleurs, les soumissions seraient déjà offertes, si les dissidents croyaient que nous voulons occuper définitivement leur pays. Mais, l'an dernier, une colonne a déjà traversé ce district. Ils espèrent que nous ferons comme elle, et ils attendent notre départ. Pour rester indépendants, ils supporteront bien quelques semaines de privations. La création immédiate d'un poste leur démontrerait la vanité de leurs espérances.

— Hé ! sans doute ! Mais c'est impossible tant que El Hibba rôdera autour de Marrakech. » Imbert allait protester, quand le chef des Renseignements apparut, l'air joyeux : « Mon commandant, bonne nouvelle ! Un indicateur a promis de nous montrer des silos de dissidents. Le colonel a décidé de les faire vider par les partisans qui pourront nous vendre l'orge dont il leur fait cadeau. Cette générosité doublera leur zèle, et les Subsistances qui sont à court en profiteront. — Bonne affaire ! dit Imbert. Cette fois, les dissidents vont enfin être frappés à l'endroit sensible. — Et ils se hâteront de nous demander l'aman », conclut le commandant du cercle qui avait l'esprit déductif.

Dès le lendemain, au point du jour, le groupe d'Imbert allait protéger l'opération que les arabisants de la colonne, par un néologisme hardi, dénommaient « rittelage » des silos. Pointis avait obtenu sans peine l'autorisation d'y assister, et les soldats s'égayaient du bon tour qu'on allait jouer aux dissidents. Une foule miteuse d'individus et d'animaux suivait en désordre la troupe, et Pointis constata, non sans surprise, qu'elle augmentait rapidement : « D'où viennent donc tous ces gens-là ? » demanda-t-il à Merton qui chevauchait à côté de lui. Il montrait des taches noires qui dévalaient à toute vitesse, par monts et par vaux, et venaient se perdre dans la cohue. C'étaient des vieilles femmes, des hommes sans âge, des enfants ; ils poussaient des bourricots, des mulets antiques, des chameaux perclus, et louaient Allah qui leur avait permis d'arriver à temps. Ils partageaient avec les partisans les bissacs vides dont ils étaient pourvus et qui devaient servir au transport du butin. Plusieurs avaient de longues tarières pour sonder les emplacements de silos.

Merton avait déjà questionné l'un des caïds qui menaient ce peuple à la curée. Il sut donc expliquer à Pointis le motif d'une telle affluence. Le

projet de « rittelage » et la générosité du colonel
avaient couru comme une traînée de poudre dans
le camp des partisans. Pendant la nuit, des envoyés
courageux et rapides avaient porté l'heureuse nouvelle dans les douars soumis. Aussitôt, des travailleurs bénévoles s'étaient mis en route par des
sentiers sûrs, pour aider aux recherches et augmenter le profit. Pointis comprit alors que la
constance de nos ralliés avait surtout pour mobile
l'espoir de « manger le voisin ».

Sur une ondulation largement étalée le guide
s'arrêta : « C'est ici », dit-il à Imbert qui disposa
sans retard sa troupe en avant-postes autour du
mers. Les soldats gouaillaient en allant sur les
positions assignées au détachement, et « cherchez
la grange ! » était le rébus affolant que les anciens
proposaient avec astuce aux nouveaux débarqués.
Pointis, rebuté par l'énigme du sol couvert de
palmiers nains et de chaumes, renonçait à la résoudre et, trop prompt à conclure, il soupçonnait
quelque mystification.

Cependant, la théorie des « ritteleurs » était
arrivée près du champ qui abritait les silos con-
voités. Merton, que le chef des Renseignements
avait délégué comme arbitre des querelles probables et surveillant général des opérateurs, arrêta
la caravane pour lui adresser une harangue élo-

quente et concise : « Tout ce que vous trouverez est à vous, et vous pourrez le vendre au Lieutenant de l'Administration. Vous serez payés sans délai. » Et, se tournant vers Pointis : « Je crois qu'ils ont compris, dit-il. Regardons-les travailler. »

Comme une volée de moineaux tous s'étaient éparpillés sur le champ mystérieux, tandis que les bêtes, entravées suivant l'usage, s'évertuaient à paître une herbe maigre. Avec une hâte fébrile les mains fouillaient le sol, cherchaient les places où la terre ameublie était un indice souvent trompeur. Les uns avaient des poignards qui facilitaient la besogne. D'autres maniaient de longues tiges de fer pointues. Plusieurs utilisaient les sondes qu'ils devaient à la prévoyance de leurs parents accourus des douars. Quelques-uns, avec des physionomies graves, étudiaient des alignements, mesuraient des distances, comme si leurs calculs étaient inspirés par de secrets documents. Pendant une heure environ, une activité cupide les secoua tous sans résultat, et Pointis s'ébahissait de leur ardeur. Mais Imbert qui contemplait lui aussi la scène s'étonnait de la lenteur des recherches et doutait déjà de leur efficacité.

Soudain, un cri de joie retentit. Une sonde avait pénétré sans effort de toute sa longueur dans le sol, dénonçant ainsi la cheminée d'un silo.

Poignard en main, l'homme creusait, aidé par quelques amis complaisants. Les mottes volaient, chassées du trou par des doigts agiles. L'excavation, bientôt profonde d'un mètre, laissait enfin à découvert un épais matelas de paille pourrie. Et l'heureux chercheur se reposa un instant, la figure ruisselante, une flamme d'anxiété dans les yeux : « Orge ou blé ? » lui demanda Merton. L'autre leva l'index vers le ciel pour attester l'omniscience d'Allah. Puis, avec une énergie farouche, il écarta les chaumes d'où montait une odeur nauséabonde, et regarda : « Orge ! orge ! » cria-t-il, et il bénit le Seigneur : « Pourquoi donc cette joie ? » questionna Pointis qui avait observé le manège. — Hé ! lui répondit Merton, ignorez-vous que l'Administration n'a pas besoin de blé, et que l'orge seule l'intéresse pour la nourriture des animaux ? L'homme est sûr, maintenant, de toucher ce soir beaucoup d'argent, tandis qu'il aurait dû transporter jusque chez lui les 20 ou 30 quintaux de blé que peut contenir un silo. »

Le charme était rompu. Comme si la première cachette découverte donnait un repère indispensable, les trouvailles se succédaient avec rapidité. Mais des protestations coléreuses dominèrent bientôt les cris de joie, et des groupes animés s'agitèrent autour des silos entr'ouverts. Des bras se tendirent avec des gestes de menaces et des mains furieuses secouèrent les sondes comme des épieux. Merton se précipita.

La figure convulsée, des hommes s'invectivaient avec fureur. C'étaient des chercheurs à qui des concurrents disputaient la possession de leurs découvertes. Les parents, les amis des deux parties les soutenaient de la voix, et les plus fougueux bondissaient déjà vers les fusils suspendus aux selles des chevaux : « Ça va se gâter, souffla Imbert à Pointis, et nous allons avoir une mêlée générale. » Mais Merton, par des actes dénués de douceur, s'était frayé un passage et, d'un ton impérieux, exigeait des explications. Comme tous hurlaient à la fois, il eut quelque peine à comprendre. Il y parvint cependant. Il sut alors que le *mers* n'était pas la propriété exclusive des dissidents. Plusieurs silos appartenaient à des indigènes qui n'avaient pas suivi leur douar dans la rébellion ; eux-mêmes ou leurs amis faisaient valoir des droits dont les heureux chercheurs, jugeant ces réserves trop tardives, contestaient la légimité : « Ce sont chicaneries arabes, dit Merton à ses amis. Le caïd ou la djemma vont décider ». Il ne doutait pas, d'ailleurs, de la vénalité des jugements, car il savait que les autorités et les notables, pour s'assurer un avenir exempt de querelles, s'efforçaient parfois de pallier contre salaire la sévérité des représailles. Mais c'était le seul moyen de calmer l'effervescence et chacun accepta, non sans murmures, les décisions du caïd.

Cependant les bissacs finissaient par se gonfler de grains extraits en toute hâte. Quelques « ritteleurs », plus avides ou plus braves que les autres, étaient déjà partis avec leurs animaux lourdement chargés. Les recherches continuaient maintenant dans un calme relatif, et le butin s'annonçait copieux. Assis à l'ombre d'un rocher, Imbert et Pointis, lestés par un déjeuner frugal, écoutaient en sommeillant Merton qui leur expliquait l'âme indigène. Soudain, quelques détonations assourdies par la distance les firent se dresser en sursaut. Imbert fouilla de sa lorgnette la ligne de ses postes et constata leur tranquillité. Mais, au loin, des cavaliers rôdaient sur les crêtes où flottaient encore les nuages légers des coups de fusil inoffensifs : « Ce sont les propriétaires qui protestent, dit Merton. Ils attendront notre départ pour venir contempler les dégâts ». Et, vraiment, ils ne paraissaient pas décidés à combattre pour protéger leurs biens. Ils esquissèrent quelques pointes timides afin de tâter la ligne de défense et, la jugeant sans doute trop bien gardée, ils s'évanouirent derrière un coteau.

Cet incident avait glacé le zèle des « ritteleurs ». Dès le premier coup de feu ils cessaient les recherches, et leur hâte maladroite à bourrer leurs bissacs les rendait semblables à des Augustes affolés. En quelques minutes, les silos déjà ouverts étaient vidés et les bêtes de charge rangées en bon ordre au fond d'un vallon. Puis, les caïds et quelques notables prièrent Merton de donner le signal du départ : « Mais vous n'avez pas fini ? s'écria celui-ci. Vous avez le temps de trouver encore beaucoup de silos. — Oui! oui ! c'est fini ! clamaient en chœur les autres. Il n'y a plus rien, tu peux en être sûr ! » Et leurs regards se coulaient, furtifs, vers la direction où avaient paru les dissidents : « Ce sont des lièvres, dit Merton qui lisait dans leurs âmes. Aucun d'eux ne souhaite qu'une balle perdue ravisse un père à sa famille et livre son butin à d'ingrats héritiers. Partons, puisqu'ils le veulent. Après tout, la journée a été bonne, et le colonel sera content de ce coup d'essai. — Quelle est donc la valeur du butin d'aujourd'hui ? demanda Pointis. — Environ 100 quintaux d'orge et une vingtaine de blé. »

Tandis qu'ils causaient, à un signal d'Imbert le détachement se repliait pour le retour. Les rôdeurs le suivaient de loin, par petits groupes,

et l'on put les voir qui s'arrêtaient sur le *mers*
pour y mesurer l'étendue de leur ruine. Surpris
sans doute de ne pas la trouver complète, ils ne
voulurent pas tenter le sort et se décidèrent à continuer pour leur compte le « rittelage » inachevé.
Pendant la durée du trajet jusqu'au camp, les
partisans enfin rassurés se félicitaient de leur
bonne fortune, et se concertaient pour vendre le
plus cher possible aux Subsistances l'orge gratuite
des dissidents.

Les jours qui suivirent, l'opération fut tentée
avec un égal succès sur tous les *mers* des environs,
Pointis, que le spectacle divertissait, ne manquait
pas d'y assister. Il observait ainsi les indigènes
dans les conflits de ruse et de rapacité que faisait
naître la découverte des silos. Il savait ainsi,
maintenant, que des réserves immenses de grains
dorment, au Maroc, sous la terre qui les protège
mieux que des murailles. Il avait vu des hommes
asphyxiés par l'odeur méphitique de silos oubliés
que le hasard faisait mettre à jour, et que les
anciens des tribus attribuaient à des familles
depuis longtemps éteintes. Il s'expliquait l'invulnérabilité des rebelles jusqu'à la trahison qui
livrait le secret de leurs cachettes ou la retraite de
leurs troupeaux. Il comprenait enfin que, même
en possession de ces richesses, les troupes d'une

colonne considérable ne peuvent « vivre sur le pays » et que leur existence dépend toujours de la régularité des convois.

Ces convois étaient le cauchemar d'Imbert, car ils s'exécutaient avec un grand appareil militaire, sur la paisible route de Camp-Marchand où l'escorte allait camper. En même temps qu'aux malades évacués par l'Ambulance, aux tonnelets vides des Subsistances, elle assurait la sécurité à nos amis indigènes qui cherchaient pour leur orge, dans le poste voisin, un acheteur officiel plus généreux que l'officier d'approvisionnement de la colonne. Officiers et soldats ne se privaient pas de faire des réflexions narquoises en contemplant les théories de mulets ou de bourricots chargés du grain des dissidents, qui partaient d'Hadjerat-ben-Naceur pour y revenir le lendemain avec le même fardeau. Convoi libre à l'aller, convoi administratif au retour, la rubrique seule changeait. Et l'invraisemblable cupidité des Marocains était démontrée par le maigre bénéfice de deux ou trois pesetas acquis au prix de deux journées de marche fatigante sous un soleil ardent.

Le pillage méthodique des grains, exécuté sous la protection de la colonne, donnait donc aux partisans les moyens de spéculer gratuitement contre elle. A ces opérations exemptes de risques s'usait toute leur ardeur guerrière. Ils n'étaient plus assez belliqueux pour aller en nombre, dans les forêts à peu près sûres de l'Ouest, y chercher des provisions de bois que le service des Subsistances leur aurait pourtant payé cher. On devait donc mobiliser fréquemment un groupe tout entier qui rapportait à la fin de la journée, sur les animaux disponibles, le bois indispensable au chauffage du four et à la cuisson des aliments. Convois, corvées de bois et « rittelage » sans l'attrait des coups de fusil étaient ainsi les seuls passe-temps de la colonne qui semblait fixée pour toujours sur son rocher. Les partisans, eux, trouvaient l'existence belle ; mais leur couardise et leur paresse étaient sévèrement jugées dans le camp : « Pourquoi garde-t-on de si coûteuses inutilités ? demanda un jour Imbert qui aimait s'intruire. — Eh ! tant qu'ils sont avec nous, ils ne sont pas contre nous, lui répondit-on. De plus, quoique les dissidents ne connaissent pas la fable du Loup et du Chien, ils comparent avec envie leur sort misérable à celui des partisans. En politique, nous ne devons rien négliger. »

Tant de patience et de machiavélisme devaient enfin être récompensés. Un matin, Pointis qui était allé aux nouvelles accourut tout affairé : « Imbert ! venez vite ! Les bourgeois de Calais sont dans le camp ! — Que voulez-vous dire ? demanda sans s'émouvoir son ami qui rédigeait un rapport sur une vague escarmouche de la veille où, selon la formule, l'ennemi avait été repoussé « avec des pertes sérieuses ». — Vous ne comprenez pas ? Une tribu sollicite l'aman : tout l'état-major est en révolution ! » Intrigué, Imbert abandonna ses papiers et se mêla au flot de curieux que l'événement attirait vers la tente du colonel.

Une demi-douzaine de Marocains, à pied et sans armes, entourés par des partisans amènes, conféraient avec le chef des Renseignements qui leur révélait les conditions éventuelles du pardon. Avec une énergie verbeuse les parlementaires signifiaient qu'ils étaient prêts à tout accepter. Ils juraient que le gouvernement n'aurait pas désormais de fils plus soumis et plus dévoués, et ils montraient, en signe de leur humilité repentante, le taureau traditionnel qu'un « meskine » conduisait. L'accord préparatoire ainsi conclu, on les présenta sans retard au colonel qui les félicita de leur décision et leur vanta les douceurs de la paix dont les bienfaits inonderaient prochainement le pays Zaër : « Nous sommes les enfants du gouvernement, et le colonel est pour nous un père ! » clamaient à l'envi les délégués de la tribu. Et, selon le rite, ils se préparaient à couper les jarrets

du taureau pour faire agenouiller la pauvre bête
en symbole de leur soumission, mais on leur
déclara que les mœurs françaises répugnaient à la
tuerie en détail. Ils crurent alors que cette sensi-
bilité masquait un refus poli de l'aman, et ils en
témoignèrent une vive contrariété. L'interprète se
hâta de les rassurer et les congédia, non sans
appeler sur eux les bénédictions d'Allah. Mais le
plus âgé des parlementaires jugea le moment favorable pour exposer la requête qui résumait les
désirs des dissidents et que, fidèle aux usages de
la civilité marocaine, il avait réservée pour la fin.
« Puisque le colonel est juste et miséricordieux,
dit-il, qu'il nous délivre du caïd qui se prétend
notre chef ! Il a « un gros ventre » et c'est à cause
de lui que nous étions dissidents. »

Or, le caïd affectait depuis le début de la scène
la joie exubérante du père biblique au retour de
l'enfant prodigue. A cette accusation inattendue,
il répondit par des protestations indignées : « Ils
disent maintenant que j'ai un gros ventre, pour
faire croire à mon avidité ! Ce sont des menteurs !
Ils m'ont renié, chassé de la tribu parce que je
ne cachais pas ma sympathie pour les Français.
J'ai dû me réfugier auprès de Camp-Marchand
pour fuir les vengeances de mes ennemis. J'ai
suivi la colonne avec quelques serviteurs, pour

intercéder en faveur de ceux qui m'ont persécuté parce qu'ils sont ignorants. J'ai le cœur pur, je suis pauvre, et qu'Allah me change en pourceau si je ne dis pas la vérité ! » Le colonel savait, à n'en pas douter, que le caïd s'était depuis long-temps compromis pour notre cause, mais aussi qu'il était maître dans l'art de « faire suer le bur-nous ». Il déclara qu'il ne sacrifiait jamais ses amis, et que sa vigilance réprimerait les abus. L'orateur des dissidents, satisfait d'avoir soulagé sa conscience, n'insista pas : « Que la bénédiction de Dieu soit sur toi ; tout est bien ! » conclut-il en serrant avec effusion les mains des assistants. Et suivi de ses acolytes, il alla sans rancune chez le caïd qui le conviait au cousscouss de la récon-ciliation.

En chemin, partisans et rebelles assagis se complimentaient sur les brillants combats où ils s'étaient mesurés, sur les prouesses qu'ils avaient accomplies. Quoique placés, par le hasard ou le calcul, aux deux côtés opposés de la barricade, on devinait que, hors des vues de nos troupes, la haine ou le fanatisme n'avaient jamais animé leurs simulacres de guerriers. Ils se retrouvaient à la fin de la comédie, comme des acteurs heureux d'avoir bien joué leur rôle, pleins d'une ironie méprisante pour les spectateurs de la colonne qui en avaient fait les frais : « Drôle de pays, dit Pointis à Merton qui observait leur manège ; drôle de pays que celui où les divergences politiques se commentent à coups de fusil et ne laissent pas de rancunes. — Oui, sans doute ; mais, à voir fraterniser ainsi nos amis et nos ennemis d'hier, je ne m'étonne plus d'avoir maintes fois entendu passer sur nos troupes des balles qui semblaient venir du côté des partisans ! »

Le soir même, les soumissionnaires installaient leurs douars à proximité du camp. Ils ne venaient pas de loin, car les montagnes voisines leur avaient assuré jusqu'alors une inviolable retraite. Mais ils étaient heureux d'en finir avec une existence d'inquiétude et d'alertes. L'inertie prolongée de la colonne leur avait paru cacher un piège, et la crainte d'un réveil tragique, plus encore que le pillage de leurs silos, les détachait de la rébellion. En quelques minutes, ils dressaient leur cinquantaine de tentes noires sur deux vastes circonférences dont une nuée de chiens hargneux et vigilants gardaient les abords. Et quand vint le soir, dans les enceintes que renforçaient des fagots d'épines, le sol disparut sous un tapis mouvant des troupeaux entassés. Puis, les bougies de traite allumées sous les tentes dessinèrent dans la nuit deux cercles de feu ; des chants, des mélodies sauvages célébrèrent la paix reconquise et la sécurité du lendemain. Dans le camp, officiers et soldats écoutaient les aboiements rageurs des chiens, les voix nasillardes. Ce retour inespéré de la vie dans le désert mettait un vague attendrissement dans l'âme des plus endurcis.

« Le problème de l'existence va être simplifié », s'écria tout à coup l'officier d'approvisionnement qui, dans un groupe animé, épiloguait avec Pointis sur les conséquences politiques de l'événement. — Que vous êtes prosaïque ! riposta Pointis. Ne songez donc pas sans cesse à vos victuailles, et laissez-vous bercer par le charme de cette nuit étoilée, de cette symphonie wagnérienne, de ces lumières tremblotantes qui évoquent une ronde de lutins. — Oh ! oh ! dit l'autre ; seriez-vous poète, monsieur Pointis ? Au lieu de ces balivernes, je vois des œufs et des poulets pour les popotes, des bœufs et du bois pour les Subsistances, car je suppose que ces ex-dissidents vont être heureux de nous ravitailler pour gagner les douros de leur contribution de guerre ! » Mais prosateurs et poètes songeaient surtout aux femmes qu'ils avaient aperçues au crépuscule, tandis qu'elles revenaient de la fontaine, la cruche inclinée sur l'épaule, enveloppées avec grâce dans leurs haillons poudreux. Leurs imaginations surchauffées précisaient des intrigues furtivement ébauchées près des sources discrètes, dénouées dans le mystère des fourrés de lauriers-roses ; et, compliquant de rivalités pressenties leurs rêves incohérents, ils se lançaient dans l'ombre des regards férocement jaloux.

Tous furent déconcertés par la brièveté de leurs illusions. Le retour du premier lot de rebelles ne transformait pas le désert en pays de Cocagne. Les femmes jeunes étaient dérobées aux tentations. Soit hasard, soit calcul, seules d'horribles vieilles ou des enfants faisaient la navette, à l'heure du berger, entre la fontaine et les douars. Avec une indifférence narquoise, les maîtres des innombrables troupeaux qui erraient autour du camp semblaient se plaire, par leurs prétentions exagérées, à rendre les transactions impossibles. Tandis que, autour des tentes, cuisiniers ou chefs de popote étaient chaque jour effarés par les prix de famine exigés pour les volailles et les œufs, l'officier d'approvisionnement se débattait pendant des heures contre les offres ondoyantes de quelques vendeurs avides et têtus. Comme s'ils étaient délégués par leurs frères pour explorer jusqu'à leurs dernières limites l'inexpérience et la générosité des Roumis, ils cotaient à des sommes extravagantes les bêtes faméliques et minables qu'ils venaient offrir à regret. Et, dans leurs finasseries sans vergogne, ils se montraient aussi redoutables que les plus rusés des maquignons.

Ces duels économiques avaient en Pointis un spectateur assidu. Il espérait acquérir ainsi l'expérience qui lui manquait encore pour fixer sa décision et préciser ses projets. Il pesait les moutons et les bœufs, évaluant le rendement de leur laine et la valeur de leurs peaux, supputait les prix d'achat et de transport, échafaudait parfois de vertigineux profits. Mais l'officier d'approvisionnements le rappelait à la réalité : « Nous sommes trop bons, monsieur, et ces gens-là nous grugent. Comprenez-vous cela? 200 francs, des bœufs qui en vaudraient 60 à Madagascar et 15 au Laos ! On nous a recommandé de ne pas trop chicaner sur les prix afin d'attirer les indigènes et de créer un courant commercial; ils en profitent sans pudeur ! — Avouez qu'ils auraient tort de se gêner. — Sans doute ; mais ils nous trouveraient plus malins et plus respectables si, après avoir razzié les animaux dont nous avons besoin, on leur en donnait un juste prix. — Ils mettraient alors leurs troupeaux hors d'atteinte, et leurs douars aussi. — Bah ! on les attraperait tôt ou tard. En attendant, ces générosités, politiques sans doute, sont de fâcheux précédents qui gêne-

ront beaucoup les colons. — Les conséquences
en seront passagères. Vos fournisseurs vous tiennent la dragée haute parce qu'ils spéculent sur
votre disette, qu'ils peuvent facilement s'entendre
et qu'ils trouvent plaisant de vous faire payer en
réalité leur contribution de guerre. Mais quand
une paix définitive aura fixé les tribus, le nombre
des vendeurs fera diminuer les prétentions, une
concurrence acharnée dressera les uns contre les
autres ces Marocains avides, et il y aura de beaux
jours pour les Européens. — Ou pour les Juifs »,
résuma l'autre qui professait pour la conquête
marocaine un enthousiasme modéré.

Pointis convint que cette conclusion était vraisemblable. Il avait déjà observé l'infiltration des
fils d'Israël dans le camp. Depuis deux semaines
environ, ils arrivaient avec les convois, car ils
n'osaient pas s'exposer seuls aux mauvaises rencontres de la route. Ils obtenaient sans peine l'autorisation d'installer dans l'enceinte leur maigre
bagage et leurs doucereuses personnalités. Les
nouveaux arrivants étaient accueillis avec grâce
par leurs frères qui les aidaient à dresser les tentes
blanches où s'empilaient des coupons d'étoffes
claires, des bijoux et des parfums de pacotille
enviés par les Sénégalais, où brillaient les plateaux de cuivre, sans cesse entourés par les Maro-

cains amateurs de thé. En face des marabouts misérables de mercantis, où des Grecs affables et des Français parfois douteux débitaient des conserves avariées et des liquides inquiétants, un mellah grandissait, où s'ébauchaient des négoces avouables et se perpétraient de louches trafics. Là des partisans sans scrupules venaient offrir en cachette les cartouches que les tirailleries d'une escarmouche récente leur permettaient d'escamoter ; là disparaissaient, malgré les perquisitions les plus minutieuses, les fusils des goumiers déserteurs. Sur les marchés des dissidents, à 80 douros le fusil, une peseta la cartouche, le bénéfice était assez grand pour faire braver quelques risques. Mais, aussi, là s'amoncelaient les toisons des moutons, les poils des chèvres et des chameaux, que les Youddhis fureteurs achetaient déjà dans les douars ; là s'entassaient les peaux de bœufs achetées une à une aux Subsistances par un Hébreu malin qui guettait la fourniture générale de la viande aux troupes et l'adjudication de l'abattoir.

« Hé ! hé ! Pointis, lui dit un soir Imbert qui le surprenait dans ses investigations, vous arriverez trop tard, mon ami ! Vous trouverez la place prise ! — Je le craindrais, si je n'avais d'autres espoirs et d'autres projets. Mais combien

les mercantis français d'en face sont maladroits !
Ils ne voient pas plus loin que leur comptoir de
marchand de goutte, et leur ambition se borne à
verser à vos troupiers une ivresse épileptique avec
leurs liquides frelatés. — Ne les plaignez pas ! le
vin en poudre qu'ils reçoivent par colis postaux
leur assure des bénéfices coquets. Ils gagnent environ 100 francs par jour, chacun, sans sortir de
leur tente. Soyez sûr qu'ils se moquent de leurs
voisins, de leurs étalages minables et de leurs
essais d'accapareurs. — Sans doute, mais quand
les troupes seront dispersées ils se plaindront de
la dureté des temps. Et quand les véritables colons
viendront dans ce pays pour y tenter de véritables
affaires, les indigènes leur préféreront les juifs
qui parlent leur langue, qu'ils connaissent, et
dont ils sont connus. — Absolument comme en
pays annamite, où les Français ne peuvent rien
sans l'intermédiaire du compradore chinois. Pourtant, nos progrès de militaires ne sont pas tellement rapides que vous autres civils, pour qui
nous travaillons, ne puissiez faire en même temps
la conquête économique du Maroc. »

Imbert faisait allusion à l'inertie prolongée de
la colonne, qui inspirait les critiques acerbes des
officiers et les gouailleries des soldats. Cependant
cette inertie apparaissait peu à peu aux dissidents

comme une menace énigmatique et redoutable. Les plus prudents et les moins résolus, lassés de leur sort incertain, songeaient à celui de leurs frères qui avaient déjà obtenu l'aman. Ils connaissaient les bénignes conditions de la paix ; ils savaient les fabuleux profits que laissaient les fournitures de bois, les ventes de bœufs et de moutons. Ils n'espéraient même plus conserver intacts leurs silos, car le chef des Renseignements faisait servir les rivalités de tribus à la découverte des *mers*. Et soudain le mouvement des soumissions se déclancha. Pendant une semaine, le va-et-vient des parlementaires égaya le camp. Pendant une semaine, chaque jour les curieux assistaient au retour de nouveaux douars. En vain les irréductibles encore nombreux essayaient-ils de s'y opposer. Quelques coups de fusil, un obus bien dirigé, une fantasia de spahis et de chasseurs d'Afrique suffisaient pour faire disparaître leurs guerriers dans les gorges sauvages où les aventureux de la colonne, seuls, proposaient de les poursuivre. Car ils étaient jaloux des exploits accomplis au delà de l'Oum-er-Rbia par les troupes que le colonel Mangin menait à la conquête de Marrakech. Ils comparaient les courses folles derrière les cavaliers d'El Hibba aux besognes sans gloire où s'émoussait leur ardeur, et ils rêvaient d'inscrire sur les bords de l'Oued Grou un nom aussi prestigieux que celui de Bou-Othman.

Mais, un soir, Merton remarqua dans le quartier de l'état-major l'agitation bourdonnante qui précède les grands événements. Il avait des intelligences dans la place et il courut s'enquérir du mystère qui planait sur le bivouac. Ce qu'il apprit le bouleversa. Il s'était accoutumé à l'engourdissante inaction de l'expectative, et il n'espérait plus en sortir que pour le retour dans sa petite garnison. Or, l'autorité supérieure, désormais sans inquiétude vers le Sud, rendait la liberté de manœuvre à la colonne des Zaër. On allait fonder un poste sur les confins des Zaïan et des Tadla, et l'on se tournerait ensuite contre les Zemmour qui menaçaient la route de Rabat à Fez : « Quand partons-nous ? avait demandé Merton. — Demain. — Qui doit commander le poste ? — Je l'ignore, le colonel n'en a pas encore parlé. — Sait-on au moins s'il y aura bataille ? — Les Beraber, appelés par les Bou Acheria, rôdent aux environs. Si notre mouvement est éventé, leur harka pourrait bien aider les dissidents à nous barrer la route. — Dieu vous entende ! Voilà longtemps qu'on ne s'est cognés. » Merton alors s'éclipsa prestement pour annoncer à Imbert la joyeuse nouvelle, et son interlocuteur reprit en maugréant ses passe-temps stériles de gratte-papier.

Déjà les projets de départ étaient connus dans le bivouac. Officiers et soldats semblaient s'éveiller d'une longue léthargie. Des quolibets et des chants fusaient sous les tentes et les abris de feuillages, tandis qu'une activité prudente inspirait le nettoyage des armes et l'inspection des fourniments. Imbert ne manifesta donc aucune surprise quand Merton lui révéla les plans qu'il croyait encore être le seul à connaître : « Ah ! vous saviez ?... M. Pointis lui-même est au courant sans doute ?... dit Merton vexé. Vous savez aussi, peut-être, qui sera le commandant du poste qu'on doit fonder à Zahiliga? — Justement, ne vous en déplaise. C'est moi-même, pour vous servir. » Imbert à son tour raconta les péripéties de la conférence où s'était décidé son sort. Il s'en déclarait satisfait : « Songez donc ! j'aurai ce qu'on appelle un beau commandement : trois compagnies, un goum mixte, une section d'artillerie, une de mitrailleuses ; c'est-à-dire plus de 800 hommes. Un poste à construire, un secteur de sept tribus à organiser, des voisins turbulents, et pas de télégraphe ! Tous les bonheurs à la fois. » Puis, coupant les effusions de Merton qui le complimentait, il ajouta d'un air narquois : « Ah ! j'oubliais... J'ai demandé au colonel, qui l'accorde, votre nomination d'officier de renseignements du poste. J'aurais dû vous consulter. Cela vous ennuie, peut-être ? — Ma foi non. Je le souhaitais sans oser le dire. » Et il se confondit en remerciements.

Le lendemain, au point du jour, l'exode commençait. Il n'avait pas été possible d'emporter avec le convoi le stock énorme de vivres et de matériel qui s'était amoncelé dans le parc des Subsistances. L'ambulance elle-même s'était dédoublée pour laisser en repos, jusqu'à la prochaine évacuation, les malades nombreux qui geignaient sous ses marabouts. Un détachement gardait ces inévitables impédimenta, et la colonne réduite à ses éléments mobiles s'ébranlait pour aller occuper le plateau de Zahiliga. Un poste devait s'y dresser sur les confins du pays zaër jusqu'alors ruiné par l'anarchie dans l'indépendance, comme un témoignage de l'avènement des temps nouveaux.

Après deux heures de marche, la colonne s'arrêta. L'avant-garde était arrivée sur une ligne de faîte où elle se dissimulait derrière des rochers. L'état-major semblait observer avec précaution, et des chasseurs d'Afrique galopaient en estafettes de tous côtés. Les troupes abandonnaient la piste, se glissaient à travers les crêtes et les vallons pour occuper une ligne immense. L'artillerie se faufilait vers les positions dominantes, où ses canons de 65, écrasés par la masse des blocs énormes qui les abritaient, apparaissaient à distance comme des joujoux d'enfant. L'arrière-garde se massait avec le convoi dans un bas-fond. Nul cri, nulle détonation ne s'étaient encore fait entendre, mais Pointis, qui s'attardait dans un examen de cailloux, comprit que la colonne prenait un dispositif de combat. Il ne voulait rien perdre du spectacle et, dédaigneux de la géologie, il courut vers l'avant.

Du poste où il s'était placé, le paysage s'étalait devant lui, lugubre, malgré la couleur éclatante dont le parait un soleil prestigieux. Dominant comme une falaise le confluent de deux vallées qui l'entouraient, un plateau bas, pierreux, était semblable au piédestal cyclopéen d'une ville écroulée. Des blocs gigantesques couvraient le sol dont la chaleur de l'été avait depuis longtemps flétri la fugitive parure de gazon et de fleurs. Des massifs isolés se dressaient çà et là comme des vestiges de tours ; des aiguilles perçaient les amoncellements informes, évoquant les piliers intacts de temples foudroyés. Seule la tache blanche d'une koubba neuve scintillait au loin dans la grisaille des grès. Ce chaos de roches figé dans un silence de mort et sur qui semblait peser une malédiction biblique faisait songer à la fin des âges dans les mondes éteints.

Mais la vie n'avait pas complètement disparu de ce coin de terre désolé. Au creux d'un ravin étroit, des flaques d'eau miroitaient entre des taches vertes où convergeaient des pistes nettement tracées, qui dénonçaient des humanités toutes proches. Les lorgnettes révélaient en effet à l'arrière-plan quelques fumées légères de douars invisibles, et, s'infiltrant sur le plateau, se coulant derrière les blocs, un grouillement de cavaliers qui accouraient par groupes rapides. On distinguait les burnous verts et rouges des Beraber, et la présence de ces guerriers redoutés faisait prévoir un combat sérieux : « Où sommes-nous donc, Imbert ? demanda Pointis qui cherchait à se reconnaître sur une carte simplifiée par les « blancs » des régions inconnues. — Mais c'est Zahiliga. Ne l'avez-vous pas deviné ? — Brr ! on croirait voir un paysage lunaire. Et c'est là que vous devez désormais vivre ? — Oui, mon cher ; vivre, mais non aimer et mourir, comme dit la chanson. En attendant, il faut combattre, paraît-il, pour conquérir ces rochers ».

Un canon venait en effet de tonner. Le nuage noir et gris échappé du projectile coiffait un éboulis de roches où des Marocains s'étaient embusqués. Le tumulte de l'explosion, amplifié par les échos, terrifia les guerriers qui s'éparpillèrent. Les obus, maintenant, pleuvaient sur tous les abris d'où l'ennemi tirait, en riposte, des coups de fusil inoffensifs. Mais les gaz de la mélinite étaient plus redoutables que les balles des shrapnells dont il avait appris à se garer. Les effets inattendus de ces obus qu'il ne connaissait pas brisèrent promptement sa résistance, et ses tireurs les moins aguerris commencèrent une retraite précipitée. A ce moment, goumiers, sénégalais, marsouins et zouaves dévalaient les pentes. Rivalisant de vitesse, ils abordaient le plateau, décrivaient une conversion à gauche pour chasser de rocher en rocher les Marocains qui s'attardaient et les refouler vers l'extrémité du plateau, sous le feu des canons. Beraber et dissidents comprirent aussitôt le danger qui les menaçait ; ils s'enfuirent en désordre. Chasseurs d'Afrique et spahis, aussitôt lancés à leur poursuite, les forcèrent à disparaitre sans espoir de retour derrière les montagnes qui fermaient l'horizon.

Cet engagement brillant avait à peine duré une demi-heure. Le commandant du Cercle, qui l'avait dirigé, rayonnait d'un légitime orgueil. Grâce au colonel dont il était l'adjoint estimé, il tenait « son affaire » dont il pouvait espérer une juste récompense. Et comme il était bienveillant et sympathique, chaque officier s'empressa de le complimenter. Pointis n'y manqua pas. Il n'oubliait pas, quoique « civil », qu'il était officier de réserve, et l'allure de l'affaire lui plaisait. Il lui trouvait un petit air d'offensive résolue qui contrastait avec la timidité méthodique dont les gens de guerre au Maroc inspiraient trop souvent, croyait-il, leurs périodiques opérations. Tout joyeux encore du spectacle auquel il venait d'assister, il héla Imbert qui se dirigeait à pas rapides vers son groupe immobilisé sur le plateau : « Hein ! vous les avez vus, les fameux Beraber ? Pensiez-vous qu'ils détaleraient si prestement ? — Les vieux praticiens de la guerre marocaine en sont tout désorientés, lui répondit Imbert. Il paraît d'ailleurs que c'étaient des « semble-Beraber », comme on dirait à Toulon. Les « vrais » nous auraient, dit-on, attaqués au couteau, tellement ils sont braves. Vrais ou faux, c'est encore une légende qui s'en va ! Mais l'affaire a été bien menée. Avec de l'hésitation, le combat d'infanterie dans ces roches aurait pu nous coûter cher ».

Les pertes, en effet, n'étaient pas graves. Quelques blessés et trois tués seulement occupaient les brancards de l'ambulance dont les marabouts se dressaient déjà sur le plateau. Mais, par un hasard extraordinaire, chacune des trois races représentées dans la colonne payait de l'un des siens cette nouvelle étape de la domination française dans le sauvage pays zaër : un marsouin, un sénégalais, un goumier avaient donné leur vie pour la fondation du poste de Zahiliga.

Selon l'usage, les victimes du combat devaient être évacuées sans délai sur Camp-Marchand. Mais, cette fois, on pouvait faire exception pour les morts. Ils dormiraient en paix près de la garnison qui devait achever dans ce district lointain l'œuvre de la pacification. Tel était l'avis du médecin-chef, malgré les hésitations du colonel qui décida de consulter Imbert : « Êtes-vous superstitieux ? lui demanda-t-il. — Non. Pourquoi ? — Parce que vous pourriez considérer comme un mauvais présage l'inauguration d'un cimetière au jour où je crée le poste que vous devez commander. — Bah ! mon colonel, les anciens conquérants noyaient dans les fondations des villes nouvelles les cadavres des victimes sacrifiées aux dieux protecteurs de la cité. Nous adapterons leurs coutumes aux circonstances du temps présent. » Rassuré, le colonel ordonna pour le soir même les détails de la cérémonie.

Tandis que ses officiers piquetaient avec soin l'enceinte du nouveau poste et que les soldats édifiaient en toute hâte le mur de pierres sèches qui devait les abriter, Imbert cherchait aux environs le futur champ du repos éternel. Il le trouva sans peine. Un terrain doucement incliné s'étendait au pied d'une falaise imposante dont l'ombre couvrait le sol d'une douce fraîcheur. Des cascatelles de plantes vertes jaillissaient entre les crevasses de roches qu'elles paraient d'une grâce austère, et les blocs qui semblaient entassés par des titans faisaient un cadre grandiose au lopin de terre où devaient dormir les morts. Écrasé par cette majesté sereine, Imbert se recula pour mieux voir. Très haut, minuscules et agiles, ses hommes se détachaient sur le ciel où se découpaient en ombres chinoises leurs gestes menus. Devant lui, tissé par l'humidité des nuits, un épais tapis d'herbe où frissonnaient des palmiers nains cachait la terre noire et le pied des rochers : « Ils seront bien, là », murmura-t-il, après une longue rêverie et, le cœur gros d'une tristesse lourde, il alla donner ses ordres aux fossoyeurs.

Au coucher du soleil, une foule immense et recueillie entourait les trois tombes creusées dans le sol vierge. Les morts, enveloppés dans des couvertures brunes qui plaquaient sur leurs formes rigides, étaient étendus au bord des trous béants. Quelques goumiers et quelques tirailleurs, sorciers ou marabouts, plaçaient au fond, avec des gestes compassés, les pierres rituelles qui devaient servir de couche funèbre à leurs camarades musulmans. Des soldats serraient avec émotion la croix et les couronnes rustiques dont ils allaient orner le tumulus de celui qui était de leur race. En termes d'une sobre éloquence, les capitaines des défunts avaient rendu hommage à leur bravoure et donné leur fin glorieuse comme exemple aux vivants. Les Marocains et les Sénégalais tournaient déjà vers l'Orient, avant de les descendre sur leur lit souterrain, les corps du goumier et du tirailleur, et les Européens s'apprêtaient à jeter sur la tombe du marsouin la pincée de terre du dernier adieu, quand le colonel s'avança au milieu du cercle en faisant de la main un signe qui fut aussitôt compris. Chacun se figea, et la voix du chef s'éleva dans un silence religieux :

« Ce n'est pas, dit-il, un hasard aveugle qui a choisi les victimes d'aujourd'hui. Le Français, le Sénégalais, le Marocain qui vont dormir ensemble dans le cimetière de Zahiliga représentent trois races longtemps ennemies, qu'une intelligente et mystérieuse volonté fait maintenant travailler en commun au triomphe de la civilisation. Sur cette terre marocaine où tant des nôtres périrent dans l'esclavage, où tant de noirs furent vendus comme du bétail, la France, fidèle à sa mission séculaire, prend une éclatante revanche. Elle réunit sous son drapeau les fils des oppresseurs et des opprimés, les fond dans le même amour de l'ordre et de la justice, dans le même respect de sa force et de sa grandeur, et les lance à l'assaut de la barbarie. Ces trois morts pour la cause commune doivent donc être, pour nous autres soldats, un emblème de fraternité. Je vous demande instamment de leur garder une place dans vos réflexions comme dans votre souvenir. »

Et, se tournant successivement vers les pauvres dépouilles couchées sur le sol, le colonel leur adressa le salut militaire, si noble dans sa simplicité.

Sénégalais et goumiers se précipitèrent aussitôt vers leurs morts pour accomplir les derniers rites, tandis qu'une houle secouait les rangs des officiers et des soldats français. Une hésitation alors passa sur le visage tanné du colonel qui, d'un geste, les immobilisa : « Messieurs, reprit-il d'une voix claire, ces Africains, qui sont nos inférieurs par l'éducation et la mentalité, nous donnent en ce moment un bel exemple. Ils ont une religion et ils n'en rougissent pas. Quelqu'un sait-il à quelle confession appartenait le soldat mort? » Dans le silence un souffle timide s'éleva : « Il était catholique, mon colonel. — Sait-on s'il était pratiquant ? » A cette question nul ne répondit : « Sans doute, reprit alors le colonel, la famille serait heureuse d'apprendre qu'une prière a été dite sur la tombe de son fils. L'un de vous veut-il rendre à son camarade ce dernier devoir ? » Nul ne bougea. « Personne, parmi vous, ne se souvient de ses prières d'enfant ?... » Des regards s'échangèrent, interrogateurs et furtifs ; des pieds s'avancèrent, vite retirés. Ces hommes qui méprisaient les balles, qui recherchaient les corps-à-corps sanglants avec de féroces ennemis, étaient glacés par le respect humain. Malgré la majesté de la scène, ils craignaient de paraître ridicules par un acte conforme cependant à leurs secrets désirs. « Eh bien ! reprit le colonel avec simplicité, puisque aucun de vous n'a la mémoire assez fidèle, je vais dire une prière qui ne froissera les sentiments de personne, quels que soient son culte ou ses opinions. » Et, découvrant d'un geste large sa tête grise, il commença : « Notre Père qui êtes aux cieux... »

Près des tombes voisines, les Sénégalais et les goumiers psalmodiaient à demi-voix leurs oraisons. Sur les Français une émotion contenue passait, évoquée par les mots séculaires et les intimes souvenirs qu'ils ravivaient. Serrés autour du chef dans une ardente communion d'âmes, ils abdiquaient pour un instant leur orgueil ou leurs préjugés dans le touchant aveu de faiblesse et d'amour qu'ils balbutiaient après lui. Des mâchoires se contractaient, des boules semblaient rouler nerveusement dans les gosiers, des éclats humides illuminaient des regards qui voulaient être indifférents. Et quand le colonel prononça : « ... mais délivrez-nous du mal. Ainsi soit-il », de nombreuses mains maladroites esquissèrent le signe de la croix par l'habitude soudainement instinctive des anciens gestes oubliés.

« Très chic, l'épisode ! » murmura Pointis à l'oreille d'Imbert qui s'en allait avec le flot des assistants. « Et la cérémonie avait vraiment grande allure ! — Oui, répondit Imbert. Ils feraient bien de venir voir ça, au lieu de se chamailler à propos de leurs opinions politiques, les officiers que tourmente, en France, le mal d'avancement. Ils apprendraient à vivre... et peut-être aussi à mourir. » Sur la foule silencieuse qui maintenant gravissait en petits groupes le versant du plateau, sur le camp dont les tentes disparaissaient entre les roches, sur la campagne déserte, le soleil couchant lançait un poudroiement d'or. « Voyez, reprit Imbert en s'arrêtant pour montrer à son ami les vallées, les montagnes qui, jusqu'à l'horizon lointain, semblaient couvertes de jaunes moissons. Voyez! le voilà, le présage! La mort engendrera la vie, le cimetière ouvert aujourd'hui précédera la cité. La graine de force et de justice que la colonne sème avec le poste nouveau sur le plateau de Zahiliga germera bientôt. D'elle sortiront des moissons de paix et de richesses plus belles que celles dont ce soir radieux nous donne en ce moment l'illusion! »

CHAPITRE III

UN POSTE FRONTIÈRE

Enfin seuls. — Un programme. — Les effets de l'intimidation.
— La confiance naît. — Fondation d'un village : assistance
médicale, plaisirs villageois et querelles de femmes. — Une coalition. — Entrée en campagne. — Justice sommaire. — La
levée en masse. — Une surprise de douars. — La discorde chez
les ennemis. — Une razzia. — La paix est assurée.

Les événements semblèrent tout d'abord dé-
mentir l'optimisme d'Imbert. La sauvagerie du
paysage exerçait une influence déprimante sur le
moral des soldats. Quelques jours après l'inauguration du cimetière, au cours d'une querelle futile
un Sénégalais tuait un marsouin et se suicidait
aussitôt. Puis, ce fut le tour d'une sentinelle qui
reçut à bout portant, pendant la nuit, un coup de
fusil mortel. Les tirailleurs en proie au béribéri,
anémiés par les privations, supportaient mal les
brusques changements de température sur un
plateau que le géodèse de la colonne plaçait à
8oo mètres au-dessus de la mer. Les dissidents et
leurs amis berbères, prompts à l'illusion, croyaient
opportun de compléter par leurs fanfaronnades

les effets de la maladie et du découragement. Ils avaient appris à narguer l'artillerie et, s'ils fuyaient les rencontres avec l'infanterie, ils ne se gênaient pas pour venir brûler leurs meules de paille ou vider leurs silos sous les vues du camp.

Malgré les vifs désirs des officiers et de la troupe, la « colonne des Zaër » tentait rarement de les déranger dans ces occupations. Son chef exécutait avec un sang-froid imperturbable le programme qui lui était imposé. Décidé à laisser après son départ un poste en état de se défendre seul, il ne voulait pas perdre son temps à guerroyer. Vers Zahiliga les convois affluaient, apportant des approvisionnements et des matériaux. Les soldats, les gradés qui n'étaient pas employés aux escortes dérochaient le plateau, dressaient avec les blocs un mur d'enceinte en pierres sèches, transformaient le vallon en jardin potager, creusaient un puits, construisaient un abreuvoir. Les fantasias quotidiennes de l'ennemi, que suffisaient à rendre inoffensives les coups de canon tirés avec largesse, le va-et-vient des indigènes qui venaient au camp pour commercer, se soumettre ou parlementer, suscitaient bien chez les travailleurs des troubles de conscience néfastes pour l'activité des chantiers. Sollicitées à la fois par un zèle sans excès et par une intense curiosité, les équipes abandonnaient sans cesse la pioche et la barre à mine pour suivre du regard les flocons d'ouate des obus, pour discuter les manœuvres des groupes lointains de guerriers, pour épier le retour au bercail de quelques dissidents. Mais en six semaines, des vivres pour trois mois étaient amoncelés sous les marabouts de l'intendance, un rempart haut de deux mètres protégerait la future garnison contre les surprises, le premier bâtiment du réduit sortait du sol rocheux, et, quoique maçonné avec de la glaise, il enlevait leurs dernières illusions d'indépendance aux indigènes encore indécis. La colonne, diminuée des effectifs qu'elle devait laisser à Zahiliga pouvait donc s'éloigner vers le Nord où se préparait une concentration de toutes les troupes rendues disponibles par la pacification de Marrakech. On pensait alors que 6 000 hommes ne seraient pas de trop pour réduire le millier de Zemmour et de Zaër indomptés qui usaient leurs dernières cartouches et leurs derniers chevaux autour des postes entre Maaziz et Meknès.

Enfin, la colonne s'ébranla dans la direction du Camp-Marchand pour aller au rendez-vous. Elle contournait le massif montagneux où, d'après les avis d'émissaires, les ennemis voulaient lui offrir le combat. Elle aspirait à sa suite une partie des

douars qui s'étaient groupés autour du camp. Tout
à fait rassurés par la création d'un poste à Zahiliga, ils allaient reprendre possession de leurs
anciens terrains de culture et de pâturage. Pointis,
Merton, les officiers et la garnison entière avaient
assisté au départ, échangé les souhaits d'usage en
de telles circonstances, tandis qu'Imbert recevait
les ultimes conseils de prudence et de longanimité.

Le plateau où pendant si longtemps avaient
grouillé des foules d'hommes et d'animaux apparaissait bouleversé, boursouflé par les verrues des
tranchées, des petits abris individuels, des feuillées.
Çà et là, des taches d'un vert tendre dénonçaient
les parcs des artilleurs et des cavaliers par la ger-
mination hâtive de l'orge des distributions. Des
papiers, des objets de campement hors d'usage,
des vêtements et des chaussures en loques, des
boîtes de conserve vides, étaient épars sur le sol,
entre les roches où se glissaient déjà des chiens
affamés, où s'abattaient des corbeaux et des vautours querelleurs. Le contraste entre l'animation
bruyante de naguère et la solitude désolée qui
entourait maintenant le poste était si brutal, qu'une
intense mélancolie envahit la garnison. Juchés
sur les blocs énormes qui jalonnaient l'enceinte
où se dressaient en donjons décapités, des groupes
silencieux contemplèrent longtemps le nuage roux

qui planait sur la colonne invisible dans les ondulations du pays zaër. Elle allait vers ses nouvelles destinées, vers les exploits et vers la gloire, tandis que les exilés de Zahiliga restaient confinés, inutiles et obscurs, entre leurs murailles.

« Bah ! ne regrettez rien, dit Pointis à un mécontent qui geignait. Qui sait ? Ceux qui partent et que vous enviez, peut-être vous jalouseront. — Qu'importe ! répliqua l'autre. Ils vont marcher, se battre, voir du pays : c'est plus intéressant que de rester immobiles dans un poste. Et je voudrais bien être à votre place : je n'aurais pas planté ma tente ici... — Croyez-vous ? Que verrais-je de nouveau ? Rien que je ne connaisse déjà : des combats d'après la formule usuelle, d'interminables séjours derrière des tranchées, des soumissions, des fantasias de dissidents, qui se termineront, comme ici, par la fondation d'un poste. Ici, au contraire, j'assisterai au scénario complet d'une pacification dont la colonne, comme dans toutes les autres régions du Maroc, ne peut être que le prologue. Avouez que, pour un touriste, c'est l'occasion unique dont j'aurais tort de ne pas profiter ! »

Imbert s'approchait, et son arrivée arrêta la discussion :

« Enfin seuls ! » dit-il d'un air goguenard à

Pointis qui guettait sur la physionomie de son ami l'appréhension des lendemains et le souci des responsabilités. « Pour la première fois, depuis les débuts de la grande colonne, je commence à respirer. Sans plus tarder, puisque tout le monde est sur le pont, je vais régler le programme des réjouissances. » Et se tournant vers un soldat qui béait, les yeux perdus dans le vague, il commanda : « Clairon, aux officiers ! » Les notes alertes jaillirent aussitôt sous le souffle puissant du marsouin, attirant vers la plate-forme les officiers empressés. Pointis, par discrétion, esquissa un mouvement de retraite : « Restez donc, cher ami, lui dit Imbert, qui serrait avec cordialité les mains des arrivants. Ces messieurs savent que vous êtes des nôtres ; vous êtes aussi le seul représentant respectable, à Zahiliga, de la colonisation française en l'honneur de laquelle nous, guerriers, cherchons à pacifier le Maroc. Et ce que je dois dire n'a rien de mystérieux. » Pointis remercia et se fit tout petit derrière les officiers qui traçaient déjà autour d'Imbert un cercle d'auditeurs déférents.

Imbert les dénombra du regard. Tous étaient là. Le hasard avait vraiment bien fait les choses, car ce groupement fortuit d'officiers aurait satisfait le chef le plus exigeant. Jeunes et robustes, ils avaient acquis déjà sous d'autres cieux l'expérience des hommes et le goût du danger ; leurs yeux reflétaient un désir intense de lutte et de mouvement. Ils s'offraient sans réserve pour travailler à la tâche commune, et ce qu'ils entendirent combla d'aise les plus ardents :

« Messieurs, disait Imbert, la colonne des Zaër a passé ; nous restons pour compléter son œuvre. Quelques tribus ont accepté de déposer les armes. Non loin de nous, vers l'Est, de nombreux rebelles ont suivi les Bou-Acheria, réfugiés chez les Zaïan, qui préparent leur revanche et tenteront d'obtenir par la crainte la défection des nouveaux ralliés. Or, nous sommes assez forts pour transformer cette trêve précaire en paix définitive. Nous devons donner aux douars soumis la conviction de leur sécurité ; il faut que les agents de désordre nous trouvent sans cesse en travers de leurs projets. Nous franchirons donc les étroites limites que les instructions officielles donnent à nos mouvements. Sans cesse, des reconnaissances sillonneront le district et ses environs ; elles auront des effectifs variables, pour que chacun de vous puisse affirmer ses qualités de chef. Le plus habile topographe d'entre vous dressera une carte détaillée qui nous dispensera bientôt de guides et nous permettra de suppléer à la mobilité de nos adversaires par une connaissance parfaite du pays. Grâce à votre audace et à votre sang-froid, je ne doute pas que chaque rencontre sera un échec pour les partis de turbulents qui voudraient troubler la paix. Ils se lasseront plus tôt que nous, et d'ailleurs votre camarade Merton saura bien nous indiquer, avec le Service des Renseignements qu'il a déjà organisé, les points vulnérables où nous devrons frapper. En résumé, c'est loin de nos murailles que nous défendrons le poste et ses clients. La force d'attraction ou de résistance de Zahiliga réside surtout dans les jambes de ses soldats, et non dans la hauteur de ses remparts. »

Pendant ce discours, les physionomies s'étaient peu à peu illuminées ; un murmure joyeux ponctua la péroraison. Un sous-lieutenant « fit calot » avec la fougue enthousiaste du saint-cyrien déchaîné. Ainsi, la garnison allait échapper au cauchemar des factions peureuses, des alertes incessantes où les canons riposteraient coup pour coup aux fusils des dissidents. On allait faire œuvre de soldats, et non pas seulement de terrassiers ; on se griserait d'espace, d'initiative et peut-être de gloire, au lieu de se terrer derrière des fortifications patiemment renforcées, ou de se consumer dans les fastidieuses escortes des convois. A l'époque des tâches obscures au sein de timides collectivités succédait enfin l'ère des efforts individuels avec leurs risques et leurs joies. C'était, pour les vétérans de l'A. O. F., de Madagascar ou du Tonkin, le retour à la tradition connue, à l'emploi des moyens moraux plus efficaces encore que la force brutale, où l'adresse du diplomate est plus prestigieuse que l'intrépidité du guerrier. Seuls quelques « vieux marocains », longtemps suggestionnés par une ambiance déprimante, hochaient gravement la tête et prédisaient mentalement les pires catastrophes. Et tandis qu'Imbert réglementait la vie intérieure du poste, distribuait à chacun son rôle d'après ses aptitudes, ils le contemplaient avec commisération et chuchotaient entre eux : « Le commandant se croit toujours dans un pays de Chinois ou de nègres ! Vous verrez que la première reconnaissance va se faire chaudement accrocher, et ça finira par du vilain !... »

Merton, lui, exultait. Tard venu dans le « Service des Renseignements », les augures de cette administration vénérable l'avaient accueilli avec défiance. Ils faisaient souvent des gorges chaudes sur ce tringlot égaré dans leurs bureaux. Ils doutaient de son savoir-faire, et Merton qui avait longtemps piétiné dans les emplois subalternes n'avait dû qu'à une excessive pénurie de personnel sa nomination à Zahiliga. Il le savait ; mais, adroit et résolu,

il comptait bien esquiver les pelures d'orange que
les événements glisseraient sous ses pas. Dans ce
poste nouveau, nulle tradition immuable ne pouvait gêner ses projets. Observateur sagace, il avait
noté dans son esprit les fâcheux effets du désarroi
de la politique française qui, parfois, au Maroc
passait sans transition de l'excès de confiance à
l'excès de timidité. Il pensait que la meilleure méthode consistait dans l'audace constante au service
d'une prudence avertie. C'était d'ailleurs l'opinion
d'Imbert, dont il devenait le collaborateur immédiat. Ainsi, par un phénomène rare dans l'Afrique
du Nord, l'entente était complète entre le chef du
poste et son officier de renseignements.

Pressé d'agir, Imbert voulut démontrer dès le
lendemain la justesse de ses théories. Pendant
plusieurs semaines, la colonne des Zaër avait dû
s'immobiliser, sans la déchiffrer, devant l'inquiétante énigme de l'Oued Grou. D'après les émissaires, la vallée profonde et tourmentée était
peuplée de dissidents sans cesse à l'affût d'un
mauvais coup. Elle bordait le pays zaïan où les
agitateurs étaient sûrs de trouver un refuge inviolable. Les Zaër soumis n'osaient s'aventurer sur
le plateau qui la dominait et dont les terres fertiles
formaient leurs meilleurs champs. La saison,
avancée déjà, était cependant favorable aux labours

qui ne pouvaient plus être différés sans risquer d'exposer nos clients à la disette. Or, l'appât d'une récolte était le gage de leur fidélité. Il fallait donc les rassurer en montrant à leurs voisins que la distance et les ravins ne les protégeraient pas contre des représailles.

Pendant la nuit, une troupe nombreuse se rassembla dans la cour du poste. Guidée par un caïd et quelques indigènes sûrs du douar voisin, elle sortit de Zahiliga sans être éventée par les chiens qui rôdaient autour de l'abattoir, ni par les guetteurs que la rumeur publique accusait les dissidents d'envoyer chaque soir sur le plateau. Trois heures durant, jusqu'au lever du jour, la petite colonne serpenta dans les vallons, au milieu des rochers, glissa dans les vapeurs épaisses qui montaient des bas-fonds. Les troupiers marchaient en silence, feutrant leurs pas, trébuchant sur les cailloux, étouffant des jurons, ravis de se donner de l'air et de fouler eux aussi, en guerriers redoutables, un sol qui semblait réservé aux prouesses équestres de fanfarons ennemis : « Ça y est ! dit un loustic ; le Mellah bouge ! les Tcurs n'ont qu'à se bien tenir ! » Le propos courut comme un souffle dans les rangs et donna une vigueur nouvelle aux jarrets alourdis par le sommeil.

Soudain, le voile de brume se déchira. Par les

brèches ouvertes dans les paquets d'ouate accrochés
aux creux des ravins, aux saillies des rochers, le
paysage apparaissait dans son imprévu mystérieux.
En arrière, le bloc rougeâtre de Sidi-Kacem tapi
dans un vallon évoquait une journée fameuse
dans les annales de la colonne des Zaër. En avant,
le plateau semblait finir au pied d'une ligne
d'arbres rabougris, qu'écrasait encore un écran de
montagnes toutes proches, aux profils tourmentés.
Les cavaliers, dispersés en éventail protecteur,
s'étaient arrêtés sur la bordure ; collés contre les
troncs des chênes verts et des thuyas, la carabine
menaçante, ils inspectaient avec précaution, et
leurs bras esquissaient en signes d'appel des gestes
prudents. « Le Grou ! le Grou ! » cria tout à coup
un gradé. Imbert qui suivait de près, avec Merton,
Pointis et quelques officiers, se précipita jusqu'à
la lisière du plateau. Ils ne purent étouffer des
cris d'étonnement et d'admiration.

A leurs pieds la rivière déroulait son étroit ruban
vert sale visible par endroits dans un sillon d'au
moins 350 mètres de profondeur. La teinte de
l'eau se confondait avec celle des broussailles, des
roches grises, des bancs de sable, des prairies
étranglées entre les berges et les falaises qui servaient de piédestal au pays zaër. Une épaisse forêt
dévalait jusqu'au fond, et les stries du versant

disparaissaient presque sous les feuillages denses et luisants. Vers l'amont, de l'autre côté d'une énorme coupure, le Djebel Bedouz dressait une barrière massive qui paraissait infranchissable. Vers l'aval, le bled Kséat, repaire maintenant désert et célèbre passage de pillards, dessinait un cirque dominé par des montagnes sombres. En face, un chaos d'arêtes, de sommets, d'aiguilles et de tables montait à l'assaut du ciel, et les ombres projetées par le soleil levant donnaient un aspect sinistre au manteau d'arbres touffus qui recouvrait ce socle gigantesque des pays beraber. Le plateau de Mserser, refuge de chefs rebelles, foyer d'intrigues et nid de dissidents, apparaissait lointain entre deux échancrures ; au Sud-Est, dominant la silhouette dentelée des monts, un cône violet indiquait la direction de la mystérieuse Kenifra, capitale inviolée du farouche Moha-ou-Ammou, chef suprême des Zaïan. La pureté de l'air supprimait tous les jeux de la perspective, plaçait montagnes et ravins, gouffres et pitons sur le même plan ; les topographes et les géologues de la petite colonne cherchaient avec passion à deviner le cours de la rivière dans la mêlée des contreforts qui semblaient se souder sur les deux versants.

« Bigre ! s'écria un jeune officier ; ça ne sera pas facile de se battre dans ce labyrinthe. — Ne vous effrayez pas ! lui répondit son capitaine qui avait guerroyé au Tonkin. Nous en avons vu bien d'autres, quand on courait après le Dê Tham ! On passe partout, dans ces forêts qui vous paraissent impénétrables, tandis que l'on ne peut sortir des sentiers qui sillonnent la brousse du Caï-Kinh ou du Yen-Thé. — Ajoutez encore, renchérit un vieux lieutenant, que le climat ne sera pas ici un ennemi aussi redoutable qu'en Indochine ou même au Soudan. Vous verrez ! on s'en tirera plus aisément que ne le supposent les grands bonzes ! » Et dans les groupes des officiers qui s'étaient rassemblés, tandis que les marsouins, tirailleurs et goumiers s'affalaient sur l'herbe, une discussion animée s'éleva sur les difficultés comparées des guerres exotiques.

Mais, pendant ces colloques, Saïd, le caïd jadis renié par ses frères, s'était approché à pas de loup d'Imbert et de Merton, qui fouillaient avec leurs lorgnettes le paysage en apparence désert. La joie de la vengeance bientôt satisfaite brillait dans ses yeux : « Viens, dit-il, tu pourras les voir : ils sont là ! » Et son doigt montrait le fond de la vallée, invisible derrière les contreforts boisés du plateau. Imbert sursauta, Merton s'enquit aussitôt, et Saïd expliqua sa découverte. Avec quelques partisans il s'était avancé jusqu'à l'extrémité d'un éperon voisin qui formait un admirable belvédère d'où la vue plongeait sur tous les méandres du Grou. Près des rives, il avait vu des douars, des troupeaux, et les signes d'une inquiétude qui allait se manifester par un exode rapide sous la protection de guerriers résolus ; on devait se hâter, si l'on voulait profiter de la surprise pour bombarder les dissidents encore hésitants et mal réveillés. Et, tout haletant de fièvre rancunière, il attendit la décision d'Imbert.

Celui-ci consulta Merton du regard : « Il y a sans doute un joli coup à tenter, dit l'officier de renseignements. Notre apparition suffira peut-être pour déterminer une importante rentrée de douars. S'il faut combattre, nous sommes assez forts par le nombre et le terrain pour obtenir un beau succès. » Imbert réfléchit un instant ; puis des plantons s'essaimèrent, porteurs d'ordres exécutés avec célérité. Dix minutes après, le détachement était rangé sur la position indiquée par Saïd, et qu'un rapide examen avait révélée avantageuse à souhait.

Le panorama des montagnes, les gorges où le Grou se frayait péniblement un passage, apparaissaient maintenant dans tous leurs détails. A 200 mètres au-dessous de la troupe silencieuse, une dizaine de douars, tapis au bord de la rivière, resserraient leurs cercles de tentes brunes autour

de troupeaux entassés, que les enfants s'apprêtaient à diriger promptement vers les sentiers de
la montagne. Une animation insolite secouait à
cette heure matinale les hommes et les femmes
qui semblaient se concerter pour un déménage-
ment imprévu. Quelques tentes abattues déjà con-
firmaient les projets de fuite, tandis que des guetteurs cachés en face, derrière les rochers à mi-
pente, se préparaient à la bataille et poussaient
des cris d'appel dont l'écho prolongeait les notes
inquiètes. Ils avaient aperçu les canons de 65
autour desquels les artilleurs s'empressaient, les
mitrailleuses, les soldats dissimulés dans les arbres
et qui dessinaient, invulnérables, une ligne menaçante, prélude redoutable d'une imminente razzia.

D'un signe Imbert pouvait tout anéantir. La
tentation était forte du succès facile, brillant et
décisif, obtenu sans pertes, qui lui donnerait une
notoriété de grand guerrier. Mais, élevé à l'école
des Pennequin, des Galliéni, des Archinard, il
pensait que la pacification d'un pays n'exige pas
au préalable le massacre de ses habitants, même
rebelles, et que la force a toujours le temps de se
manifester : « Je ne suis pas un boucher ! » dit-il
à quelques officiers qui le pressaient de déchaîner
la trombe des cavaliers, l'ouragan des fusils et
des canons. « Je préfère d'abord les engager à se

soumettre, puisqu'ils ne peuvent nous échapper. S'ils refusent, alors seulement, ce sera tant pis pour eux ! »

Merton jubilait en écoutant cette déclaration, conforme à ses propres sentiments : « Faut-il dire aux partisans d'appeler ici les notables de ces douars ? demanda-t-il. — Oui, mais faites vite. Par l'impatience belliqueuse des uns et la frayeur légitime des autres, nous risquons d'entendre les fusils partir tout seuls. » Merton aussitôt se tourna vers Saïd qui trépignait : « Tu as compris, caïd ! Envoie les partisans crier que les notables doivent arrêter le mouvement et venir nous voir sans retard ; sinon, le grand chef va tout casser ! »

Quelques instants après, des voix glapissantes retentissaient dans les fourrés ; en face, d'autres répondaient. Au loin, des groupes qui semblaient accourir au secours s'arrêtaient pour observer. Les troupeaux qui s'ébranlaient se figeaient sur place et l'agitation cessait dans les douars. Puis, des hommes se détachèrent, sans armes, franchirent le Grou et montèrent lentement vers la plate-forme où se tenait Imbert. Loqueteux et timides, ils amenaient le petit taureau, emblème de leur soumission, et ils promenaient à la dérobée, sur la troupe aux aguets, des regards craintifs. Ils s'efforçaient en vain de paraître impassibles et ils semblaient écrasés par la conviction de leur faiblesse devant la catastrophe qui les menaçait.

Du geste, Imbert mit fin à leurs effusions : « Merton, signifiez-leur ma volonté. J'accepte leur soumission ; mais, puisqu'ils sont Zaër, ils doivent habiter avec leurs frères. Dans une heure, ils camperont sur les terrains que vous leur indiquerez. Ce délai passé, je traiterai en ennemis tous les douars que je verrai sur les bords du Grou. » En vain les notables attestèrent leurs occupations innocentes de pauvres bergers soupçonnés à tort des pires méfaits. Imbert fut inflexible et, montrant le soleil déjà haut, il fixa dans le ciel la limite de sa patience. Terrifiés par ce laconisme et le déluge de fer qu'il présageait, les notables dévalèrent en désordre pour hâter les préparatifs d'un exode sans gloire sous les vifs reproches des intransigeants.

Imbert revit alors les scènes qui lui rendaient si agréable le souvenir de son premier essai de politique indigène à Camp-Marchand. Le dernier bœuf et la dernière femme disparurent enfin dans un repli du plateau, sans qu'un seul coup de fusil eût troublé l'ordre du cortège et le calme de la vallée. Couchés à l'ombre des rochers et des arbres, engourdis par la chaleur et la fatigue de la marche nocturne, officiers et soldats digéraient en silence le repas froid ou dormaient d'un sommeil lourd. Seules, quelques sentinelles surveillaient les grappes de points blancs qui dénonçaient, sur le versant opposé, une foule d'observateurs hostiles, mais contenus hors de portée par le sentiment de leur impuissance. Rassuré sur les suites de l'aventure, Imbert, à son tour, s'évadait dans une douce torpeur. La voix de Merton l'éveilla : « Nous pouvons partir, mon commandant. Les douars sont installés ! — C'est dommage ! J'aurais passé volontiers quelques heures sous ces arbres : voilà plusieurs mois que je n'en ai vu autant... Allons ! puisqu'il le faut ! » Étouffant avec peine des bâillements réitérés, il donna le signal du départ.

Le retour fut pénible et lent. Imbert avait voulu compléter sa manifestation en promenant la troupe dans la vallée du Grou, d'où elle rentrerait à Zahiliga par des sentiers de pillards, perdus au fond des ravins énormes et boisés qui entaillaient le plateau. « C'est impossible ! » avaient déclaré caïds, cheikhs et partisans, qui arrivaient de toutes parts pour narguer la déconfiture des dissidents. « C'est impossible ! le terrain est glissant, les pentes sont rapides et obstruées par des arbres morts ! » Mais Imbert, après un bref entretien avec l'officier d'artillerie, avait persisté dans son dessein : « A peine si nos piétons peuvent s'y aventurer ! Tu n'en sortiras pas ! Et si les Zaïan viennent t'attaquer ?... » objectaient avec ensemble les indigènes qui, visiblement, ne désiraient pas dévoiler le mystère de leurs chemins : « Bah ! soyez sans crainte ! ripostait l'artilleur : les mulets des Roumis avec un canon sur le dos sont plus lestes que vos piétons. » Les autres ricanaient, incrédules ; mais leurs illusions furent de courte durée. Ils virent avec un étonnement craintif la colonne accrochée aux flancs des rochers serpenter dans les gorges, parcourir d'une marche sûre les sentiers les plus scabreux. Ruisselants de sueur, épuisés de fatigue, à demi étouffés par la chaleur lourde que le soleil concentrait sous les voûtes de la forêt, dans les massifs de lauriers-roses, entre les parois à pic des ravins, bêtes et gens se retrouvèrent enfin au grand air, non loin de Zahiliga, sur le plateau dénudé que balayait le vent. Tandis que les mulets s'ébrouaient et que les hommes s'affalaient sur l'herbe maigre, Imbert d'un air narquois questionnait ses guides abasourdis : « Eh bien ! brave Saïd, excellent Djilali, respectable Bou-Haza, pourquoi ne vouliez-vous pas me montrer les sentiers que nous avons suivis ? » Bou-Haza, qui était le beau parleur de la bande, répondit avec emphase : « Les mulets des Roumis sont agiles et forts, et tes soldats ont des ailes aux pieds ! — Oui, Bou-Haza ! c'est pour mieux atteindre tes ennemis et les miens ! »

Jusqu'à l'extinction des feux, sous les tentes des mastroquets, plus tard encore dans les popotes d'officiers, on discourut sur les événements du jour. Aux timides ou aux prudents qui évoquaient les dangers du guêpier où l'on aurait pu trouver un désastre, les audacieux opposaient les résultats obtenus sans coup férir : « Attendons la suite, disaient les premiers. — Soit ! ripostaient les autres ; nous verrons bien qui a raison. » Imbert, lui, croyait avoir porté aux dissidents un coup décisif. Il supposait que les chefs de la rébellion, les Zaïan qui leur donnaient asile et secours, seraient désemparés par la revanche qu'il avait prise sur les bords du Grou. Il voyait un heureux présage dans leur passivité peureuse et il pensait qu'il suffirait de montrer au loin sa troupe pour assurer la paix aux tribus ralliées de son secteur.

Mais le lendemain, joyeux encore de son facile triomphe, comme il flânait l'âme légère sur les chantiers du poste, la physionomie soucieuse de Merton qui venait vers lui l'intrigua : « Oh ! oh ! mauvaises nouvelles ?... — Oui, mon commandant, répondit Merton. Les Bou-Achéria qui sont campés à Mserser ont franchi le Grou après notre départ, accompagnés de trois ou quatre cents cavaliers. Ils ont entouré les douars que j'avais installés sur le plateau et les ont contraints à repasser la rivière. Seul, un groupe d'une dizaine de tentes, n'ayant pas été découvert, n'a pas suivi le mouvement. — Montons à cheval et allons voir ; quatre cavaliers d'escorte nous suffiront. » Et comme Pointis apparaissait botté dans l'avenue centrale du poste, Imbert lui cria : « Venez-vous avec nous ? — Oui, mais où ? — Là-bas ! prenez votre revolver ! »

Quelques minutes après, la petite troupe galopait vers l'extrémité du plateau. Au passage, elle s'était grossie de l'infatigable Saïd, de trois ou quatre cheikhs et d'une dizaine de partisans occupés aux labours, qui lâchèrent la charrue pour prendre leur fusil caché dans un sillon. En phrases hachées, Imbert et Merton commentaient le coup de main des Bou-Acheria. Imbert l'appréciait comme un insupportable défi. Merton, moins susceptible, ne dissimulait pas cependant qu'il méritait une riposte immédiate : « Sinon, disait-il, leur audace va être célébrée dans les marchés, et leur incursion accroîtra leur prestige déjà trop gênant ».

Tout en courant, ils avaient atteint la lisière du

plateau. Ils plongeaient du regard dans la vallée profonde, et ce qu'ils virent les alarma. Par groupes d'une dizaine d'hommes, des guerriers s'infiltraient dans les ravins, s'enfonçaient sous les bois. Des fantassins, des cavaliers descendaient l'autre versant, convergeaient vers les gués, se concertaient, franchissaient à leur tour la rivière, et ces groupes prudents dessinaient une vaste manœuvre, comme pour tendre un immense filet sur tous les sentiers qui accédaient au pays zaër. Merton examina longuement ce flot envahisseur et conclut : « Les Bou-Khayou et les Aït-Raho marchent avec les dissidents ». Puis, soudain illuminé, il s'écria : « Mais c'est jour de marché à Zahiliga ! mon commandant ! ils veulent « casser le marché » !

Imbert songea aussitôt au millier d'indigènes que les transactions hebdomadaires et la curiosité attiraient ce jour-là aux environs du poste, sur le terrain dont le choix n'avait été accepté par les tribus soumises qu'après de longs pourparlers. La création de ce marché était le plus important résultat politique obtenu par la colonne des Zaër. La dispersion des marchands et des badauds, le pillage des étalages, la razzia des bêtes de selle ou de charge si faciles à exécuter dans une foule impressionnable à l'excès seraient pour les chefs de la rébellion une éclatante revanche. Pour le poste naissant, leur succès serait une catastrophe. Imbert comprit qu'il fallait arrêter à tout prix les agresseurs : « Merton ! cria-t-il, aucun de ces gens-là ne doit parvenir sur ce plateau ! Il faut les tenir à distance jusqu'à l'arrivée d'un détachement que j'envoie chercher à Zahiliga ! »

A ce moment, les quatre goumiers à cheval qu'ils avaient dépassés les rejoignaient. Un ordre bref les dispersa sur la lisière où paradaient déjà des partisans verbeux, mais prudents. Quelques détonations sèches éclatèrent et une balle bien dirigée abattit à mille mètres un fringant cavalier : « Bravo ! » cria Pointis médusé par le résultat de cette intervention inattendue.

Un concert d'imprécations s'élevait des ravins. Les goumiers maintenant précipitaient leur tir sur les groupes ennemis qui, rendus méfiants par l'apparition de leur manteaux bleus, se défilaient en toute hâte derrière les arbres et les rochers. Les partisans, excités par cette timidité dont ils devinèrent aussitôt la cause, faisaient tournoyer leurs fusils et hurlaient à tue-tête : « Attendez un peu ! les canons arrivent ! Nous allons vous massacrer tous ! »

Pointis trépignait d'aise. Imbert renonçait à faire venir du poste un détachement qui ne se présenterait pas avant quatre longues heures sur la position : « Ce sera moins difficile que je ne le pensais, dit-il. Nous n'avons qu'à faire Bayard sur le pont du Garigliano ! — C'est possible, conclut Merton, car d'en bas ils ne voient pas ce qui se passe ici ». Les partisans et les goumiers en profitaient avec adresse : ils tiraient, changeaient de place et leur petite troupe faisait un volume énorme. Il n'en fallait pas davantage pour rendre vraisemblable aux ennemis l'arrivée imminente de toutes les forces de Zahiliga. Peu à peu, en groupes circonspects, après de violents conciliabules dont Imbert et ses amis percevaient les échos, ils se dirigeaient vers le Grou et se dispersaient sur les sentiers de l'autre versant. Ils semblaient avoir hâte de revoir leurs douars, et leur fuite rapide les montrait plus soucieux désormais de se défendre que d'attaquer. En moins d'une demi-heure il ne restait plus sur le sol Zaër qu'une dizaine d'individus rassemblés autour d'un mort. Le corps enveloppé dans un grand burnous faisait une petite tache blanche sur l'herbe ; le bruit des lamentations montait jusqu'au plateau, et les compagnons du défunt tournoyaient irrésolus, mais inoffensifs.

Imbert, Merton et Pointis se regardèrent ahuris, puis un rire convulsif les secoua : « Ainsi, dit

Imbert, nous voilà maîtres du champ de bataille.
— On pourrait même compléter la victoire en faisant des prisonniers » ! proposa Pointis excité par ce triomphe, en montrant le cortège funèbre qui s'ébranlait enfin vers le Grou : « Ne soyons pas si ambitieux, remarqua Merton. Nos troupes ne semblent pas se soucier de tenter la poursuite. — Oui, conclut Imbert, les partisans manqueraient d'entrain ». Et, se tournant vers eux, il les congédia : « Rentrez chez vous, braves gens, les ennemis ne reviendront pas aujourd'hui ! »

Ils ne devaient pas revenir de longtemps. Les travaux des champs ne suffisaient pas à expliquer leur inertie. En réalité, les Bou-Acheria comme les tribus Zaïan avaient été désagréablement impressionnés par ces symptômes d'une activité qui ne se confinait pas derrière les murailles de Zahiliga. Le danger des incursions sur le territoire Zaër était confirmé par la mobilité de la garnison. Presque chaque jour, dans les vallons les plus sauvages, sur les crêtes les plus abruptes, quelque détachement apparaissait aux heures les plus variées, dont la rencontre eût été funeste aux pillards. La nuit facilitait souvent l'arrivée en des parages lointains, vers les pâturages bordant la rivière et que les Zaïan avaient de tout temps contestés aux Zaër. Les suggestions de la prudence en

éloignaient maintenant les ennemis traditionnels
des tribus ralliées. La vallée était déserte, et les
tentes restaient juchées sur les plateaux du pays
berbère où elles faisaient des taches presque invisibles au milieu des rochers gris. Mais les hurle-
ments des chiens, le bruit étouffé des pas dans la
nuit dénonçaient aux douars soumis l'incessante
vigilance des troupes qui garantissait leur sécurité. Accoutumés par une résignation fataliste aux
catastrophes imprévues, les indigènes s'étonnaient
parfois de ces mouvements insolites. « Pourquoi
tant courir ? demanda un jour Fenniri, le caïd des
Rouached. Tu ne trouves jamais personne ! Si les
ennemis viennent, tu le sauras toujours assez
tôt ! — Fenniri, mon ami, répondit Imbert, si
les Zaër vivent en paix, c'est parce que mes soldats sont toujours dehors ! »

En arrière, dans la zone du secteur depuis plus
longtemps ralliée à la domination française, Merton et ses officiers faisaient de fréquentes tour-
nées de police, afin de rendre effective l'adhésion
jusqu'alors platonique dont on avait dû se contenter. L'exhibition fréquente des goumiers de la
Chaouïa, de leurs beaux uniformes, leurs physionomies satisfaites et leurs goussets bien garnis
étaient, selon Merton, les plus sûrs moyens de
propagande. Les Zaër écoutaient les récits fanfa-

rons de ces guerriers qui avaient jadis si furieuse-
ment combattu les Français et qui depuis, fran-
chement ralliés, les avaient aidés à les soumettre.
Leurs jeunes gens enviaient les médailles commé-
moratives, les fines carabines, et sollicitaient déjà
la faveur d'être admis dans une troupe si reclui-
sante : « Il n'y a rien à faire contre les Roumis,
disaient-ils à Merton. Vous avez « mangé » la
Chaouïa, puis le pays Zaër ; vous irez « manger »
à leur tour les Zaïan et les Tadla. Prends-nous
donc avec toi, car nous sommes plus braves encore
que les Chaouïa ». D'accord avec Imbert, Merton
pouvait donc appliquer les circulaires qui préco-
nisaient le recrutement local, et comblait avec les
Zaër les vides produits dans son goum par les libé-
rations ou les maladies. Les offres étant supérieures
à la demande, il faisait sans peine des choix judi-
cieux. Les familles les plus considérables étaient
fières d'avoir un des leurs goumier à Zahiliga,
et l'union devenait plus sincère et plus complète entre le poste et les tribus.

D'ailleurs, Imbert avait trop couru le monde
et Merton avait trop l'expérience des mœurs
arabes pour attribuer le loyalisme apparent de
leurs nouveaux administrés à leur sympathie ou
leur reconnaissance. Ils laissaient cette candeur
aux utopistes naïfs de la métropole qui rêvent

d'une colonisation idyllique par des Français aimés pour eux-mêmes. Ils comptaient beaucoup plus sur l'estime issue de la crainte que sur la fidélité fille de l'affection pour étendre leur influence et ruiner les illusions des ennemis du protectorat. Les randonnées lointaines, avec trois ou quatre cavaliers pour toute escorte, étaient, plus encore que la circulation intense des troupes, les moyens préférés d'Imbert pour « épater » ses clients et susciter chez les voisins une incessante et craintive émotion.

Pointis ne manquait jamais d'y assister. Il faisait toujours dans ces chevauchées quelque découverte intéressante. Et si parfois Imbert ou Merton tentaient de le retenir dans sa tente en alléguan[t] les risques de l'expédition, il protestait avec simplicité : « Laissez donc ! S'il y a du danger, ma carabine ou mon revolver ne sera pas de trop. » On cédait à ces instances, et la cavalcade s'éloignait du poste en trottinant, comme pour une promenade sans but précis. Mais au premier berger ou guetteur qu'elle rencontrait Imbert posait des questions banales, qui se terminaient par une invite formelle à servir de guide vers un but que l'autre se hâtait de déclarer périlleux : « Je ne connais pas le chemin ! — Bah ! viens toujours, disait Imbert, nous chercherons ensemble ! —

Mais de mauvaises gens rôdent par là. Tu recevras des coups de fusil. — Tous les coups de fusil ne tuent pas, et nos carabines sont meilleures que les fusils ! » Maté, l'autre enfourchait son cheval. L'œil et l'oreille aux aguets, il précédait la petite troupe qui explorait ainsi les sites les plus mal famés de la vallée du Grou, des confins montagneux du pays Tadla, et revenait toujours à Zahiliga sans incidents. Mais ces pointes hardies étaient commentées le lendemain dans les douars, et les habitants croyaient qu'Imbert possédait une « barraka » qui lui permettait de tout oser.

En quelques semaines, cette agitation méthodique donnait au secteur une sécurité absolue. Les douars des tribus frontières, jusqu'alors tassés autour du poste, se dispersaient sur des terrains abandonnés pendant de longues années. Des champs incultes depuis le règne d'Abd-el-Aziz étaient défrichés par des laboureurs diligents ; les immenses troupeaux, confiés durant la siba aux tribus soumises ou neutres, étaient revenus chez leurs maîtres et couvraient de leurs taches jaunâtres les maigres pâturages des plateaux. Les défections étaient nombreuses dans le parti des dissidents, malgré l'abandon subit et inexpliqué des projets qui avaient rassemblé pendant quelques jours à Maaziz près de 6 000 combattants sous les ordres du général d'Espérey. Des douars entiers se soumettaient aux conditions de l'aman pour conserver leurs terres et leurs silos. Il ne restait plus de l'autre côté du Grou que les agitateurs les plus compromis. Ils espéraient toujours un hypothétique retour de fortune grâce à l'appui des Zaïan ou des Tadla qu'ils tentaient d'entraîner dans un suprême effort. Un va-et-vient de piétons, de cavaliers, de caravanes animait sans cesse les pistes qui convergeaient à Zahiliga.

Ce calme après la tempête donnait au district la réputation d'un havre sûr. Des Européens y venaient, attirés par l'espoir de soustraire leurs pacotilles aux convoitises des brigands ; des mercantis indigènes ou juifs prenaient la place de ceux que la colonne avaient entraînés à sa suite. Peu à peu, un petit bourg de toile se formait au milieu des rochers, tout près du poste qu'il exploitait. Imbert rêva bientôt de le transformer, afin d'ajouter à ses pures joies de pacificateur celles du bâtisseur de cités. Il s'en ouvrit à Merton qui, peu féru des « colons de la première heure », frissonna de terreur en songeant au désarroi que mettraient dans les affaires administratives ses nouveaux ressortissants : « Vous ne vous doutez pas des ennuis qu'ils nous réservent, s'ils prennent racine à Zahiliga ! J'ai vu de près les marchands de goutte dans nos postes du Sud algérien, et je vous assure que les Français ne sont pas les moins gênants. Ils se posent sans cesse en victimes et ne veulent reconnaître aucune autorité ! » Mais, bientôt calmé, il admit que la fondation d'un village était une tentative originale dont le succès dissiperait les dernières illusions des dissidents et de leurs alliés : « Après tout, vous avez raison. De l'autre côté du Grou ils persistent à croire que nous quitterons ce pays tôt ou tard. Quand ils sauront que les civils eux-mêmes se construisent des cases en pierre, ils comprendront enfin que nous ne voulons pas nous en aller. » Et sans retard il rechercha dans les textes officiels les moyens de concilier l'hygiène de la clientèle, les droits souverains du chef de poste et les intérêts des mercantis.

Or, les « colons » européens, prévenus de ce qui se préparait, manifestèrent une vive appréhension. Ils redoutaient d'être exposés, après leur établissement sur un nouveau site, aux tentatives nocturnes des pillards. Imbert leur promit que leur sécurité n'en serait pas amoindrie et, par d'adroites pressions, il sut les convaincre de la nécessité des sacrifices financiers auxquels il les conviait. Les marabouts malpropres, incommodes et troués, devaient en effet se changer en vastes maisons de pierre, couvertes de tôle. Sous des conditions bénignes, les citoyens du futur village auraient à bail, pour une longue période, des lots de terrain tirés au sort pour y construire leurs habitations. Les « colons » les plus importants, des mercantis juifs et des « kaouadjis » réunis en assemblée générale, après un bref débat acclamèrent sans réserves les projets d'Imbert.

On se mit à l'œuvre aussitôt. Un sergent de marsouins, polyglotte émérite, fut nommé commissaire de police et directeur des travaux. Sur une parcelle du terrain militaire, les prisonniers que des peccadilles de droit commun retenaient dans les geôles en toile de Merton apprenaient de leurs chefs d'ateliers à faire jouer les mines et niveler les terrains rocailleux. Poussés par une émulation intéressée, des soldats passaient leurs heures de liberté à bâtir les premières maisons du chef-lieu en bordure d'une large rue qui portait le nom d'un capitaine tué non loin de là. Une vaste place, dédiée à la mémoire d'un officier tombé pendant la colonne des Zaër, s'étendait entre le village et le poste, et le sergent jardinier s'évertuait à l'embellir par des plantations de chênes verts et d'oliviers rabougris. Bientôt, un commissariat de police, des réverbères à l'acétylène, deux anciens goumiers consacrés sergents de

ville par leurs brassards de cuivre rutilants, donnaient à Zahiligaville le suprême vernis de la
civilisation. Le soir, jusqu'à l'heure de la retraite,
les indigènes des douars voisins, les militaires du
poste, les femmes de Sénégalais faisaient leur
tour de boulevard dans la grande rue violemment
éclairée. Leurs groupes pittoresques stationnaient
devant les étalages, se pressaient autour des phonographes qui nasillaient les rengaines universelles, écoutaient les facéties de conteurs arabes
trônant chez les marchands de thé, encombraient
les vastes salles des mercantis diligents et satisfaits, d'où s'échappaient avec des bouffées d'odeurs
vineuses les rugissements de la *Toulousaine* et
des *Montagnards*. Les officiers allaient oublier
leur ennui dans le spectacle de ces joies populaires,
et des paris s'engageaient entre eux sur l'organisation éventuelle d'une Chambre de commerce ou
d'un Conseil municipal dans la petite capitale du
secteur.

Parfois des incartades d'ivrogne, des querelles
de femmes faisaient tourbillonner en remous
une foule compacte de curieux. Avec une dextérité toute française, les deux « agents » marocains,
fiers de leur importance, ramenaient le calme par
l'incarcération brutale des délinquants indigènes.
Mais toute la diplomatie du commissaire de police

devait remplacer la manière forte dans les litiges où quelque femme sénégalaise supposait menacée sa vanité ou ses intérêts. Avec la fougue belliqueuse de sa race, elle fonçait sur l'adversaire, et les haines séculaires subitement déchaînées pouvaient, si l'on n'y prenait garde, mettre aux prises Marocains et noirs dans un conflit sanglant.

Cette haine, toujours latente, n'apparaissait guère entre les soldats du poste, indigènes et tirailleurs. Ils affectaient de s'ignorer. Les premiers savaient qu'autrefois leurs hardis guerriers allaient chaque année, bien loin vers le Sud, capturer des noirs qu'ils vendaient comme du bétail à Marrakech, à Rabat, à Fez. Les seconds, conscients de l'épopée qu'ils avaient écrite avec leur sang sur la terre africaine, du Sénégal à l'Abyssinie, étaient fiers de fouler en maîtres les territoires des tribus comme les jardins des sultans. Mais leurs sentiments de mépris réciproque ne se traduisaient que par une émulation tacite d'adresse et de résistance pendant les marches et sur les chantiers. Chez les femmes, au contraire, tout prétexte facilitait une explosion. L'achat d'une poule au marché, d'une étoffe ou d'un miroir au village, une bousculade à la fontaine, suscitaient chaque jour des querelles, en un langage imagé, entre les fines Marocaines et les robustes « madame Sénégal ».

Dans ces duels oratoires que seule une surveillance incessante empêchait de se transformer en pugilat, la coquetterie féminine trouvait aisément des attaques cruelles et des ripostes vengeresses. Un soir, comme Imbert, Merton et Pointis passaient en se promenant près de la fontaine, ils furent témoins d'une dispute qui les divertit fort. Justement impatientée par les dimensions des récipients qu'une Sénégalaise voulait remplir avant son tour, la femme d'un goumier protestait violemment. Avec une insolence tranquille, l'autre cala sans mot dire une énorme cuvette sous le filet d'eau : « C'est bien la peine, vraiment, d'accaparer la fontaine, ricana la Marocaine ; toute l'eau que tu mettras sur ta peau ne la fera pas blanchir ! — Que dis-tu ? glapit « madame Sénégal ». Je suis noire, c'est vrai, mais propre ; et mes habits aussi. Tu peux frotter, ça ne déteint pas. On n'en peut dire autant de toi. » Les femmes gloussaient d'aise ; la Marocaine montrait avec ostentation la pâleur relative de son visage et de ses bras. Rendue furieuse par la raillerie, la Sénégalaise humecta son écharpe, frotta d'une main ferme sa figure et sa poitrine, et montra fièrement l'étoffe dont rien n'altérait l'immaculée blancheur.

Puis, bondissant sur la Marocaine, elle la maintint d'une poigne vigoureuse et la bouchonna sans douceur avec l'écharpe humide. La figure de sa victime s'éclaircit sous les frictions, mais l'étoffe soudain déployée apparut grisâtre de la crasse qu'elle avait enlevée. Triomphante à son tour, la Sénégalaise acheva sa victoire par une bourrade qui terrassa l'adversaire, et les poings tendus vers les indigènes, le cou gonflé par l'effort, elle hurla : « Les Marocains sont des sauvages ! Les Marocaines ont la figure sale, les habits sales, tout sale. Si nous étions sales comme vous, nos maris nous battraient ! » Au milieu de toutes les femmes déchaînées, le soldat planton à la fontaine gesticulait, époumoné, des invitations au calme, et jouait au naturel le Zuniga dans la querelle des cigarières de *Carmen*.

En même temps que le village, un poste solide et confortable sortait d'entre les roches de Zahi-liga. Pointis admirait l'ordonnance des cases, leur construction rapide, le zèle adroit des équipes de soldats transformés en maçons et charpentiers. Sur le plateau, des bâtiments civils et militaires dessinaient une agglomération blanche, visible de loin, qui impressionnait les espions ennemis comme une formidable kasbah.

Chez les tribus soumises, ces bâtisses exerçaient

une salutaire influence. Chacun s'y soumettait sans murmure aux obligations de l'aman. Même celle qu'Imbert avait jugée presque irréalisable était acceptée avec bonne humeur. Des groupes de nombreux cantonniers, dirigés par des marsouins et des artilleurs, commençaient la transformation des pistes raboteuses en faciles chemins : c'étaient les prestataires du secteur qui, trop pauvres pour payer leur contribution de guerre, donnaient en échange des journées de travail. Dans la transaction s'était affirmé l'esprit inventif de Merton. Aux scrupules d'Imbert, il avait opposé un : « Essayons toujours ! » victorieux.

Mais c'était l'infirmerie indigène qui donnait la plus sûre preuve de l'adhésion des tribus au nouveau régime politique des Zaër. Imbert l'avait hâtivement installée en dehors du poste, entre deux gros rochers. Le médecin de la garnison y prenait au sérieux le rôle de missionnaire laïque auquel des circulaires prévoyantes le conviaient. Avec une patience, un dévouement de sœur de charité, il réduisait des fractures, pansait des plaies immondes, taillait dans les chairs malsaines sans s'émouvoir de la vermine grouillante, des haillons sordides, des odeurs infectes de ses bénévoles clients. Ils venaient en foule, et de loin, chaque semaine plus nombreux, et les tentes de « l'Assis-

tance médicale » faisaient songer à quelque musée
des horreurs. De toutes ces ruines humaines dues
à la misère physiologique, aux hérédités redoutables, au charlatanisme des sorciers, les victimes
des combats offerts naguère à la colonne des Zaër
étaient les plus pitoyables. Ils avaient longtemps
caché dans leurs douars, par crainte de terribles
vengeances, des blessures que le temps et l'ignorance rendaient vite épouvantables. La générosité
des vainqueurs, la réputation du « toubib » établie
sur des cures impressionnantes avaient fini par
dissiper leurs préventions. Ils s'habituaient à
prendre le chemin de l'Infirmerie indigène d'où ils
sortaient souvent guéris et toujours soulagés. Les
compliments chevaleresques des officiers flattaient
en outre leur vanité de guerriers, et la cause française n'avait pas chez les Zaër de plus dévoués partisans.

Pointis avait diligemment profité de cette rapide évolution des esprits. Il avait visité les districts les plus éloignés du secteur et, toujours bien
accueilli dans les douars, il avait terminé l'enquête économique à laquelle il s'était voué. Ses
notes de toute nature formaient un dossier
respectable dont les prudentes conclusions frois-
saient aussi bien les enthousiastes que les adversaires de l'affaire marocaine, qui partageait les

officiers du poste en deux camps à peu près égaux.

« Je quitterai Zahiliga par le prochain convoi, car je n'ai plus rien à faire ici. Je n'ai même plus à espérer l'imprévu, puisque votre secteur est déjà pacifié ! » dit-il un jour à Imbert, tandis qu'ils cheminaient en précédant la troupe qui venait d'explorer un massif lointain. Merton, qui marchait près d'eux, protesta doucement : « Ne chantons pas victoire tant que notre œuvre n'aura pas subi l'épreuve des mauvaises nouvelles. Il suffirait peut-être de l'échec retentissant d'une colonne quelconque pour tout bouleverser chez nous ! »

Comme il parlait, un groupe de cavaliers armés apparut au sommet d'une côte voisine, sur la route de Zahiliga. Ils discutaient avec animation et semblaient joyeux : « D'où venez-vous ? leur demanda Imbert au passage. — Du « baroud ! » répondit l'un d'eux dont les yeux luisaient. — Quel baroud ? » questionna aussitôt Merton étonné. Tous alors glapirent à la fois, et Merton crut comprendre qu'il s'agissait d'une razzia de troupeau tentée aux environs du poste par des Beraber repoussés avec pertes : « Oh ! oh ! dit Imbert ; si les Zaïan bougent, il doit y avoir du nouveau ! » Et, sans s'attarder à de verbeuses explications, il confia sa troupe au plus ancien officier et partit au galop, avec Pointis et Merton.

Une foule énorme dressait une forêt de fusils sur l'unique rue de Zahiligaville et la cour des Renseignements. Fendant le flot d'indigènes surexcités, un capitaine courut à la rencontre d'Imbert, tandis que Merton, agrippé au passage par les notables qui l'entraînaient vers le centre du rassemblement, s'efforçait en vain de démêler la vérité dans leurs récits confus. En phrases hachées, Imbert apprenait la cause de cette émotion. Une bande d'environ cent cavaliers, dirigée par les fils du Zaïani, avait franchi le Grou à l'Oldjet-bou-Kremis. Elle était arrivée par surprise jusqu'à cinq kilomètres du poste où elle avait trouvé un troupeau de cent moutons gardé par deux enfants, et l'avait enlevé. Les bergers couraient aussitôt donner l'alarme aux Ouled Moussa campés dans les vallons voisins. Les Ouled Moussa étaient montés à cheval ; le poste avait envoyé des fantassins et quelques goumiers. Le maréchal des logis rallia les indigènes qu'il entraîna vivement à la poursuite des ravisseurs. On n'avait pu reprendre les moutons, mais on avait tué deux Zaïan, blessé plusieurs autres, fait prisonnier un esclave noir de Moha-ou-Ammou, attrapé un cheval, ramassé quatre fusils.

Pendant ce récit, Imbert et Pointis avaient

réjoint Merton. Un spectacle inattendu les figea sur place. Dépouillés déjà de leurs vêtements, les deux morts gisaient rigides et sanglants : les Ouled Moussa les avaient apportés en témoignage de leurs exploits. Accroupi près d'eux et solidement garrotté le prisonnier s'efforçait de paraître impassible, mais roulait des yeux inquiets. Dans un rapide interrogatoire il mit l'échauffourée sur le compte d'une partie de chasse qui avait entraîné les fils de son maître hors du territoire des Aït-Raho ; la tentation offerte par le troupeau avait paru trop forte à des chasseurs malchanceux : « Tout cela n'est pas bien clair, murmura Merton rendu soucieux par cette aventure où il voyait un mauvais présage. — Certes, asquiesça Imbert. Cette offensive insolite doit avoir un motif que nous ignorons. Mais avant de parler politique, débarrassons-nous de tous ces braillards. »

Les propriétaires du troupeau razzié se lamentaient. Imbert les apaisa par le don des deux morts que leurs parents ne manqueraient pas de racheter fort cher. Il distribua les autres trophées entre les plus vaillants des Ouled Moussa ; malgré les indignations naïves de Pointis, le khalifa de la tribu obtint l'esclave qui le suivit avec une passivité d'animal. Pendant ce temps, Merton questionnait des informateurs imprécis et bavards que l'appât d'une récompense faisait affluer. Du chaos de leurs récits il tirait un résumé vraisemblable : pour punir les Français d'avoir abreuvé leurs chevaux dans le Grou, le Zaïani voulait brûler leur poste et piller les douars des lâches Zaër ; il viendrait camper le lendemain avec toutes ses forces à l'Oldjet-bou-Kremis où devaient le rejoindre les dissidents.

« Qu'en pensez-vous, Merton ? demanda Imbert sceptique. — Hé ! c'est bien possible ! Les labours sont terminés, les semailles sont faites. Pour se distraire en attendant la récolte, les Marocains ont coutume de batailler. Les dissidents ont dû convaincre les Zaïan et lier de nouveau partie avec eux. Tous font bloc pour forcer par la terreur nos tribus à la révolte. — Vous croyez donc à l'invasion prochaine du secteur ? — Elle est probable, à moins que Moha-ou-Ammou ne préfère rester dans une position d'attente pour ne pas compromettre son prestige en s'engageant à fond. Les intrigues des dissidents, appuyées sur la présence de sa mehallah, exerceraient une pression morale sur nos partisans qu'ils espèrent décider à la défection. » Imbert réfléchit : « D'abord, reprit-il, nous serons demain à l'Oldjet-bou-Kremis avant eux ; s'ils y viennent, la promenade leur coûtera cher. Ensuite, nous saurons bien les empêcher d'entrer chez nous ».

Pointis, qui écoutait avec attention cet entretien, hésita un instant, puis, brusquement, se décida : « D'après vous, dit-il, la poudre va parler ? » Merton répondit selon l'usage arabe, en levant l'index vers le ciel : « Bon ! je comprends ! reprit Pointis. Je voulais partir avec le prochain convoi, mais... je reste. — Comme il vous plaira, mon cher ami, dit Imbert. Mais vous connaissez la formule : dès maintenant, je décline toute responsabilité. — Déclinez ! déclinez ! Le mystère qui plane sur votre poste vaut bien que je reste encore quelques jours avec vous. Je me trouverais ridicule si j'apprenais à Camp-Marchand ou Rabat que Zahiliga est assiégé par les Zaïan. — Oh ! assiégé ! protesta Imbert. Je ne me vois pas dans ce rôle qui serait, ici, vraiment peu glorieux ! »

Dans la nuit, un détachement quittait le poste en grand secret. Par les sentiers à peine tracés du plateau, par les ravins et les crêtes rocheuses, Imbert le guidait vers l'embuscade qu'il avait méditée. Les soldats, accoutumés à ces départs nocturnes, marchaient allègrement, malgré les difficultés du terrain, car l'incident de la veille leur faisait espérer un retour triomphal. Au point du jour, canons, mitrailleuses et fantassins étaient dissimulés sur un éperon couvert d'une forêt épaisse dont les éclaircies laissaient apercevoir toutes proches les prairies de l'Oldjet-bou-Kremis bordées par le ruban de moire grise de l'Oued Grou. Pendant plusieurs heures on attendit en vain. Mais vers midi les vedettes capturaient deux piétons qui descendaient du pays Zaïn et qui, prestement garrottés, étaient amenés devant Imbert. C'étaient de pauvres pèlerins, minables et fatigués, qui se rendaient en Chaouïa. D'énormes chapelets ballottaient sur leurs épaules, et leurs visages hâves suaient la peur. Interrogés, ils dirent tout ce qu'ils savaient : le Zaïani était campé près d'Hartef, à 8 kilomètres du Grou, avec un millier de cavaliers ; l'équipée de ses fils, qui avaient ramené avec les cent moutons volés quatre guerriers morts et sept blessés, le mettait en fureur, mais il ne paraissait pas disposé à bouger : « Bon ! conclut Imbert, l'affaire est manquée. Il est inutile de rester ici plus longtemps ! »

Quelques instants après, toute la troupe s'ébranlait pour le retour dans une vallée qui ouvrait une large voie d'accès au plateau. Les soldats narguaient la couardise du Zaïani, coupable, d'après eux, d'avoir manqué au rendez-vous. Ils le supposaient servi par une police occulte d'agiles Sherlock-Holmes, qui éventait les desseins les plus secrets et les mystères des marches de nuit les plus imprévues. Imbert et Merton discouraient sur cette mehallah dont le rassemblement posait une énigme qu'ils étaient incapables de déchiffrer. A peine ils parvenaient sur le plateau que leur perplexité augmenta.

Pointis, qui suivait en curieux les cavaliers des flanc-gardes, accourait à vive allure : « Venez voir ! criait-il. Vos douars décampent ! » Les deux amis s'élancèrent aussitôt vers le vallon qu'il indiquait et qu'ils savaient occupé par quelques fractions d'Ouled Moussa. Pointis avait dit vrai. Les tentes étaient déjà roulées sur les chameaux, et la confusion bourdonnante des habitants témoignait d'une fuite précipitée : « Pourquoi partez-vous ? » demanda brusquement Imbert aux notables qui s'approchaient pour le saluer. « Nous avons peur ! répondirent-ils d'un air angoissé. — Peur de quoi ? hurla Merton. — Je ne sais, nous ne savons, mais nous avons peur ! — Soit ! mais où allez-vous ? — Nous voulons camper près du poste. — Pourquoi ? — Parce que nous avons peur ! — Allez au diable ! » conclut Imbert, qui comprit qu'on n'en pouvait tirer aucun renseignement.

Pendant les jours suivants, ces exodes se multiplièrent. Les cavaliers en patrouille, les officiers en reconnaissance constataient que les habitants abandonnaient le pays en avant de Zahiliga. Peu à peu, le plateau reprenait son ancien aspect de désert hostile et mystérieux. Les prestataires dont le zèle avait émerveillé Pointis faisaient la grève sur les routes où ils ne se trouvaient plus en sécurité. Le versant zaïan de la vallée du Grou, le chaos des montagnes qui dressait au Sud une barrière entre les Tadla et les Zaër apparaissaient toujours aussi vides aux détachements qu'Imbert expédiait sur les observatoires les plus lointains. Mais les trois tribus frontières du secteur semblaient céder à quelque pression inconnue ; leurs douars se tassaient autour du poste, comme s'ils en attendaient un secours contre quelque danger terrible et imminent. Et la réponse ambiguë : « Nous avons peur », revenait en leit-motiv à toutes les questions. Cependant, nulle défection n'orientait Imbert et Merton dont les soupçons se perdaient dans le noir.

« La situation politique n'est pas bonne ! disait sans cesse Merton. Il se passe quelque chose que nos tribus doivent savoir ; mais quoi ? » Une estafette enfin apporta la réponse à cette question obsédante. Dans une circulaire qu'expliquait un lot de télégrammes officiels, l'autorité supérieure invitait les chefs de poste à la prudence, leur recommandait d'éviter tout engagement qui pourrait être transformé en échec par la jactance de nos ennemis. A

Zahiliga, les pessimistes songèrent alors à la dupli-cité légendaire des Zaër et prophétisèrent les pires catastrophes. Elles parurent vraisemblables après les rapports concordants des émissaires qui arri-vaient de toutes parts.

C'est ainsi que la garnison apprit les événe-ments de Mogador, la trahison d'Anflous, les combats de Dar-el-Kadi. L'insurrection se ranimait dans le Sud. Quelques succès passagers augmen-taient le prestige d'El Hiba : on parlait de convois enlevés, de blessés capturés, et ces exploits exagé-rés par la distance et les mirages marocains don-naient le signal d'une offensive générale des croyants contre les Roumis. Moha-ou-Ammou le grand chef des Zaïan, Moha-ou-Saïd le grand chef des Tadla, s'étaient concertés pour attaquer les postes qui surveillaient leurs territoires ; le second avait déjà commencé les hostilités autour de l'Oued Zem, qui était étroitement bloqué.

« Qu'attend donc le Zaïani pour entrer, lui aussi, en campagne? » demanda Imbert à Merton qui résumait ainsi les événements d'après les témoignages soigneusement recoupés de ses es-pions. « Il a convoqué le ban et l'arrière-ban de ses tribus de l'Atlas, dit Merton; et il ne bougera d'Hartef où il est toujours campé avec sa mehallah que lorsque tous ses guerriers seront réunis. »

Imbert déroula la carte du secteur et réfléchit longuement. Sous ses yeux, ce chef-d'œuvre de patience et de précision étalait les montagnes, les ravins, les sentiers les plus cachés du secteur et des pays limitrophes. Mais il renonça vite à des projets audacieux. « Bigre ! murmura-t-il, ne risquons rien, et jouons à coup sûr ! »

Quelques instants après, un « supplément au rapport » annonçait les dernières nouvelles à la garnison, et les officiers convoqués au Bureau de la Place étaient initiés au programme imaginé par Imbert pour conjurer l'orage qui se préparait. En faisant camper chez les tribus occidentales du secteur tous les douars réunis aux environs du poste, pour mettre un désert de trente kilomètres entre la mehalla zaïan et les proies qu'elle convoitait, on enlevait à Moha-ou-Ammou toute chance de succès dans les incursions qu'il chercherait à tenter. Le plateau devenait ainsi un champ clos où les bandes ennemies devraient au préalable se mesurer avec les troupes du poste. D'ailleurs, avec de l'adresse et de l'agilité on pourrait les maintenir dans la profonde vallée du Grou, où l'on irait les surprendre si quelque occasion se présentait. « Chacun de vous, résuma Imbert, aura sa part dans les heureux engagements que je prévois. »

« Mais cette tactique n'est possible que si nos tribus restent fidèles ou gardent au moins la neutralité ! » objecta un capitaine qui songeait à la réputation de fourberie des Zaër. — Oh ! protesta aussitôt Merton, elles seront pour nous aussi longtemps qu'elles se sentiront bien gardées ! — Soit. Mais ne vaudrait-il pas mieux attendre dans le poste que les Zaïan et les dissidents viennent nous assiéger ? Nous les battrions tous ensemble et d'un seul coup, en leur infligeant de grosses pertes ! dit un officier que le souvenir de Mazagran empêchait souvent de dormir. — Allons donc ! s'exclama Imbert. Croyez-vous habile de se laisser immobiliser par quelques dizaines de cavaliers qui feraient la fantasia dans les rochers autour de nos murailles, tandis que le gros de leurs forces irait sans danger piller et massacrer les indigènes qui se sont confiés à nous ? Sans doute, il nous serait facile de faire de la réclame aux « héroïques défenseurs de Zahiliga » ; mais on ne m'a pas donné 820 rationnaires et 2 canons pour que je les garde avec soin à l'abri des coups ! »

Ainsi, le dénouement était proche. Au delà du Grou, sur les plateaux et les ravins hors des vues, des foules en armes se rassemblaient pour bouleverser les travaux pacifiques d'Imbert et de ses collaborateurs. Une faute, un échec pouvaient anéantir les résultats de la patiente colonne des Zaër, ramener à la barbarie un vaste district que deux mois de paix et d'efforts avaient déjà transformé. L'appréhension inspirée par l'audace et l'activité de la garnison avait pu différer jusqu'à ce jour l'entrée en campagne d'ennemis entreprenants sans doute, mais plus fanfarons encore que vraiment belliqueux. Cependant, ils semblaient maintenant décidés à s'ébranler sans retard.

Or, la prise de contact s'effectuait sous de fâcheux auspices pour les Beraber et les dissidents coalisés. Dans la nuit, un Sénégalais en faction au village fit coup double sur un groupe de maraudeurs qui venaient en reconnaître les abords. Puis, dans l'après-midi, des vedettes ayant signalé l'apparition de cavaliers suspects sur la lisière du plateau, Imbert entraînait dans une course folle une centaine de fantassins et la section d'artillerie jusqu'à l'origine d'un ravin énorme où Merton, Pointis, les goumiers et quelques partisans qui l'avaient précédé, faisaient un feu d'enfer. Il arrivait à temps. Au fond du ravin qui ouvrait un passage entre le Grou et le pays zaër, un parti de 300 ou 400 cavaliers se préparait à l'assaut du plateau. Les canons, défilés aux vues, avaient fait pleuvoir à bonne distance quelques obus sur cette masse compacte, qui se dispersait sans donner aux fantassins l'occasion de tirer un coup de fusil. Le lendemain, à la faveur du brouillard, la garnison renouvelait cette manœuvre avec un succès plus complet encore. La brume s'étant dissipée, du gigantesque balcon dessiné par le plateau, Imbert surprit à deux reprises des groupes nombreux qui se disposaient à franchir le Grou. Canonnés avec précision, ils se dispersèrent, emportant morts et blessés sous les arbres et dans les ravins, et l'on put ensuite les voir disparaître en désordre par tous les sentiers qui montaient vers le pays zaïan. Au retour, sur le chemin du poste, malgré la fatigue, les soldats chantaient; les fantassins jalousaient les artilleurs qui, seuls, avaient mis l'ennemi en déroute; mais tous étaient ravis de ces aventures qui semblaient leur promettre, à brève échéance, des combats moins anodins.

Soudain, des cris se firent entendre dans le groupe des cavaliers qui précédait le détachement. Les goumiers disparurent dans un vallon rocheux, talonnés par les partisans dont les chevaux couraient ventre à terre : « Ils ont peut-être vu un lièvre et ils s'amusent à le forcer... » dit Merton à Imbert intrigué. Mais, quelques instants après, on les découvrit rassemblés autour de trois piétons qu'ils invectivaient. Les goumiers brandissaient comme des trophées trois winchesters et des poches à cartouches bien garnies qu'ils avaient enlevés aux inconnus. Muets et farouches, ceux-ci fixaient au passage, d'un air de défi, les officiers et les soldats : « Que faisaient donc ces gens-là ? dit Imbert au gradé qui avait dirigé la capture. — Ils se cachaient dans les rochers. — Emmenez-les ; on fera l'enquête à Zahiliga. »

Dès l'arrivée, l'incident s'expliqua. Pressés de questions, les prisonniers, reconnus pour être des dissidents, avouèrent avec arrogance qu'ils avaient franchi le Grou pour tenter un mauvais coup ; en apercevant la troupe sur le plateau, ils s'étaient décidés à la retraite, mais ils avaient été surpris par les cavaliers : « L'affaire est claire, dit Merton à Imbert qui écoutait l'interrogatoire. D'après les circulaires officielles, tout rôdeur pris les armes à la main doit être remis à la justice sommaire du Makhzen. Le Makhzen, c'est nous ! — Sans doute ; mais il n'est pas inutile de faire appel à l'expérience d'un caïd. Justement, Djilali est ici, et les pillards ont été rencontrés sur le territoire de sa tribu. »

En présence de leurs juges, les prisonniers renouvelèrent leurs aveux avec une fataliste franchise : « Caïd ! tu as entendu ? dit Imbert. A quelle peine la loi musulmane condamne-t-elle ces voleurs ? — Ils doivent avoir les deux mains coupées, affirma le caïd sans sourciller. — Et vous, Merton, qu'en pensez-vous ? — Ils méritent la mort. — C'est aussi mon avis. Caïd, reprit Imbert, nous ne pouvons accepter ta sentence. Nos coutumes ne permettent pas de mutiler des brigands. Ils vont être fusillés. » Le caïd acquiesça du *mektoub* traditionnel.

Les prisonniers entendirent leur arrêt avec une hautaine indifférence. Il fut exécuté sur-le-champ. Tandis que Merton faisait creuser trois fosses dans un ancien cimetière musulman, huit Sénégalais emmenaient les condamnés hors du poste, au pied d'un énorme rocher, d'où quelques factionnaires éloignaient les badauds. Bientôt après, trois détonations assourdies annonçaient l'épilogue de ce drame rapide qui impressionna favorablement la population du secteur.

Pointis ne manqua pas, d'ailleurs, de blâmer avec précaution la rapidité de l'enquête et la sévérité du châtiment : « Voyons, Imbert ! on ne fusille pas des prisonniers !... — Pardon ! dit Imbert interloqué. Vous confondez voleurs et combattants. C'est l'espoir du pillage, et non le patriotisme, qui lança les trois défunts dans leur funeste aventure. Je veux que la sécurité des chemins, la tranquillité des douars ne soient pas chaque jour menacées par quelques bandits insaisissables. Après deux ou trois exécutions analogues, les rôdeurs se calmeront, ou ils resteront chez les voisins pour exercer leur industrie. »

Pendant plusieurs jours, la prudence des ennemis sembla démontrer la justesse des théories tactiques et judiciaires d'Imbert. Dissidents et Zaïan avaient de nouveau fait leur jonction, mais leurs groupements se tenaient immobiles loin du Grou. A la vérité, leur perplexité était grande. Ils étaient déconcertés par l'attitude inattendue des Zaër, et ils avaient déjà chèrement payé leurs infructueuses tentatives d'invasion. Rendu circonspect par ces échecs mortifiants, le Zaïani temporisait pour profiter du désarroi que les triomphes toujours imminents de Moha-ou-Saïd dans la région de l'Oued Zem causeraient chez les Roumis. Il calmait les impatiences des dissidents et il comptait sur la pression morale exercée par sa mehallah toujours menaçante pour désagréger le bloc des Zaër ralliés.

A vouloir la prévenir, la garnison s'énervait. Sans cesse par monts et par vaux, à la recherche d'un ennemi invisible, officiers et soldats usaient leurs forces et leur entrain. Vainement Imbert essayait-il, par des actes en apparence téméraires, d'attirer dissidents et Beraber dans des pièges subtils. Reconnaissances lointaines, vidages de silos, ne parvenaient pas à faire venir l'adversaire sous le feu des mitrailleuses et des canons. Il se méfiait, et ses patrouilles détalaient avec vitesse dès qu'elles apercevaient casques blancs, chechias rouges ou manteaux bleus. Mais déjà les chevaux du goum étaient sur les boulets ; sans le peloton des goumiers, l'infanterie et la section de montagne risquaient de marcher en aveugles et d'arriver trop tard si l'ennemi fonçait sur un objectif imprévu.

Merton jugea le moment favorable pour risquer une proposition qu'il avait longuement méditée : « Pourquoi ne ferions-nous pas concourir les cavaliers de nos tribus à la défense du pays zaër? Ils y sont plus intéressés encore que nous! » Imbert se récria. Il jugeait les partisans plus gênants qu'utiles, et leur zèle plus bruyant qu'efficace ne lui paraissait pas au-dessus de tout soupçon. Mais les arguments de Merton dissipèrent ses méfiances, et après une brève discussion, il approuva : « Soit ! » proclamons la levée en masse ! L'épreuve sera concluante et nous avons grand besoin de cavaliers ! » Merton, ravi, se hâta d'expédier dans les tribus des courriers diligents.

De bonne heure, le lendemain, les sept caïds, leurs états-majors de khalifas et de mokhrazenis, les cheikhs les plus importants étaient réunis à Zahiliga. La proposition de Merton fut acceptée avec un enthousiasme exubérant auquel succédèrent aussitôt des objections inattendues : « Nous n'avons plus de fusils ! plus de cartouches ! » clamaient les caïds. Et ils rappelaient que la livraison des armes avait été la première des conditions de l'aman. Depuis, ils étaient comme de pauvres moutons exposés aux convoitises des chacals.

Le raisonnement était spécieux. Sans doute, une grande quantité de fusils démodés, de carabines hors d'usage avaient été apportés au bureau de Merton ; mais ces armes inoffensives, qui semblaient sortir d'un magasin de bric-à-brac, n'étaient pas celles que les ralliés avaient utilisées dans leurs luttes contre la colonne des Zaër. Cependant Merton ne jugea pas à propos de chicaner. L'approvisionnement du poste en fusils Gras et cartouches 74 permettait de se montrer généreux. Après un palabre animé, on convint que chaque tribu fournirait, jusqu'au retour de la tranquillité, un contingent de 30 partisans à cheval. Ces auxiliaires camperaient auprès du poste dont ils recevraient fusils, munitions et l'orge pour la nourriture des chevaux.

Le rassemblement de tous ces guerriers excita dans la garnison des commentaires peu bienveillants. A *priori*, officiers et soldats se défiaient

des partisans qui, dans les colonnes précédentes,
ne leur avaient pas paru mériter la confiance
qu'on leur témoignait. Ils leur imputaient des
méprises regrettables ; ils les soupçonnaient de
fanfaronnades brouillonnes et parfois même de
trahison. D'impressionnants récits sur les mésaventures du commandant Massoutier, attaqué en
route par ses contingents d'auxiliaires, étaient
chuchotés sous les tentes, et Pointis, traduisant
l'opinion générale, en évoqua l'exemple le soir à
dîner : « Nous verrons bien, répliqua Imbert. Si
nos volontaires ont de mauvaises intentions, ils
ne sont pas assez nombreux pour les réaliser. Mais
ils feront du volume sur le plateau et dans les
défilés, et ils seront toujours assez bons pour
apporter des nouvelles. D'ailleurs, les cavaliers
du goum ne peuvent plus suffire à la tâche, et je
n'ai pas le choix pour les remplacer. »

Or, la suite lui donnait raison. Abondamment
pourvus de cartouches, les partisans s'agitaient
dans une furie de mouvement qui les lançait en
galopades folles vers les silhouettes à peine visibles
des patrouilles ennemies. Et c'étaient des combats
homériques, des fusillades en l'air coupées de
cris éperdus où s'échangeaient des menaces
farouches et d'utiles renseignements. Dans ces
luttes courtoises d'où ils revenaient toujours in-

demnes, mais comiquement vantards, ils faisaient un gaspillage de munitions qu'Imbert jugeait avec sévérité : « C'est à croire qu'ils les vendent ! » s'exclamait-il chaque soir quand les caïds montraient leurs sacoches vides et leurs chevaux ruisselants. Parfois, cependant, ils lui donnaient des preuves indiscutables de leur adresse et de leur fidélité. Alors, un cortège animé annonçait de loin la capture de quelque ennemi surpris en vedette ou en maraude sur un piton ou dans un ravin. Et comme ils se doutaient du sort réservé par Imbert à ces prisonniers, on pouvait admettre que les Zaër du secteur avaient, sans arrière-pensée, « coupé les ponts » entre eux et leurs anciens alliés.

Quinze jours se passèrent ainsi. Les silos des dissidents, d'où Merton tirait l'orge qui nourrissait les chevaux des partisans étaient près de s'épuiser. Le budget du secteur ne prévoyait pas l'entretien de toute cette cavalerie : « Ils sont trop ! » disait Merton, qui décida Imbert à congédier les contingents des quatre tribus les plus éloignées. Malgré les pronostics pessimistes de Pointis et de quelques officiers, aucun fusil ne manquait à l'appel quand les partisans furent désarmés. L'expérience était donc concluante. Elle avait aussi pour résultat d'augmenter les hésitations des chefs ennemis,

Figés sur leurs campements, ils ne savaient plus comment sortir à leur honneur de l'aventure où ils s'étaient engagés.

Un soir, Djilali, caïd des Ouled-Moussa dont les territoires s'étendaient théoriquement jusqu'au Grou, vint causer en secret avec Merton : « Moha-ou-Ammou, lui dit-il, a fait installer des Aït-Raho qui sont Zaïan sur nos pâturages de l'Oued Chettba qu'il leur a donnés ; il leur a promis de les protéger en cas d'attaque ! — Tu en es sûr ? demanda Merton abasourdi. — Oui. Un de mes hommes a vu aujourd'hui les tentes et les troupeaux à Sebba-Aouinet... » Merton questionna le caïd et courut prévenir Imbert. La nouvelle était en effet importante, car la présence de douars ennemis sur la rive gauche du Grou infligeait un affront au chef du poste de Zahiliga, qui avait maintes fois garanti a ses administrés l'inviolabilité du pays zaër.

Imbert consulta la carte et médita longuement. Le lieu indiqué était un labyrinthe de gorges rocheuses, à 18 kilomètres de Zahiliga : « C'est probablement un piège que nous tend le Zaïani, suggéra Merton. Il compte nous attirer par cet appât et nous faire perdre les avantages du terrain que nous donne le plateau. — Peut-être, aussi, répliqua Imbert, ne fait-il cette manifestation que pour sauver son prestige, et, dans quelques jours, bêtes et gens repasseront paisiblement le Grou. Mais n'importe ! La manœuvre leur coûtera cher. Cette fois, nous avons un but précis ! »

Vers le milieu de la nuit, il quittait le poste avec un détachement nombreux. Prévoyant une chaude affaire il avait mobilisé tous les hommes disponibles, et le service médical était au complet. Les tailleurs et les cordonniers sénégalais prenaient part à la fête et n'étaient pas les moins ardents. Imbert comptait infliger aux douars une rapide, mais sévère leçon, attirer ensuite par une retraite diligente les forces ennemies sur une embuscade préparée avec soin par un capitaine éprouvé. Une grande célérité dans les mouvements après la prise de contact était recommandée pour ne pas gêner la manœuvre par un « accrochage » intempestif. Pointis, qui s'était offert comme agent de liaison, malgré l'ennui du départ nocturne, exultait en songeant à l'auréole de bravoure qui éblouirait bientôt ses amis de Paris dans les salons où il fréquentait.

Malgré les lenteurs de la marche sur des sentiers presque impraticables, la troupe couronnait peu de temps après le lever du soleil un col et des pitons d'où la vue plongeait, entre 1 200 et 1 500 mètres, sur trois douars blottis dans des cirques étroits que bordaient d'énormes falaises, droites comme des remparts. Les troupeaux étaient encore parqués entre les tentes, la surprise était complète. Le lieutenant d'artillerie télémétrait avec entrain ces objectifs dont la vulnérabilité le comblait de joie, et il indiquait gaîment les distances à ses camarades fantassins : « Faut-il tirer ? » demanda-t-il à Imbert. Celui-ci consulta du regard Merton : « Il n'y a pas de méprise possible, dit Merton ; les partisans qui nous ont rejoints affirment que ce sont bien des douars ennemis. »

Imbert hésita. Le massacre sans danger lui répugnait. Cependant, il réprima le sentiment de pitié qui retenait son bras prêt à faire le signe de mort. Ni les partisans qui croyaient en sa force, ni les ennemis qui étaient venus le braver dans ce site sauvage et qui attribueraient sa longanimité à la peur, ne comprendraient sa miséricorde. Tout à coup, son geste brusque déchaîna sur les tentes et sur les troupeaux un ouragan de fer et de feu. Les tentes voltigeaient, emportées par le souffle des obus ; les bœufs et les moutons tourbillonnaient sous la grêle de balles ; les habitants fuyaient en hurlant, et quelques guerriers prestement réfugiés dans les roches ripostaient par des coups de fusil inoffensifs.

« Allons ! faites cesser le tir, dit Imbert après

trois ou quatre salves, aux officiers qui l'entouraient. Nous avons infligé une leçon pénible, mais
nécessaire. Ne nous transformons pas en bouchers ! » Ils se dispersèrent, et le vacarme cessa
comme par enchantement. Mais, dans les vallons
lointains, les grondements assourdis des échos
propageaient déjà la nouvelle de la surprise et de
ses résultats.

Soudain, proche d'Imbert, la voix de Pointis
retentit. « Ils arrivent ! ils arrivent ! » criait son
ami dont la main montrait sur l'autre versant des
points blancs qui grossissaient en descendant à
toute vitesse vers le Grou. C'étaient les guerriers
de Moha-ou-Ammou qui accouraient au secours
de leurs frères. On pouvait certes leur offrir le
combat autour des douars bouleversés, tandis que
bœufs et moutons fileraient sur les pistes de
Zahiliga, escortés par les partisans. Mais l'enjeu
ne valait pas des sacrifices qui transformeraient en
désastre moral le succès de l'opération. Imbert
préféra donc s'en tenir à son premier plan, et les
notes alertes des clairons ordonnèrent aussitôt le
retour.

Il était temps. La manœuvre, telle qu'Imbert
l'avait imaginée, s'amorçait sous la fusillade des
groupes ennemis qui progressaient de crête en crête
avec une agilité de montagnards. Le silence de

l'artillerie qui cheminait hors des vues avec les goumiers et les marsouins, pour occuper une position lointaine d'où elle compléterait les effets de l'embuscade, encourageait les poursuivants ; les balles sifflaient et labouraient le sol de toutes parts. Mais bientôt l'offensive ennemie s'arrêta. Les troupes d'Imbert avaient disparu comme par enchantement derrière un éperon qui dessinait un écran gigantesque et mystérieux. Visible de loin, il modérait l'entrain des renforts qui accouraient au bruit ; ils flairaient le piège dans la retraite précipitée de leurs adversaires et dans le silence énigmatique de cette barrière toute proche qui se dressait devant eux. Quelques groupes moins prudents s'étaient avancés jusque sur ses flancs ; accueillis presque à bout portant par les mitrailleuses et les fusils dissimulés dans les hautes herbes, ils dégringolaient en désordre, emportant des blessés et des morts.

Maintenant, rassemblées sur le plateau, les troupes reprenaient haleine en grignotant le traditionnel repas froid. L'ennemi avait disparu, découragé. Imbert rayonnait. Les pertes, réduites à trois blessés, étaient assez légères pour rendre invraisemblable un reproche de témérité irréfléchie : « La leçon est dure pour les voisins, lui dit Merton, heureux lui aussi de ce dénouement bénin.

Elle pouvait nous coûter plus cher, et nous nous en tirons à bon compte. »

Le prestige du Zaïani sortit fort diminué de cette aventure. Ainsi le grand caïd n'avait pu sauver de la ruine et de la mort les douars qui s'étaient confiés à ses promesses. Il n'avait pas osé lancer à fond sa mehallah contre les troupes de Zahiliga qui étaient venues le narguer en bombardant ses protégés. Cette inertie peureuse semait la discorde dans les guerriers et jusque dans la famille du Zaïani. Chaque chef, racontaient les émissaires, voulait désormais agir pour son compte et Moha-ou-Ammou était réduit à chercher dans un coup de main désespéré le rétablissement de son autorité. Mais leurs tentatives décousues ne pouvaient plus aboutir qu'à des échecs sanglants. Le Zaïani, qui s'était risqué en personne dans une reconnaissance préparatoire à l'assaut de Zahiliga, dont il faisait annoncer partout l'imminence, devait s'enfuir en toute hâte devant une poignée de Sénégalais et de goumiers que le lieutenant d'artillerie, en tournée sur le plateau, lançait à ses trousses après avoir criblé sa nombreuse escorte d'obus bien ajustés. Le lendemain, les fidèles des Bou-Acheria secondés par un lot important de Zaïan essayaient de repousser les partisans qui pillaient leurs silos encore intacts sur le plateau Zaër. Ils tombaient sur les mitrailleuses et une compagnie de marsouins, et ils fuyaient dans une retraite précipitée, non sans avoir abandonné des fusils, des morts et des blessés aux partisans. Découragé par ces mésaventures, Moha-ou-Ammou comprit enfin qu'il ne pourrait jamais entamer le bloc Zaër, ni parader en assiégeant redouté devant un Zahiliga réduit à l'impuissance. Peu à peu ses contingents l'abandonnaient, lassés d'une attente sans gloire qui n'était pas exempte de dangers. Un orage subit qui transforma pour quelques heures le Grou en torrent impétueux lui fournit à propos un prétexte honorable de départ. Après une dernière querelle avec ses alliés, il leva furtivement son camp et disparut vers le Sud avec les restes de sa mehalla.

Imbert et Merton apprirent l'heureuse nouvelle tandis qu'ils méditaient une attaque décisive contre les ennemis désemparés. Accompagnés de Pointis, de quelques officiers et d'une petite escorte, ils coururent jusque sur les bords du Grou pour la vérifier. La vallée était bien déserte. Des vestiges de bivouacs attestaient l'importance de la coalition qui s'était dissoute sans avoir sérieusement combattu. Toute son ardeur s'était dissipée en menaces vaines.

« Ah ! si nous pouvions profiter de son désarroi,

dit Imbert. Peut-être les caïds et les notables zaïan n'attendent-ils que notre apparition en forces dans leur pays pour nous proposer, aux dépens de leur grand chef, une réconciliation générale, sans coup férir ! — Hé oui ! acquiesça Merton. Mais l'autorité supérieure n'aime guère les « cavalier seul ». Faisons comme tout le monde : attendons les événements. Ils aggraveront encore, peut-être, la déconfiture de Zaïani, et nous sommes bien placés pour en profiter ! »

Merton ne se croyait pas si bon prophète. Moins d'une semaine après, le poste frissonnait de la fièvre des grands jours. On y avait appris la défaite qui portait le coup de grâce à la puissance d'antan du Zaïani. Après son départ, il avait offert son aide à Moha-ou-Saïd, car les fantasias dans la vallée de l'Oued Zem lui paraissaient moins dangereuses que sur le plateau de Zahiliga. Mais la malchance le poursuivait. Le colonel Mangin dirigeait maintenant les opérations en pays tadla. Surpris un beau matin dans son camp par le terrible colonel, il perdait ses bagages, manquait d'être pris, et devait fuir jusqu'à Kenifra sa capitale, pour y conjurer la révolte qui grondait dans ses États.

Le moment semblait donc venu de prendre une vigoureuse offensive. Imbert était soudain autorisé à rejoindre le vainqueur avec toutes les forces disponibles de sa garnison, que venaient augmenter quelques détachements envoyés en toute hâte par les postes voisins. Avec enthousiasme, la petite colonne forte d'environ 700 combattants quittait Zahiliga qu'elle souhaitait ne plus revoir. Elle parcourait 40 kilomètres dans une journée, en bousculant quelques centaines de dissidens tadla qui voulaient lui barrer le passage d'une chaîne de collines qu'elle devait traverser. Le soir même, la jonction était faite, la haute vallée de l'Oued Grou vide d'ennemis. La route de Kenifra était ouverte par les connivences intéressées qui, depuis quelques jours, s'annonçaient nombreuses chez les Zaïan. Mais les ordres inattendus et temporisateurs de l'autorité suprême éloignaient vers une autre direction la petite armée du colonel Mangin. Le lendemain, déçu dans ses espérances, Imbert faisait reprendre à sa troupe le chemin de Zahiliga : « Après tout, disait philosophiquement Merton aux officiers qui maugréaient, ce n'est que partie remise, et nous avons dispersé les groupes ennemis qui occupaient le pays tadla au Sud de notre secteur. Ils auraient pu nous inquiéter à leur tour, et ce n'est pas payer trop cher par un tué et dix-huit blessés la paix définitive que nous garantissons ainsi à nos Zaër. »

Pointis avait pris part à cette randonnée, avec
l'espoir de nouvelles aventures. Elles lui paraissaient maintenant reléguées dans un problématique
avenir. Tandis qu'il cheminait au pas sous la chaleur lourde, la nostalgie l'envahit : « Ils sont bien
gentils, murmurait-il en songeant à ses amis ;
mais, vraiment, je n'ai plus de raison pour m'attarder à Zahiliga. Il est temps de tirer d'inquiétude ma famille qui ne comprend rien à mes
pérégrinations. » Et dès l'arrivée au poste, il parla
de son départ imminent.

« Attendez quelques jours encore, lui répondit
Imbert. Un souvenir manque à la collection que
vous emporterez du Maroc. — Lequel ? — Une
belle razzia. L'occasion se présentera bientôt, plus
favorable qu'à Sebba-Aouinet. Vous devez voir ça,
si vous voulez être un Africain complet. » Pointis, alléché, promit de se montrer patient. Grâce
à l'habileté de Merton, il n'eut pas à s'en repentir.

L'échec de la coalition n'avait pas abattu l'orgueil des Bou-Acheria. Ils savaient qu'ils devaient
renoncer à relever de ses ruines leur kasbah de
Merchouch ; leur influence ne s'exerçait plus que
sur une centaine de serviteurs et de parents, et
sur un lot de malfaiteurs qui s'attachaient à leur
fortune. Leur rôle politique était fini ; les anciens
chefs de l'insurrection zaër n'étaient plus redou-

tables, mais ils pouvaient rester gênants. Quelques captures de rôdeurs soudoyés par ces tenaces adversaires les montraient décidés à châtier par des attentats et des pillages la soumission des tribus. Aussi longtemps qu'ils seraient libres en pays zaïan, les petits douars isolés devraient se tenir sur le qui-vive et l'insécurité régnerait sur les chemins. Imbert s'était proposé de les enlever par surprise, mais Merton l'en avait dissuadé : il projetait de les contraindre à demander eux-mêmes l'aman.

D'adroites investigations lui faisaient comprendre que, par prudence, les Bou-Acheria n'avaient pas emmené dans leur exil les immenses troupeaux qui constituaient le plus clair de leurs richesses, afin de les soustraire aux convoitises des Zaïan. Ces troupeaux se trouvaient donc en pays zaër où les anciens seigneurs de Merchouch avaient encore des clients fidèles, sous la garantie morale de l'honneur des douars. A les découvrir, Merton avait longtemps usé en vain les ressources de son esprit subtil. La défaite du Zaïani déliait enfin la langue d'un délateur, qui avait sans doute quelque déception à venger. La joie de Merton fut grande. Il tenait le premier anneau de la chaîne et comptait bien aller jusqu'au bout. Frappés ainsi dans leurs biens, les Bou-Acheria seraient tôt ou tard obligés de capituler.

Il avait deviné juste ; presque chaque soir, il apprenait maintenant l'existence, dans quelque douar voisin du poste, d'un lot de bœufs, de chameaux, de chèvres ou de moutons, dont la capture s'effectuait selon un rite immuable. Au point du jour, un officier du goum cernait avec quelques cavaliers le douar signalé. Il convoquait le cheikh et les notables et, après un bref entretien, le gardien du troupeau, sûr de l'impunité, livrait de bonne grâce le dépôt qui lui était confié. D'accord avec Imbert, Merton en réservait une bonne part au délateur pour exciter la cupidité ambiante ; avec le reste, il dédommageait peu à peu tous ceux qui avaient droit à sa sollicitude : parents de goumiers tués, partisans blessés, victimes d'injustices anciennes, de razzias, d'attentats perpétrés en haine des Français dont ils avaient adopté le parti.

Cette tactique ne tarda pas à produire le résultat prévu. Un émissaire arriva au poste pour attester le prochain repentir des Bou-Acheria ; mais comme on chuchotait dans les douars que les trois frères sollicitaient aussi, pour se rendre inviolables, la qualité de protégés allemands, — qui d'ailleurs leur fut refusée, — la confiscation de leurs bestiaux continua, plus fructueuse que jamais. Un soir, la figure rayonnante, Merton aborda Imbert : « On me propose un joli coup de filet... mais c'est bien loin. » Et il raconta qu'un troupeau de plus de 400 têtes était en dépôt dans un douar éloigné de 26 kilomètres, sur les confins des Tadla révoltés ; par surprise, on pourrait les prendre sans coup férir. Imbert comprit que Merton en grillait d'envie, malgré les risques de l'aventure : « Bah ! conclut-il après une courte discussion, la chance nous a toujours souri ; cette fois encore vous réussirez. Le coup de main fera du bruit dans le Landerneau zaër. » Mais avec soin, il combina le plan de l'opération pour ne rien laisser au hasard.

Le succès dépassa toutes les espérances. Le lendemain, Pointis, qui avait accompagné Merton, ne tarissait pas d'éloges, malgré sa fatigue, sur l'entrain de la troupe et le brio de la razzia. Sans égards pour la modestie effarouchée de Merton, il en racontait avec complaisance tous les détails. La troupe, composée des trente meilleurs cavaliers du goum, de trois sections de marsouins, de goumiers et de Sénégalais, avait rivalisé d'endurance et de bonne humeur. On était arrivé après le lever du soleil sur une crête où l'infanterie prenait position à 500 mètres du douar. Puis Merton et ses cavaliers avaient cerné les tentes. Leur arrivée inopinée causait une panique bientôt changée en fureur belliqueuse. Les notables et les habitants parlaient de prendre les armes pour défendre leurs biens, mais leur arrogance cessa devant les accusations précises de l'indicateur, le calme de Merlon et le voisinage des fantassins aux fusils menaçants.

On avait fait sortir promptement le troupeau des Bou-Acheria qui était parqué avec tous les animaux du douar ; on s'était éloigné sans perdre de temps, car les hauteurs se couvraient de curieux qui semblaient se concerter. On avait pris à peine une demi-heure de repos et, toujours poussant le troupeau dans une marche rapide, on avait encore enlevé au passage un lot de 300 moutons qui appartenait à l'un des chefs des assiégeants de l'Oued Zem. On arrivait enfin au complet à Zahi-liga ; les fantassins avaient parcouru 52 kilomètres en quinze heures et ramenaient plus de 700 têtes de bétail. Les Sénégalais dansaient en entrant dans le poste et chantaient en chœur, dans leur français puéril : « Y a bon ! Ici, moyen faire la guerre ! Nous, jamais fout' le camp, toujours tuer beaucoup Marocains, toujours prendre beaucoup moutons ! »

« Hé ! ils ont raison ! remarqua un officier qui avait guerroyé au Soudan. En ces trois préceptes ils résument ainsi tout l'art militaire ! » Mais sa remarque se perdit dans le bruit des compliments sur l'adresse de Merton, et des railleries sur la déconvenue du guerrier de l'Oued Zem qui semblait plus réjouissante encore que celle des Bou-Acheria.

Cette capture audacieuse porta le coup de grâce à leur entêtement. Ils comprirent qu'ils devaient se soumettre sans délai pour éviter la ruine complète. Le caïd des Aït-Raho, qui flairait l'invasion prochaine du pays zaïan, leur servit d'intermédiaire afin de se ménager pour plus tard les bonnes grâces des Français. Imbert ne regrettait plus l'occasion manquée à Camp-Marchand; il accueillit avec une générosité courtoise les fameux Fokras qui n'avaient pu échapper à leur destin. L'événement, inattendu à Rabat, y causait une surprise joyeuse, car il consacrait la soumission des Zaër. Afin de donner plus de solennité à la capitulation de leurs anciens chefs de guerre, le commandant du Cercle vint signifier lui-même aux Bou-Acheria les dures conditions de l'aman que le Résident général leur accordait.

Pendant une semaine, Zahiliga fut animé par le va-et-vient des curieux, des clients, des amis fidèles dans le malheur, qui voulaient voir, saluer ou complimenter les trois frères vaincus. De leur légendaire opulence les anciens seigneurs de Merchouch ne conservaient plus guère que leurs femmes, leurs 80 serviteurs, des chevaux et des bêtes de charge en nombre respectable qui leur formaient encore un cortège imposant, mais qui semblait bien misérable à tous ceux qui avaient connu à l'époque de leur puissance ces chefs si redoutés. Telle était leur lassitude qu'ils acceptèrent sans se plaindre leur relégation aux environs d'Azemmour. Ils n'avaient donc fait que changer d'exil. Sous l'escorte de goumiers déférents, que commandait un officier, ils partirent enfin par petites étapes, heureux peut-être de s'éloigner du pays dont leurs efforts opiniâtres n'avaient pu chasser les Français.

Désormais, rien ne retenait plus Pointis à Sidi-Kaddour. Le secteur reprenait promptement son aspect d'avant l'alerte. Imbert avait tenu ses promesses. En quelques mois il avait fait défiler sous les yeux de son ami les spectacles les plus variés de la pacification marocaine. Riche d'informations, de documents et de souvenirs, Pointis pouvait quitter ce poste où il avait vécu d'inoubliables moments. Il savait maintenant que dans les profondeurs du bled siba, comme sur les théâtres diplomatiques les plus vastes, la « politique active et fière » préconisée jadis en Extrême-Orient par le gouverneur-général Doumer est bien celle qui convient au tempérament de notre race et qui donne les résultats les plus féconds. On s'en rendait compte à Zahiliga. C'en était fini des marches pénibles, des embuscades lointaines, des départs en pleine nuit ! On pouvait souffler, dans l'attente des récompenses que les ambitieux escomptaient : « Pas un coup de fusil sur le poste, pas un seul convoi inquiété, pas un seul douar pillé, pas une défection dans nos tribus ! Voilà un résultat que ne prévoyaient guère le Zaïani, les Bou-Achéria et leurs 2 000 guerriers ! » énuméraient avec complaisance les tenants de l'offensive quand les admirateurs obstinés des méthodes prudentes évoquaient les risques auxquels une fausse manœuvre, toujours possible, aurait pu les exposer.

En échange d'un caporal, d'un soldat et de trois partisans tués, d'une trentaine de marsouins, artilleurs, Sénégalais et goumiers blessés dans les diverses rencontres, l'influence française sortait affermie de la tourmente qui devait tout anéantir. Maintenant, les ennemis étaient divisés contre eux-mêmes ; le lien qui les avait unis était rompu sans doute à jamais par les rancunes et les désillusions. Et sur les plateaux du pays zaïan, d'où avait soufflé l'orage, les symboliques lauriers poussaient, qui attendaient les conquérants.

FIN

ANNEXES

ANNEXES

I

RÉALITÉS MILITAIRES AU MAROC[1]

« Il faudra 100 000 hommes et trente années pour conquérir le Maroc », répétaient, dès 1908, les spécialistes de la guerre en pays musulman. Et, pour justifier leur opinion, ils citaient volontiers un dicton connu : « Le Tunisien est une femme, l'Algérien est un homme, le Marocain est un guerrier. » Le bon public n'avait pas oublié la facilité relative de l'expédition de Tunisie. Avec logique, il songeait à l'énorme corps d'armée dont la présence est encore jugée nécessaire en Algérie, aux 12 ou 16 millions d'habitants que les géographes attribuaient à l'empire chérifien, et il était prêt à tous les sacrifices pour agrandir jusqu'à l'Atlantique nos domaines de l'Afrique du Nord. Sans doute il ne prévoyait pas, dans la première mise de jeu, la cession d'une partie du Congo à l'Allemagne, ni le partage avec l'Espagne du pays convoité ; mais les journaux ayant transformé avec ensemble ces « arrangements » en triomphes diplomatiques il admira sans réserves et ne s'étonna plus de rien.

1. J'aurais pu illustrer par des exemples toutes les affirmations et toutes les théories énoncées dans cet article. Mais ils n'auraient rien appris de nouveau aux lecteurs qu'intéressent les péripéties de l'affaire marocaine. Et, après réflexion, j'ai préféré ne désobliger personne.

En cinq ans, de quelques milliers d'hommes qui occupaient Casablanca et sa banlieue, les effectifs se sont élevés à 74 000 dans le Maroc occidental et la vallée de la Moulouya[1]. Ils augmenteront encore, jusqu'au chiffre fatidique prédit par les amateurs de pronostics. Cependant on peut se demander si les difficultés de la conquête et de la pacification rendent indispensable un appareil de forces aussi imposant.

A mesure que s'enflent les corps d'opérations, le nombre de leurs adversaires diminue. Les mirages qui montraient des foules grouillantes dans les régions de Fez et de Marrakech, dans les massifs de l'Atlas et les plaines de la Chaouïa, s'évanouissent devant la précision relative des recensements que facilite désormais une connaissance moins sommaire du pays. Les évaluations les plus récentes du Bulletin officiel (27 juin 1913) atteignent à peine 2 400 000 habitants dans la partie du Maroc occupée par nos troupes, et les suppositions les plus généreuses n'estiment pas à plus de 800 000 le nombre des indigènes encore indépendants. Mais ils seront, dit-on, très difficiles à réduire et les derniers combats livrés par le colonel Mangin paraissent donner de la vraisemblance à cette pessimiste affirmation. Cependant l'expérience qui résulte de six années de guerre marocaine autorise plus de confiance, et permet de croire que la limite raisonnable de notre effort est depuis longtemps dépassée.

On ne sait pas assez, en effet, que l'empire du Maroc est une expression géographique. Le sultan n'a eu d'autre autorité que celle que la diplomatie lui supposait. Abd-ul-Aziz, Moulay-Hafid, Moulay-Youssef ne sont guère que de pauvres Hugues Capet, moins l'énergie. Ils étaient ou sont « sultans du Maroc » comme Ranavalo était « reine de

---

1. Au 1er mai 1913 : 31 000 Français, 3 500 légionnaires, 15 000 Algériens, 4 500 Tunisiens, 8 000 Sénégalais, 12 000 Marocains.

Madagascar ». Leur pouvoir ne dépassait pas les limites d'action de leurs méhallas qui opéraient dans l'étendue du « bled makhzen », et ces limites étaient restreintes. Moulay-Hafid, puis Moulay-Youssef ont pu accepter le protectorat sans trop se compromettre et sans diminuer beaucoup les difficultés de notre établissement. Leur prestige était trop illusoire ou trop précaire pour entraîner à leur suite un grand nombre de leurs sujets, comme en Tunisie, au Cambodge ou en Annam où les souverains exerçaient une autorité incontestée. Donc, au point de vue politique et militaire, les résultats d'une collaboration étroite avec le sultan étaient et restent encore aléatoires.

Mais, dira-t-on, si l'aide matérielle que nous donnera le souverain local est restreinte, du moins n'utilisera-t-il pas contre nous son influence religieuse qui doit être immense. Descendant direct du Prophète, ses conseils propagés par une foule de marabouts vénérés, par les écoles prospères de Fez et de Marrakech, peuvent déchaîner ou faire avorter une guerre sainte qui lancerait toutes les forces de l'Islam contre les envahisseurs « nasranis ». C'est donc agir avec adresse que de lier partie avec le détenteur d'un tel pouvoir moral.

Pour apprécier la valeur de cet argument, il convient de ne pas se payer de mots, et d'examiner la situation sans lorgnette. — le petit et le gros bout étant également trompeurs —. Or, la caractéristique indéniable du Marocain est, aujourd'hui, l'indifférence. Sauf quelques marabouts et quelques ambitieux, bourgeois ou populace des villes, nomades ou cultivateurs de la campagne se soucient aussi peu de Mahomet que du sultan. L'indifférence politique et religieuse, qui paraît être chez nous à de nombreux auteurs le dernier mot de la civilisation, n'est nulle part ailleurs qu'en Chine aussi complète qu'au Maroc. J'y ai rarement vu accomplir à l'heure de la prière les prosternations rituelles ; la sanctification du vendredi n'est guère apparente qu'à Fez ; les roguis, qui ont voulu galvaniser les foules pour conquérir le pouvoir au nom d'un patriotisme intransigeant, ont rassemblé des partisans grâce à des pitreries de jongleurs, plutôt qu'à la foi agissante ou à la haine de l'étranger. En dehors des grandes villes fréquentées par les touristes, on ne trouve pas de collèges ni de mosquées sur les plaines immenses et les plateaux rocailleux. A peine quelques tombeaux, mal entretenus, de saints personnages témoignent-ils par leurs ex-voto de sentiments superstitieux vivaces, mais que les fanatiques chercheraient vainement à exploiter.

L'influence du sultan, chef politique et religieux, faible dans le « bled makhzen », était nulle dans le « bled siba » qui s'étendait sur les trois quarts de la superficie du Maroc. Malgré les efforts du résident général, toutes les tentatives ayant pour but la restauration d'une autorité illusoire, dans la forme conventionnelle du protectorat, y sont vouées à l'insuccès. Commandants de colonnes et chefs de postes usent sans profit leur éloquence ou leur finesse quand ils affirment aux notables et caïds que les Français veulent rassembler sous la houlette paternelle du sultan le troupeau éparpillé des tribus. Cette fiction de l'unité marocaine dont nous serions les protecteurs vigilants et désintéressés ne les trompe pas. Ils écoutent avec respect, hochent la tête et persistent à croire que, pas plus qu'eux-mêmes, nous ne prenons le sultan au sérieux.

Toutes les occasions leur sont bonnes pour manifester sans ambages leurs sentiments. Les exemples ne manquent pas de cette mentalité qui résulte d'une conception particulière de la force et de ses droits. J'en citerai un pris au hasard dans mes souvenirs.

Le caïd d'une tribu récemment soumise avait été blessé en combattant avec nos troupes contre des voisins turbulents. Le soir, pour le réconforter, je lui promis que je lui ferais accorder par l'autorité supérieure, en récompense de sa belle conduite, la rosette d'officier du Nicham-Alaouite : « Qu'est cela ? demanda-t-il étonné. — Mais, tu le sais bien, c'est la décoration du sultan. » Une lueur ironique brilla dans ses yeux : « Le sultan ? je ne le connais pas. Nous ne lui avons jamais obéi. Sultan ? *Kifkif oualou*[1] ! » Et il souffla sur sa main, pour confirmer son opinion par le geste, avec un indicible mépris. Comme il était en état de m'écouter avec quelque attention, le moment me parut favorable pour lui commenter les circulaires résidentielles et vanter les principes du protectorat. Mais, dès les premiers mots, il m'interrompit : « Je me moque du sultan et de sa décoration. Je voudrais la médaille militaire des roumis, ou la médaille qu'on distribue aux goumiers[2]. »

Ainsi, en réalité, aucun lien politique ou religieux ne réunit les tribus du « bled siba ». Groupées en confédérations sur les districts délimités par des caractères géographiques, elles ne se connaissent guère que pour se combattre. Parfois, une famille puissante par sa richesse peut établir sur la confédération une autorité, d'ailleurs discutée, que le danger commun consolide pour un temps. Elle organise ainsi un petit État, nomme des caïds, perçoit de vagues impôts, et se maintient tant qu'une famille rivale ne parvient pas à la déposséder. Tels étaient les Bou-Acheria chez les Zaër, Moha-ou-Ammou chez les Zaïan, Moha-ou-Saïd chez les Tadla, Bou-Dmani chez les Beni-Mtir, etc... L'indépendance de ces familles, l'anarchie qui en résulte font songer à la France des premiers Capétiens.

L'histoire, on le sait, est un perpétuel recommencement. Il nous appartient donc d'imiter au Maroc notre ancienne

1. En langage mathématique : sultan = o.
2. La médaille commémorative du Maroc, ou la médaille coloniale.

monarchie, et de réduire les uns après les autres des adversaires qui ne sont jamais prêts à une entrée en campagne simultanée. Des plaines maritimes aux terrasses de l'Atlas, les conditions climatériques sont assez variables pour répartir sur plusieurs mois les travaux des semailles ou des moissons, les migrations obligatoires des troupeaux. A ces causes économiques si l'on ajoute les jalousies ou les défiances des grands chefs locaux, la difficulté d'une entente ferme dans la même confédération, le sentiment égoïste d'une invulnérabilité causée par les distances ou le nombre des combattants, on comprendra que nos adversaires pratiquent volontiers la théorie du chacun pour soi. Le Maroc peut donc être comparé à quelque vaste immeuble de rapport peuplé de ménages qui n'ont entre eux que des relations d'indifférence ou d'hostilité. Les malheurs qui s'abattent sur certains locataires ne troublent guère le quant à soi hautain de leurs voisins de palier.

Cette mentalité rend explicable l'attitude des tribus pendant les étapes de la conquête française. Après l'occupation de Casablanca, les Chaouïa s'opposèrent seuls à notre expansion ; leurs voisins ne vinrent à leur aide que pour les piller. Pendant la marche sur Fez et la lutte contre Moulay-Zin, les tribus des territoires traversés par nos colonnes résistèrent honorablement au général Moinier, mais la Chaouïa, déjà matée par les généraux Drude et d'Amade, ne bougea pas. Les massacres de Fez, la révolte du Rogui, l'insurrection des Beni-Mtir furent ensuite des tentatives isolées qui n'ont pu faire sortir les Beni-Hassen, les Zemmour de leur passivité. Quand le colonel Branlières, le général Moinier sillonnèrent pour la première fois le pays zaër, Zaïan et Tadla limitrophes restèrent tranquilles. Le colonel Mangin put refouler au delà de Marrakech les bandes d'El-Hiba sans que la tranquillité entre Fez et la mer fût troublée. **Le colonel Blondlat termina la pacification des Zaër sans** avoir à se préoccuper de l'attitude des Beraber voisins. L'essai de coalition qui devait lancer Zaïan et Tadla dans un effort commun contre les postes de l'Oued-Zem et de Christian ne put résister à quelques revers. On pourrait à volonté multiplier ces exemples.

Ainsi l'expérience prouve que les tribus sont incapables d'une action combinée. Chacune d'elles se préoccupe seulement du danger qui la menace; elle y fait face de son mieux. D'ailleurs, par amour-propre, ses chefs veulent se montrer plus habiles et plus braves que les guerriers déjà vaincus, et triompher seuls dans une lutte où leurs voisins ont succombé.

Un programme de pacification prudemment conçu et surtout fidèlement exécuté doit donc nous permettre de n'avoir comme adversaires que chacune des tribus ou confédérations de tribus dont nous voudrons occuper successivement les territoires. En se maintenant partout ailleurs avec adresse et fermeté sur les positions conquises, dans la poussée en avant la formule de la « tache d'huile » si familière aux coloniaux sera au Maroc d'une application facile et donnera de féconds résultats.

*
* *

Ce que nous savons déjà du chiffre de la population et de la tactique particulière aux guerriers marocains facilite l'évaluation de l'effort en fonction de l'objectif. Les appréciations les plus généreuses n'ont jamais attribué plus de 4 000 *combattants*[1] aux troupes que les chefs les plus puissants réussirent à mobiliser contre nous. Et le rassemblement des

---

1. Par « combattants » il faut entendre les hommes armés de fusils. Avec leurs serviteurs, leurs esclaves, les badauds prêts à profiter de la victoire, la cohue peut atteindre 10 000 personnes comme à Sidi-bou-Othman.

forces d'une tribu ou d'une confédération est toujours précédé d'une foule de péripéties qu'il importe de connaître pour en tirer parti.

Un beau jour, sur les confins d'une région déjà pacifiée, l'occasion a paru propice à quelque chef encore indépendant de lancer un appel aux armes pour courir sus à l'étranger. Les causes de cette ardeur combative sont nombreuses, futiles et variées. Un prétendant, à l'autre extrémité du Maroc, sollicite une diversion ; l'inertie d'une garnison fait espérer de glorieuses fantasias autour d'un poste ; les tribus qui ont obtenu l'aman peuvent être de nouveau poussées à la révolte ; si elles restent fidèles, le pillage de leurs récoltes ou de leurs troupeaux châtiera leur soumission. Souvent, ces prétextes patriotiques déguisent une secrète blessure d'amour-propre, faite par le refus d'une subvention ou d'une dignité sollicitées adroitement ; souvent aussi on veut se battre contre les Français par vanité, pour préparer un fructueux traité de paix. Quel que soit le motif, des émissaires visitent alors les chefs des fractions, les guerriers les plus célèbres, les marchés les plus fréquentés. D'interminables allées et venues, de nombreuses conférences sont nécessaires pour prendre date, fixer les rendez-vous, déterminer l'importance des contingents. Tandis que les notables font ripaille, palabrent et se querellent, une fièvre belliqueuse secoue les douars. On vend des bœufs et des moutons pour acheter cartouches et fusils. La période des préparatifs est d'ailleurs pour beaucoup la plus agréable : les richards chez lesquels on se réunit tour à tour afin de discuter le plan de campagne pratiquent généreusement l'hospitalité, car ils comptent sur les profits matériels des exploits prochains. Parfois, après de longs pourparlers, l'entente est impossible ; les rumeurs de coalition se dissipent ; la fougue combative s'est évanouie en discours et **tout est à recommencer. Parfois aussi les chefs de clan par-**

viennent à se mettre d'accord. La méhalla va se rassembler.

Aussitôt, la population évacue la zone limitrophe des régions soumises. Les douars décampent pour s'installer dans les districts à l'abri des incursions probables de l'adversaire : chaos de rochers, labyrinthes de vallons où tentes familles et troupeaux seront en sécurité. Un désert de 20 ou 30 kilomètres protégera ainsi contre l'invasion le territoire des tribus coalisées. On supprime avec soin les repères des « mers » où dorment les provisions de grains dans les mystérieuses cachettes des silos ; on incendie les meules de paille pour qu'elles ne soient pas utilisées par la cavalerie de l'ennemi. Désormais les marchands, les voyageurs pacifiques éviteront de traverser « le pays de la poudre et de la peur ».

Tant que les voisins n'ont pas fait ce vide précurseur des hostilités, les chefs de postes, les commandants de cercles ou de régions peuvent accueillir avec calme les informations sensationnelles que des émissaires intéressés ne manquent jamais d'apporter dans les bureaux de renseignements. Mais dès que l'exode des douars est signalé, il convient de se mettre en garde, car les pronostics vont devenir sérieux. Toutefois, bien des jours, des semaines même, passeront avant que la méhalla soit en état de s'ébranler.

Elle se concentre péniblement dans un site connu de tous, où aboutissent de nombreux sentiers, où l'eau est abondante. La distance, les difficultés du terrain la garantissent contre une surprise. Comme le temps est sans valeur, les contingents se présentent quand ils veulent, et les prétextes les plus futiles justifient au dernier moment quelques défections. Pour tromper les ennuis de l'attente, les premiers arrivés au rendez-vous se font la main autour des postes et sur les pistes du pays soumis. Ils tentent d'enlever des troupeaux mal gardés, ils dévalisent quelques petites caravanes de mercantis, ils tiraillent pendant la nuit sur les sentinelles, tendent des embuscades aux détachements sans méfiance. Si les garnisons ne manifestent pas une intense activité, si les groupes de rôdeurs peuvent circuler sans crainte, leurs succès, promptement exagérés par la vantardise indigène, excitent dans le pays en effervescence un enthousiasme général. Des racoleurs éloquents pérorent sur les marchés, entraînent les derniers hésitants qui deviennent les plus résolus. Les retardataires se hâtent vers le rendez-vous, où campent enfin sous les tentes de guerre, sinon en plein air, tous les guerriers de la confédération. Le chef suprême est débordé par ses lieutenants, qui sont eux-mêmes harcelés par leurs contingents pressés de se battre et de piller. Tout délai temporisateur paraît maintenant une trahison aux plus exaltés. Ils menacent de se disperser et de rentrer dans leurs douars. L'instigateur de la prise d'armes cède alors, souvent malgré lui, et la méhalla va se mesurer contre ses ennemis.

La cohue s'augmente alors d'une foule de pauvres diables armés de bâtons ou de couteaux, qu'attire l'espoir du pillage; mais, en général, le chiffre maximum des forces qui s'opposent à l'une quelconque de nos colonnes de pacification ne dépasse pas deux mille fusils. C'est d'ailleurs énorme si l'on songe aux difficultés de ravitaillement et de bivouac dont les nomades eux-mêmes doivent tenir compte. Elles sont assez grandes pour obliger les contingents des tribus confédérées à se remplacer réciproquement après quelques jours ou quelques semaines de campagne. Quand les chevaux sont fatigués, quand les provisions d'orge ou de vivres sont épuisées, des troupes fraîches viennent rallier la méhalla, d'après un « tour de service » bien réglé pour y faire la relève partielle de groupes qui vont se reposer pour un temps dans leurs douars. Ainsi l'on peut soupçonner d'exagérations presque **tous les comptes rendus** qui signalent beaucoup plus de deux mille ennemis dans les batailles qu'une colonne doit livrer pour accomplir sa mission.

Cette exagération, fréquente au Maroc, est cependant presque toujours involontaire. Nos chefs n'ont pas besoin d'y recourir pour augmenter leurs mérites de vainqueurs, car les procédés tactiques de leurs adversaires peuvent faire illusion même aux plus expérimentés. En France, toute critique sur les manœuvres et les pertes au Maroc est le plus souvent injuste ou oiseuse, puisque, dans ce pays à peine connu, le type réel d'un combat diffère autant des exemples coloniaux que des schémas européens.

Une méhalla marocaine est, en effet, exclusivement composée de cavalerie. Parfois elle comprend des gens à pied, trop pauvres pour posséder un cheval ou démontés par accident ; mais ces fantassins sont admirablement entraînés à la marche et ne gênent pas les cavaliers. Quand un déplacement à toute allure est nécessaire, ils montent en croupe et sont transportés sur les points qu'ils doivent occuper. Les chevaux sont agiles et rustiques ; leur harnachement est bien plus léger que celui des montures de nos chasseurs d'Afrique ou spahis ; leur dressage en vue de la guerre est parfait. Lorsque le cavalier juge opportun de faire le combat à pied, il descend, laisse son cheval à l'abri d'un rocher ou d'un repli du sol, sans l'attacher ou l'entraver. La bête reste immobile, tandis que son maître tire près d'elle des coups de fusil. Quand la position devient dangereuse, le cavalier se retire, remonte à cheval, prend son voisin en croupe, s'il y a lieu, et va plus loin recommencer son manège. Tandis que chez nous un escadron, par exemple, doit employer pour combattre à pied un tiers de son effectif environ à la garde des animaux, les Marocains ont tout leur monde disponible pour le tir.

Éprouvent-ils des pertes ? Elles ne retardent pas leurs mouvements. Ils n'ont pas d'infirmiers, de brancardiers, de postes de secours et de médecins. Morts et blessés sont prestement chargés sur les chevaux les plus proches et transportés au galop loin du terrain de combat. L'initiative la plus diligente préside à ces évacuations, car les mœurs locales interdisent de laisser aux adversaires la preuve de l'efficacité de leur tir. Non pas, comme on pourrait le croire, pour éviter massacre ou mutilations, mais par gloriole, par sentiment de camaraderie, et pour épargner des sacrifices onéreux aux familles qui paieraient de fortes rançons pour racheter leurs morts.

Ces explications préliminaires rendent compréhensible le scénario des tragi-comédies que les tribus rebelles jouent périodiquement autour de certains postes et qui déclanchent tôt ou tard les « colonnes de pacification ».

Si la méhalla projette d'ouvrir les hostilités, il est très rare qu'elle se fixe tout entière aux abords du poste ou du camp qu'elle veut attaquer. Une partie de son effectif, la moins nombreuse, amuse l'adversaire par des fantasias impressionnantes, mais lointaines. Ce sont le plus souvent les cavaliers les moins bien montés, les fantassins, qui tendent le rideau trompeur, tandis que le reste de la méhalla bat l'estrade, inquiète les douars ou les convois, razzie les troupeaux, oblige, par la crainte d'une ruine complète ou d'un massacre sans merci, les tribus soumises à se déclarer de nouveau « en siba ». Tant qu'une colonne de secours ou de police ne vient pas troubler ces réjouissances, les coups de main les plus audacieux en apparence sont tentés contre nos ralliés, jusque sous les vues des postes qui devraient les protéger. Ils sont, en général, facilités par la timidité des premiers qui ne peuvent compter sur une protection efficace, et par l'inertie de garnisons trop habituées à chercher derrière leurs murailles un asile contre la « casse » qu'on ne manquerait pas de leur imputer à preuve de **maladresse ou de témérité.**

Quand des forces imposantes sont mises en mouvement pour rétablir l'ordre dans le district, la méhalla tout entière s'évanouit pour se préparer en paix à la lutte, combiner les manœuvres, rassembler tous ses moyens d'action. Mais des vedettes guettent les mouvements de la colonne qui sont signalés par des feux visibles de loin. Lorsque tous les chefs sont d'accord et les rôles distribués, la méhalla reparaît pour offrir le combat. Si la colonne a quelque cavalerie audacieuse, on cherche à l'attirer par une retraite simulée, pour la séparer de l'infanterie et de l'artillerie, et pour l'écraser par un brusque retour inoffensif qui la cerne au fond d'un vallon. Si la tentative échoue, la méhalla livre bataille d'après des principes qui ne varient jamais. Elle tâche de fixer l'adversaire sur le front, et de prononcer sur les deux ailes un double mouvement enveloppant qui la porte sur la ligne de retraite. Il est très rare, en effet, que le rayon d'action de nos colonnes, sévèrement limité, ne les oblige pas à revenir le soir même ou le lendemain à leur point de départ. Les Marocains ne l'ignorent pas. Ils ulitisent avec adresse leur extraordinaire mobilité qui leur permet de se déplacer rapidement, d'arriver à temps sur les points dominants, et de dessiner sans danger un cercle de tireurs autour de la colonne tout entière. Ils concentrent leur feu sur les groupes de brancardiers qui transportent morts et blessés à l'ambulance et qui sont visibles de loin sur le terrain découvert. Ils évitent avec soin de former des groupes compacts, se montrent, disparaissent, et leurs lignes minces de combattants isolés n'offrent pas d'objectifs au tir de nos fusils et de nos canons.

Dès la prise de contact, le grand chef de la méhalla laisse agir à leur guise ses troupes et ses lieutenants. Il ne serait pas obéi s'il voulait les contraindre à des manœuvres différentes du type connu de tous. D'ailleurs, ses cavaliers ne **tardent pas à s'espacer sur plusieurs kilomètres, et se** préoccupent surtout de harceler l'adversaire en avant, en arrière et sur les flancs, pour lui tuer le plus de monde possible sans trop s'exposer. Quand le moment est venu de rompre le combat, un fanion agité donne parfois aux guerriers le signal de la retraite. Ils s'échappent alors isolément dans toutes les directions, et la rapidité de leur fuite, leur dispersion, la crainte d'un piège rendent illusoires les résultats d'une poursuite que notre cavalerie est rarement autorisée à tenter. Si, au contraire, c'est la colonne qui doit faire demi-tour, la méhalla concentre ses efforts sur l'arrière-garde pour « l'accrocher », selon l'expression consacrée. Elle espère la séparer du gros de la troupe en retardant sa marche par la tentation du combat offert et par les pertes qu'elle lui fait plus ou moins subir. Mais les avantages de cette tactique adroite sont généralement annihilés par le défaut de cohésion et l'absence d'esprit de sacrifice qui caractérisent nos ennemis.

Parfois, au cours de la bataille, des guerriers réputés se lancent des défis de bravoure. On voit alors se détacher deux ou trois cavaliers qui foncent dans un galop effréné jusqu'à 3 ou 400 mètres des unités engagées, font volter leurs chevaux, tirent des coups de fusil et disparaissent ventre à terre dans un repli du sol ou derrière un rocher. Sur ces cavaliers seuls se concentrent les feux ; mais, comme d'usage, la précipitation et la nervosité des tireurs, la mobilité du but assurent presque toujours l'invulnérabilité aux auteurs de ces impressionnantes prouesses. Impressionnantes, sans doute, sur le moral des nouveaux débarqués, mais sans danger. Cependant elles suffisent souvent à paralyser notre offensive et sont une excuse commode aux hésitations de chefs prudents. En réalité, cette bravoure quoique réelle va très rarement jusqu'à la témérité. On n'a jamais vu, au Maroc, comme en Mauritanie, au Soudan, au Ouadaï, **quelques centaines de cavaliers se masser à l'abri et charger à** fond pour bousculer nos lignes de tirailleurs et détruire les convois. Les occasions n'ont pas manqué de ces succès faciles ; mais, pendant leurs fantasias les plus folles, les Marocains les plus fougueux « n'oublient jamais qu'ils sont pères de famille et que leurs chevaux leur appartiennent ».

Nos adversaires peuvent-ils du moins nous faire éprouver à distance les pertes qu'ils n'osent pas nous infliger par le corps à corps ? D'après l'opinion générale, ils seraient fort bien armés et leur tir serait remarquablement précis. Il ne faut rien exagérer. Les Marocains n'ont ni artillerie ni mitrailleuses. On trouve dans les tribus toutes les variétés imaginables de fusils, depuis l'antique moukhala jusqu'au Mannlicher et au Lee-Metford. Mais un tiers à peine des combattants possède des armes à tir rapide. Le plus grand nombre est armé de fusils Gras dont le prix est relativement modeste (80 ou 100 francs) si on le compare à celui des types perfectionnés qui atteignent 400 francs sur les marchés de l'intérieur. Ces armes sont de provenances diverses : contrebande, vols ou désertions. Cependant, quoique le Marocain soit aussi fier de son fusil que de son cheval, elles sont mal entretenues et surtout mal réparées, car nul armurier indigène n'est capable de remédier aux dégâts causés par l'usage et le temps.

Aux petites et aux moyennes distances, leur feu est souvent bien ajusté ; mais, dirigé sur des objectifs peu vulnérables, il est peu dangereux. D'ailleurs, une économie obligatoire de munitions en diminue l'efficacité. Les cartouches sont chères : en bien des régions elles valent de 0,75 à 1 franc pièce. Un indigène est réputé bien approvisionné s'il en porte une trentaine dans son sac. La contrebande ne parvient pas à subvenir aux besoins des tribus ; la capture d'un convoi est une rare aubaine. Si les hostilités sont un peu longues, il faut pousser à la perfection l'art d'utiliser les restes : on a parfois extrait, dans nos ambulances, des balles dont la double rayure prouvait qu'elles avaient déjà servi.

Souvent ce sont les troupes d'une colonne qui deviennent les fournisseurs involontaires de l'ennemi. Nos soldats, qu'ils soient Français, Algériens, indigènes ou Sénégalais, tirent en général couchés. Pendant le combat, si la surveillance des serre-files se relâche, ils remédient à l'imperfection de leur équipement en posant près d'eux sur le sol une provision de cartouches qu'ils oublient de remettre dans leurs cartouchières quand ils exécutent un nouveau bond. Après la bataille, les Marocains reviennent sur le terrain pour y chercher les étuis et les cartouches oubliés. On peut évaluer à plusieurs centaines celles qu'ils se procurent ainsi après chaque engagement. Ils les utiliseront sans souci du calibre de leurs armes dont la précision les intéresse moins que le bruit. Cette manne particulière explique d'ailleurs la vogue dont bénéficient les fusils 86 et les carabines 92 sur les marchés des dissidents. Leur valeur atteint et dépasse celle des modèles les plus nouveaux et les plus perfectionnés. Aussi la désertion avec vol d'armes est-elle une tentation puissante dont il faudra longtemps préserver le loyalisme récent des « chérifiens » et des goumiers.

En résumé, à nos troupes fortement outillées les champions de l'indépendance ne peuvent opposer que des cavaliers, braves sans doute, mais dont la bravoure ne va pas jusqu'au sacrifice, relativement peu nombreux, mal armés, sans discipline et sans cohésion. Ils peuvent être gênants comme un essaim de moustiques, mais ils n'empêcheront jamais d'arriver au but, sans trop de peine, tout chef qui saura ce qu'il fait et ce qu'il veut.

*
* *

En bordure des tribus insoumises dont nous connaissons maintenant la tactique et les moyens d'action, nos postes protègent les régions pacifiées. Toute colonne qui a contraint des rebelles à la soumission, qui a étendu ainsi la superficie des territoires « makhzen », fonde en effet avant de se disloquer quelques postes, qui doivent terminer son œuvre.

En principe, le chef d'un poste a pour mission d'établir une administration régulière dans le secteur qui lui est confié, de contenir les populations encore frémissantes et de les défendre contre leurs turbulents voisins. S'il est habile, l'autorité supérieure n'a plus désormais à s'occuper de la récente conquête et peut se consacrer à préparer dans une autre direction, selon les circonstances, l'extension du protectorat. Si, pour diverses raisons, il est inférieur à sa tâche, les irréductibles qui n'ont pas voulu adhérer aux conditions de l'aman troublent le pays par leurs intrigues ; des douars partent de nouveau « en dissidence » ; des pillards sillonnent le secteur, terrorisent les pacifiques, menacent les convois, attaquent les sentinelles. Le malaise s'étend ; les chefs de la dissidence appellent à la rescousse les tribus qui leur donnent asile ; la situation s'aggrave ; des groupes ennemis pillent et massacrent les ralliés. Enhardis par ces succès, les voisins organisent une méhalla qui vient assiéger le poste. Les indigènes restés fidèles adoptent par terreur le parti de la « siba ». L'intervention d'une colonne de ronde ou de pacification est de nouveau nécessaire ; on y convie des troupes rassemblées en toute hâte, que l'on espérait employer ailleurs pour obtenir un résultat plus avantageux.

Des chefs de postes dépend donc le développement régulier du programme de pacification. Le « service de sûreté », que les garnisons étendent sur les confins des tribus soumises, doit former une barrière inviolable, à l'abri de laquelle le résident général restera le maître des événements. Or, les nouvelles du Maroc annoncent sans cesse des attaques de postes, des trahisons ou des défaillances, des progrès de révoltés. Des milliers d'hommes gardent les lignes d'étapes, et des escortes nombreuses accompagnent les convois. L'expansion est arrêtée, moins par la rigueur de la saison que par la pénurie des effectifs disponibles et, malgré des « succès retentissants », la situation générale de l'Europe, seule, épargne à la France une aggravation des sacrifices militaires qu'elle fait depuis deux ans.

Les chefs des postes frontières ne savent-ils donc pas jouer leur rôle, ou n'ont-ils pas les moyens d'accomplir leur mission ? *A priori* une réponse affirmative serait désobligeante pour des officiers que des qualités solides ont souvent désignés au choix de leurs chefs, et pour l'autorité supérieure qui leur donne avec largesse troupes et matériel. Cependant il faut bien reconnaître que, par comparaison avec les résultats obtenus dans les colonies éloignées de la métropole, l'influence pacificatrice des postes au Maroc n'est pas aussi grande qu'on le pourrait souhaiter. J'en ai visité un grand nombre et j'ai rarement éprouvé, même dans leurs environs immédiats, cette impression de sécurité absolue que devraient procurer leurs copieuses garnisons.

Un poste compte, en effet, trois ou quatre compagnies d'infanterie avec parfois une section de mitrailleuses, un goum mixte ou un détachement de *troupes auxiliaires*, souvent un peloton ou un demi-escadron de cavalerie, une section ou une batterie d'artillerie, une infirmerie-ambulance, des télégraphistes, un détachement du train, un bureau de renseignements ; soit de 800 à 1 000 fusils, une quarantaine de cavaliers, et deux ou quatre canons, — autant de monde qu'en a eu Largeau pour pacifier le Ouadaï et enlever Aïn-Galaka. — La réserve de munitions s'élève à 200 000 ou 300 000 cartouches, à plusieurs centaines d'obus ; deux ou trois mois de vivres sont entassés dans les tentes qui servent de magasin. Les officiers ont les aptitudes les plus diverses ; les gradés ont l'expérience et l'entrain ; tous les corps de métiers sont représentés chez les soldats qui possèdent en outre l'endurance et le sang-froid de troupiers aguerris. Mais toutes ces qualités précieuses semblent condamnées à la stérilité. Après plusieurs mois, les communications entre les postes voisins sont encore incertaines et dangereuses ; la carte des environs est à peine esquissée ; les douars amis restent sur le qui-vive. Toute l'ardeur des troupes se dépense dans les escortes des convois de ravitaillement et d'évacuation, et dans les travaux de défense qui ne paraissent jamais suffisants. Le temps, qui fait défaut pour remplacer les tentes-marabout par des abris commodes, sinon confortables, ne manque jamais pour renforcer sans cesse les remparts. Épais terrassements, hautes murailles avec meurtrières pour plusieurs rangées de tireurs, profonds fossés, réseaux de fils de fer, trous de loup, défenses accessoires sont accumulés comme si le poste perdu sur les confins du bled siba devait résister à outrance contre un ennemi pourvu d'un matériel de siège perfectionné. Encore la garnison ne se sent-elle pas à l'abri. Le service de garde est établi en prévision d'un assaut toujours imminent. Des consignes sévères maintiennent le personnel sous les vues des murailles et font prendre les « postes de combat » dès que des silhouettes suspectes apparaissent à l'horizon. Si, par aventure, ce sont des groupes de pillards ou de dissidents qui viennent s'offrir une fantasia guerrière, l'artillerie tonne de façon à rendre coup de canon pour coup de fusil. Au bureau de renseignements affluent les « tuyaux » sensationnels, trop souvent écoutés et transmis avec complaisance. Ils contribuent à perpétuer, dans les popotes d'officiers, dans les débits de vin de mercantis, sous les tentes des soldats, de tenaces légendes qui suggestionnent la garnison, créent une ambiance déprimante aggravée par l'attente passive des événements.

La crainte de la trahison, la possibilité d'un guet apens, les conséquences fâcheuses d'un échec ne suffisent pas à expliquer l'attitude timorée de soldats naguère assoiffés d'espace et d'aventures et qui, maintenant, se confinent inertes derrière leurs remparts. Quelques chefs de poste, rares d'ailleurs, ont prouvé qu'une politique active et audacieuse produit, au contraire, de merveilleux résultats. Elle est secondée, alors, par la population qui la considère comme le gage de sa propre sécurité.

En effet, les tribus qui ont sollicité l'aman après une lutte honorable l'acceptent sans arrière-pensée. Leur amour-propre est sauf, puisque leur défaite était écrite dans le livre du destin. La réputation des guerriers est intacte, puisqu'ils ont cédé à la force après avoir ostensiblement combattu. Ils ne désirent plus que la paix, et ils ne refusent jamais de prouver par leurs actes leur loyalisme de fraîche date. Mais en abdiquant leur indépendance, ils ont espéré la protection contre les rancunes de leurs voisins. Avant notre intervention, ils avaient d'anciennes querelles avec les tribus limitrophes ; s'ils renoncent au rôle d'agresseurs, ils n'entendent pas être condamnés à celui de victimes. Ils comptent désormais sur nous pour les préserver des revanches, puisque la reddition de leurs fusils les laisse à peu près désarmés.

Ce n'est donc pas en s'immobilisant derrière ses murailles qu'un chef de poste peut inspirer confiance à ses nouveaux administrés. Ils ont besoin de voir la troupe, de la sentir sans cesse alerte et vigilante, prête aux offensives brusques, aux embuscades audacieuses, aux ripostes immédiates. Les patrouilles lointaines des cavaliers, les reconnaissances des fantassins, les investigations des topographes les intéressent, car ils comprennent qu'elles agrandissent la zone de sécurité que le poste trace en avant de leurs douars. Caïds et notables offrent alors gaiement leurs bons offices : ils dévoilent volontiers le réseau des pistes, les points de concentration les plus secrets, les projets des tribus hostiles et les silos des dissidents. En cas de troubles, ils donneront des émissaires, des espions et des groupes de cavaliers. Ils renforceront le service des vedettes et des patrouilles, nettoieront le pays des voyageurs suspects, s'offriront comme volontaires avec l'espoir d'assister à de beaux « barouds » en se tenant cette fois du côté des canons, des mitrailleuses et des « soldats à casque » qui tirent si bien. Tout chef de poste qui veut les utiliser d'après leurs capacités d'emploi n'a jamais eu à le regretter. Selon nos idées ils sont, comme partisans, de piètres soldats ; mais ils font du volume, éclairent et renseignent, paient de leurs personnes et, devenus nos frères d'armes, ils sont perdus à jamais pour les fauteurs de rébellion.

Cependant, malgré ces avantages incontestables, la défense du pays par le mouvement, avec le concours d'une population batailleuse et fidèle, ne séduit pas en général les chefs de poste qui redoutent d'être catalogués « imprudents et casse-cous ». Cette timidité serait inexplicable si la conquête et la pacification du Maroc ne s'exécutaient pas dans des conditions exceptionnelles, dont les opérations militaires aux colonies et même en Europe ne peuvent, heureusement d'ailleurs, donner une idée.

Le Maroc est trop près de la France. De nombreux correspondants de presse habitent ses ports, suivent nos troupes en expédition, se tiennent à l'affût des incidents de guerre qu'ils se hâtent de faire connaître au public français. Des candidats colons, des parlementaires, des polémistes, des brasseurs d'affaires y viennent en foule pour se documenter, car le prix modique et la rapidité du voyage favorisent les enquêtes sur place, plus convaincantes que les renseignements des « Offices coloniaux ». Or, l'annexion du Maroc a eu chez nous beaucoup d'adversaires.

Ils sont heureux de tous les événements qui donnent une apparence de raison à leurs jugements pessimistes et dont ils peuvent se servir pour prévenir défavorablement ou ameuter l'opinion.

Si l'expansion en A. O. F., dont le colonel Baratier a décrit les phases en termes éloquents, et qui porta nos postes, en trente années, à 3 000 kilomètres de l'Océan, n'a pas été trop vivement combattue au Parlement, c'est parce que, sauf à Fachoda, elle ne causa guère de conflits internationaux, elle se déroula dans les immensités soudanaises et congolaises si lointaines que l'écho des combats ne retentissait pas à Paris, elle exigea peu de troupes et de faibles crédits. Les fondateurs de cet empire colossal savaient qu'ils ne pouvaient compter que sur eux-mêmes, sur leur audace, sur l'abnégation de leurs subordonnés français, sur l'héroïsme de leurs soldats noirs. On payait leurs conquêtes avec quelques grades et quelques décorations qui n'obéraient pas le budget métropolitain. Mais, au Maroc, réputé tout d'abord plus difficile que l'Algérie, on a voulu, du premier coup, faire grand. Les effectifs se sont enflés. L'instrument spécial de conquête n'existait pas. L'armée noire n'était pas organisée ; les ressources disponibles dans l'Afrique du Nord étaient insuffisantes. L'œuvre du général Famin avait été détruite de 1906 à 1908, pendant une crise de pacifisme, et l'armée coloniale ne pouvait exécuter seule une tâche qui, normalement, aurait dû lui échoir. Il a donc fallu prélever, dans l'armée métropolitaine, une portion notable des cadres et des troupes disparates qui forment les corps d'occupation. Ces contingents, qui manqueraient en France, en cas d'une pressante nécessité, inspirent des sollicitudes bruyantes et documentées, dont les mobiles sont divers. Elles se traduisent par d'impressionnants transports de cercueils, des articles de journaux, des discours, des manœuvres parlementaires qui ajoutent un chapitre aux embarras du gouvernement. Du Maroc ne doivent donc arriver que des nouvelles agréables, car les combats heureux, mais sanglants, que des adversaires politiques peuvent exploiter avec mauvaise foi, sont redoutés comme une calamité ! Pour désarmer des susceptibilités hargneuses, le résident-général et ses très distingués subordonnés doivent faire une omelette sans casser des œufs. Les cuisinières déclarent le problème insoluble : l'autorité militaire s'évertue cependant avec persévérance à le résoudre.

Forte d'un précédent notoire, elle feint de croire que l'exhibition périodique de troupes considérables, le stationnement de grosses garnisons en des points bien choisis auront pour résultat, lointain mais sûr, la conquête du Maroc presque sans effusion de sang. Les chefs de poste sont donc invités à être bien sages, à tout attendre du temps et de négociations qui parfois sont engagées à leur insu. Des limites étroites sont imposées à leur activité ; des prescriptions rigides leur montrent l'inopportunité de rencontres causant des pertes qui seraient le témoignage local d'un échec. Il faut une forte dose d'optimisme, de confiance en soi, pour enfermer directives et circulaires dans l'armoire aux archives et agir comme si elles n'existaient pas.

On a dit que la crainte des responsabilités est un des défauts de l'armée française. Il apparaît dans son plein développement au Maroc où les soucis de carrière et de notoriété sont plus angoissants qu'ailleurs. Dans l'incertitude affolante des résultats, trop nombreux sont ceux qui font de leur poste une forteresse imposante, au lieu d'un foyer rayonnant d'attraction pour nos amis, de menaces pour nos ennemis. Ils sont « à couvert », car ils ont interprété d'une façon correcte, sinon élégante, la lettre, sinon la pensée, des ordres de leurs chefs.

Les conséquences locales de cette prudence ne tardent pas

à se manifester. Bon gré, mal gré, une colonne devient nécessaire pour mettre l'ordre dans le pays troublé, mater les voisins, les soumettre à leur tour au rôle de « musoir » protecteur des régions pacifiées.

Or, par une sorte de fatalité, chaque nouvelle colonne exigée par les événements qui sont la conclusion logique de l'inertie des postes, est toujours le $n + 1^e$ des n cas prévus dans le programme général de la pacification. Il faut agir subitement vers l'Est, quand on est déjà occupé au Nord ou au Sud, ou quand une accalmie fortuite justifie un optimisme exubérant. Quoique le corps d'occupation dispose depuis quelques mois d'une réserve générale, le temps et les moyens de transport manquent pour l'employer selon les besoins. A coups de télégrammes on prélève, dans les garnisons les plus proches, des éléments de bataillons ou de compagnies, des portions de batteries, des fragments d'escadrons, qui vont se concentrer à proximité du théâtre d'opérations. Quelques médecins organisent tant bien que mal des ambulances ; quelques officiers de l'Intendance, aidés par des commis et ouvriers de l'administration, s'occupent des ravitaillements. On réquisitionne en toute hâte des ânes, des mulets et des chameaux ; le service du train expédie un lot d'attelages, d'Arabes et de tringlots débrouillards. Du ciel des états-majors surgissent des météores à qui sont réservés les premiers rôles dans la colonne en formation. Son chef s'efforcera d'abord, avant d'entrer en campagne, de donner quelque cohésion à ses troupes bariolées.

Il y a de tout dans cet assemblage de soldats qui, selon les circonstances, s'appelle colonne de ronde, ou de police, ou mobile, ou d'observation. La cavalerie est un mélange de spahis, de chasseurs d'Afrique, de goumiers et de chérifiens. Dans l'infanterie, marsouins, chasseurs à pied, zouaves ou légionnaires, Algériens et Sénégalais, goumiers à pied et fantassins des compagnies auxiliaires marocaines se coudoient fraternellement. Les artilleurs de campagne voisinent avec les virtuoses des « crapouillots » de montagne, et tous, métropolitains et bigors, considèrent avec une sympathie narquoise les mitrailleurs qui se gonflent pour les égaler. Par nécessité autant que par principe, les Français, les indigènes, les Algériens et les Sénégalais sont à peu près en égal nombre dans ce rassemblement. Le souci du dosage mathématique les mélange parfois suivant la même proportion dans les « groupes de manœuvre », organisés de façon à respecter tous les droits acquis par les grades, les capacités, et surtout les ambitions. Aux abords du camp, une cohue de ralliés entoure le Bureau des affaires indigènes qui reçoit les renseignements. L'appât de reprises copieuses, le souvenir de vieilles rancunes, les joies émotionnantes des « barouds » y attirent une foule de « partisans », qui escomptent les récompenses prochaines d'un loyalisme intéressé en se préparant à « manger le voisin ». Ils guideront, éclaireront, gêneront même la petite armée composée de deux à quatre mille fusils, de quatre à douze canons, de quelques centaines de cavaliers. Avec des forces aussi imposantes, il semble que le chef suprême va renverser tous les obstacles, nettoyer en quelques jours le pays troublé, agir par la masse et la vitesse, exploiter à fond le succès, poursuivre sans relâche les ennemis, occuper leurs territoires, et ne s'arrêter qu'à la limite extrême du rendement de ses convois.

Mais, au Maroc, tout s'oppose à la conduite de la guerre selon le concept napoléonien. D'abord, les mêmes causes qui imposent une attitude passive aux chefs de postes inspirent en général les actes des commandants de colonnes. Trop d'observateurs vigilants, de critiques mal intentionnés surveillent les péripéties de la pacification pour en dénaturer les incidents. Les rumeurs de Paris ne sont pas étouffées par le bruit d'une révolte en pays « siba ». L'autorité supérieure doit donc concilier de son mieux le devoir militaire et les susceptibilités sans cesse en éveil. On s'expliquera ainsi les instructions ou programmes contradictoires qui peuvent se résumer ainsi : Allez-y carrément, mais évitez à tout prix de vous laisser « accrocher ».

Or, l'histoire des régions déjà pacifiées en est la preuve, les tribus ne se laissent pas amadouer par la seule exhibition d'une petite armée. Si elles ne se trouvent pas en état d'affronter la lutte elles demandent parfois la paix ; mais cette paix est précaire, car elle ruine leur réputation de bravoure. A la première occasion elles prendront de nouveau les armes, après avoir découragé par leur turbulence les efforts des premiers administrateurs. Il faudrait les maintenir dans le calme par la présence constante d'énormes garnisons, et nous savons que cette solution onéreuse ne donne pas un résultat définitif. C'est la poudre, en tous cas, qui doit avoir le dernier mot. Se battre d'abord, se soumettre ensuite loyalement si on n'est pas les plus forts : telle est la politique invariable que suivent les tribus.

Le commandant d'une colonne a donc à résoudre un problème fort délicat. Il doit obtenir le succès maximum avec le minimum de pertes. C'est plus difficile que le « fin, fort et ferme » auquel s'évertuent, en Gascogne, les joueurs de billard. Sauf dans quelques rapports fantaisistes où des centaines d'ennemis sont massacrés sans qu'il nous en ait coûté un seul homme, la tactique des Marocains et surtout la nôtre rendent chimérique la cueillette de lauriers aussi reluisants.

Malgré la supériorité morale et matérielle de ses forces, un chef prudent hésite à risquer sa réputation dans une marche rapide qui le ferait tomber à l'improviste sur le rassemblement de la méhalla[1]. Cette prise de contact brutale

---

1. Les succès du général Gouraud en 1912 autour de Fez (Hadjerat-el-Kohila et Moulay-bou-Chta), ceux du colonel Mangin

serait qualifiée d'inopportune témérité ; elle aurait pour conséquence une « casse » qui paierait trop cher la dispersion de l'ennemi. Les guerriers des tribus conservent donc la faculté de l'offensive ; ils en profitent pour offrir le combat à leur heure, avec tous leurs moyens.

Quelles que soient l'habileté du commandant de la colonne, la précision méticuleuse de ses plans, les qualités manœuvrières de ses subordonnés, la rencontre des deux partis s'exécute presque toujours selon le schéma indiqué au début de cette étude. En présence d'objectifs mobiles, peu visibles et sans consistance, nos troupes subissent les conditions générales de la lutte du fantassin contre le cavalier.

Afin de préserver des coups les cibles énormes formées par les ambulances et les centaines d'animaux du convoi, elles sont obligées, par la tactique enveloppante de leurs adversaires, à des déploiements longs et compliqués. Bientôt éparpillés sur une circonférence de plusieurs kilomètres, les groupes de manœuvre font face à toutes les directions. Quand nulle habileté manœuvrière ne fait varier ses combinaisons le chef éprouve une grande gêne à coordonner leurs mouvements. Des unités d'infanterie s'immobilisent sous le feu, tandis que d'autres progressent lentement, par échelons. L'artillerie, sans buts vulnérables, jette ses obus sur des groupes d'à peine deux ou trois cavaliers, sur des points dominants dont elle veut interdire l'accès aux tireurs ennemis. Les partisans dont la cohue tourbillonne gênent les évolutions et causent des méprises. Sur l'immense espace recouvert par la petite armée, où cheminent les éléments de renfort, les porteurs d'ordres, les paquets de brancardiers,

en 1913 au pays tadla (Bolmat-Aïssoua, Sidi-Ali-bou-Brahim, Ksiba) prouvent cependant que la prudence alliée à l'audace fait obtenir des résultats décisifs, même au Maroc.

les balles pleuvent et font de temps à autre quelque victime.
Enfin, le mouvement de la colonne est déclanché selon le
dispositif traditionnel de combat. Elle avance lentement,
comme un grand corps massif et mal articulé, par à-coups
et soubresauts. C'est une compagnie qui est « accrochée »
par quelques adversaires tenaces et qui, alourdie par des
morts et des blessés, ne peut « se décrocher » ; c'est une
fraction qui, pour éviter des pertes, arrête la marche d'un
« groupe » entier en faisant une infiltration homme par
homme, tandis qu'un bond collectif, de grande amplitude,
ouvrirait d'un seul coup le passage ; c'est l'ambulance qui
réclame un répit, car il faut faire des pansements, charger
les mulets porteurs de litières et de cacolets ; c'est le convoi
qui ne peut plus avancer. Pendant plusieurs heures, la
colonne va ainsi vers son but, tenant à distance, par un feu
violent, l'adversaire qui disparaît après avoir constaté son
impuissance et surtout brûlé ses munitions. Il s'en va paisiblement. Les vainqueurs ne tentent pas de le poursuivre.
Ils s'installent près d'un point d'eau, entourent leur camp
d'épais talus et de profonds fossés, et ils attendent les soumissions.

Elles sont lentes à venir. Avant de s'y résoudre, l'ennemi
espère lasser la colonne par sa constance et son audace et
entend épuiser toute la série des joies du « baroud » pour
éblouir les tribus voisines par la splendeur de sa résistance.
Il s'amuse, pendant la nuit, à tirer sur le camp pour contempler le feu d'artifice qui sort en riposte de nos fusils et
de nos canons ; il cavalcade, pendant le jour, sous les vues
des sentinelles, en signe de défi ; si quelque reconnaissance
s'aventure dans la campagne, il guette son retour pour
harceler l'arrière-garde. Plusieurs semaines, plusieurs
mois se passent ainsi. Parfois des émissaires signalent une
bonne occasion : à quelques heures de marche, on pourrait
frapper un coup décisif. Mais les ordres sont formels. On

ne doit s'engager qu'à coup sûr, et nul, parmi les plus optimistes, n'ose prétendre au succès complet qui ne coûtera rien. Enfin, quelque tribu ou fraction dont la colonne occupe les terrains de labour et vide les silos juge son amour-propre satisfait. Elle fait des offres de soumission qui sont acceptées. Le sentiment de lassitude s'étend, les défections augmentent chez les confédérés.

Le moment serait favorable pour exploiter la situation, pousser en avant, disloquer de proche en proche les groupements qui n'ont pas prévu l'offensive et ne sont pas organisés pour lui résister. Mais il est convenu qu'on doit se contenter de succès modestes, car les ennemis les plus redoutables d'un chef audacieux ne sont pas toujours du côté des Marocains. D'ailleurs, l'attention s'est depuis longtemps détournée vers d'autres parties du Maroc qui vont à leur tour servir de théâtre au même scénario. La colonne est disloquée. Une partie de ses troupes est disséminée dans un ou deux postes nouveaux qui garderont le district conquis ; et, quelques mois plus tard, les mêmes causes produiront les mêmes effets sur les confins de ce canton chèrement acheté. Des congratulations s'échangent parce que quelques milliers d'hommes, servis par un matériel considérable, ont, dans une longue campagne, au prix de fatigues et de privations épuisantes, augmenté de l'étendue d'un modeste arrondissement la superficie des pays « makhzen ».

Des sommes énormes qui sont dépensées pour les ravitaillements, des milliers d'obus, des centaines de milliers de cartouches évanouis en fumée, des soldats et des cadres évacués pour maladies contractées sous les petites tentes des bivouacs, pendant les alertes nocturnes et les sommeils dans les tranchées, on ne se soucie guère. Le contribuable de France paiera les frais ; les arsenaux remplaceront les munitions ; les malades seront soignés et guéris dans les hôpitaux. C'est le chiffre des tués au feu qui hante comme un cauchemar les pensées des grands chefs. A vouloir en diminuer l'importance ils se sont astreints aux stratégies timides, aux tactiques hésitantes. Mais, malgré tous leurs soins, ils ne peuvent éviter la réprobation que soulèvent des rencontres heureuses, si elles sont rangées par la presse dans la catégorie des « sanglants combats ».

Sanglants combats! Il n'est pas une colonne de 150 fusils et 2 vieux canons qui n'éprouve à chaque engagement dans les montagnes du Tonkin, dans la brousse congolaise, dans les forêts de la Côte d'Ivoire, dans les déserts de la Mauritanie, des pertes égales ou supérieures à celles des petites armées opérant au Maroc. Nul en France n'y prend garde, sauf les parents des victimes françaises, car c'est bien loin et il ne s'agit guère que de jaunes ou de noirs. Mais tout ce qui se passe au Maroc est dangereusement amplifié par le mirage. Sur un effectif de 3 000 combattants, 10 tués et 30 blessés attribuent à l'affaire la qualité de « sanglant combat ». Au-dessus de ce chiffre, on n'a que l'embarras du choix dans les épithètes qui sont décernées au chef responsable d'une telle « boucherie ». Parce que, par exemple, au cours des engagements de Ksiba, poussés à fond pendant deux jours par les 6 000 hommes du colonel Mangin, deux incidents de manœuvre, nullement imputables au chef de la colonne, portèrent à 50 tués et une centaine de blessés le total de nos pertes, on a interpellé à la Chambre et méconnu de propos délibéré pendant quelque temps, même au Maroc, la valeur du résultat décisif obtenu en pays tadla. En songeant aux doléances des critiques et des théoriciens quand un rapport accuse une « casse », d'ailleurs infime si on la compare au nombre des combattants, on a le droit de se demander s'ils sont impartiaux, ou si les hécatombes probables d'une guerre européenne laisseront intact leur sang-froid.

En réalité, ce n'est pas le chiffre global des pertes qui

impressionne après une affaire, mais la part de l'élément français. L'ennemi dirige de préférence son feu sur les « soldats à casque » dont il redoute plus particulièrement le tir. Ils comptent environ pour un tiers dans l'effectif engagé ; ils ne se ménagent guère et fournissent par conséquent à l'ambulance, après la bataille, le contingent le plus nombreux de blessés et de morts. Quoi que l'on dise et que l'on fasse, l'emploi des troupes en colonne selon une formule égalitaire produira le même résultat. Il y en a d'autres qui ne sont pas négligeables.

Le soldat blanc, outre-mer, est un instrument merveilleux, mais délicat. On le sait maintenant au Maroc, après l'avoir oublié. Mais la nourriture, le transport inévitable des bagages et des approvisionnements d'un fort contingent européen alourdit les colonnes, car ils exigent un supplément considérable d'animaux de transport. Au combat, le convoi est plus vulnérable ; sa protection préoccupe davantage le commandement, gêne les mouvements des troupes qu'il ralentit. Tenues plus longtemps sous le feu avant d'avoir dispersé l'ennemi, ces troupes éprouvent des pertes considérables, et surtout plus impressionnantes par le nombre des Français atteints.

Donc, l'audace de conception et d'exécution augmentant les chances de rencontres et par suite de « casse », les colonnes sont condamnées à piétiner après l'inévitable prise de contact. Ainsi comprise, leur œuvre est onéreuse et sans ampleur, malgré l'importance des effectifs mis en jeu. On s'en consolerait aisément, car le contribuable français est patient et bénévole. Mais la pratique ainsi entendue de la pacification marocaine est une école plutôt dangereuse pour les chefs qui la subissent, nous voulons le croire, à leur corps défendant, et qui auront sans doute à justifier, sur d'autres champs de bataille, la réputation acquise dans les campagnes du bled siba.

*
* *

Ainsi la forte proportion de l'élément français dans les postes et les colonnes gêne les opérations de guerre au Maroc par les soucis matériels et moraux qu'elle donne au commandement. N'est-il donc pas possible de la diminuer?

Non, assurent des personnages autorisés. Le prestige de la France est solidaire du nombre de ses soldats. Si les tribus que nous devons combattre ne voyaient pas beaucoup de Français dans les colonnes et dans les garnisons, elles croiraient que les soldats de notre pays ont peur et qu'ils se font remplacer par des esclaves. Or, nous devons mériter l'estime de nos ennemis pour mieux les subjuguer. D'ailleurs, ils sont tellement braves et redoutables qu'on s'exposerait à quelque désastre si on livrait le sort de la conquête et de la pacification aux indigènes ralliés, aux Sénégalais et aux Algériens.

Ces arguments ne sont pas sérieux. Que nous importe l'opinion des rebelles et des dissidents sur la bravoure de notre race? L'essentiel est de les réduire par les moyens les plus rapides et les moins onéreux. Dans l'état actuel de l'Europe, nous ne sommes pas assez riches en hommes pour employer l'effectif d'une grosse division blanche à démontrer aux Marocains l'intrépidité de nos soldats. D'ailleurs, avec les « armes spéciales », avec quelques troupes de sûreté dans les villes importantes, avec les cadres des formations indigènes, des tirailleurs algériens et sénégalais, l'élément français serait assez bien représenté pour que l'amour-propre national ne souffrît pas des suppositions de nos adversaires locaux, — ni des autres.

S'il devait en résulter une réelle préparation à la guerre, on pourrait accepter comme une école pratique, malgré l'énormité des sacrifices financiers, le maintien de forts contingents métropolitains dans le corps d'occupation. Mais il faut avoir le courage de le dire, ce n'est pas au Maroc que nos troupes et leurs cadres se préparent aux réalités des champs de bataille européens. Tout au plus s'y familiarisent-ils avec les fatigues et les privations de « la guerre ». Il n'est vraiment pas nécessaire de les envoyer si loin, et les grandes manœuvres annuelles suffiraient à les y entraîner.

Ne pouvons-nous donc pas compter à fond sur les qualités militaires des Africains que nous avons pris pour collaborateurs ? Ne sont-ils pas assez braves pour se mesurer à nombre égal contre les guerriers du « bled siba » qui, eux, sont et seront toujours dépourvus d'aéroplanes, de mitrailleuses et d'artillerie ? Ont-ils sans cesse besoin d'être stimulés par la présence de troupes blanches dont l'exemple les soutient, les pousse en avant et qui, en cas de panique ou de défaite, seront le « suprême espoir, la dernière pensée » du chef ? Nul ne saurait le prétendre. Marocains, Algériens, Sénégalais sont assez connus pour qu'il paraisse superflu de leur décerner ici un brevet de courage.

Pour des raisons de mobilisation générale, de sécurité de l'Algérie, d'affinités de race et, dans certaines régions, de croyance, sans doute ne convient-il pas de prendre à l'Afrique du Nord trop de tirailleurs algériens, afin de les employer au Maroc. Mais les ressources de recrutement local sont considérables, et l'armée noire en formation donnera pour les colonies tous les hommes dont nous aurons besoin. C'est donc au Maroc même et à l'A. O. F. que nous devrons demander la plus grande partie des troupes exigées par la conquête du pays « siba » et la garde du pays « makhzen ».

En ce qui concerne l'admission des indigènes dans nos rangs, l'expérience est déjà faite. Elle est concluante. Cependant, si tout le monde est d'accord pour utiliser les Marocains, leur mode d'emploi inspire des opinions contradictoires. Les uns préconisent la création d'une « armée chérifienne » avec les « unités auxiliaires », dont le nombre augmente lentement, et qui seraient groupées en bataillons, escadrons et régiments. Les autres préfèrent développer l'institution des « goums mixtes » qui sont l'œuvre du commandant, aujourd'hui lieutenant-colonel Simon.

Un goum mixte comprend environ 120 fantassins et 40 ou 50 cavaliers, qui sont fournis par un recrutement exclusivement local. Si les tribus soumises sont bien tenues en mains, — et nous avons vu que c'est facile, — chefs de postes, commandants de secteurs, de cercles et de régions peuvent être sûrs du loyalisme de leurs goumiers : on sait d'où ils viennent, on connaît leurs familles, et leurs engagements à court terme sont acceptés sous la garantie collective des douars. Le cavalier fournit son cheval, dont une commission estime la valeur, et qui est remboursé sans retard en cas d'accident. On comprend sans peine que, par suite des rivalités des tribus, les goumiers marchent sans regret contre des voisins rebelles : ceux de la Chaouïa ont fait merveille pendant la marche sur Fez en 1911 et dans les opérations ultérieures ; ceux des Zaër ont combattu avec enthousiasme contre les Zaïan. Si en Algérie les goums ne dépendent guère que des « Bureaux arabes », au Maroc ils comptent dans les garnisons des postes, car le service des affaires indigènes y est subordonné au commandement. Ainsi les autorités militaires et territoriales disposent de détachements marocains rompus aux finesses de nos ennemis, connaissant le terrain, et dont le nombre de cavaliers permet de suppléer à la faiblesse numérique des chasseurs d'Afrique et des spahis.

Par suite du tempérament guerrier de la race, on trouvera aisément autant de goumiers qu'on le voudra. De proche en proche, suivant les progrès de la pacification, un **goum nouveau peut être organisé dans chaque nouveau** poste ou secteur. Il aura vite fait de décourager les rôdeurs, de traquer les fauteurs de troubles, de dissiper par une incursion rapide les conciliabules inquiétants de voisins insoumis. En même temps, par le prestige de la tenue, de la régularité de la solde, par les perspectives de « barouds » et de récompenses officielles, il pratiquera une propagande fructueuse chez nos adversaires de la veille, qui solliciteront pour les jeunes gens l'honneur d'être admis dans une troupe aussi reluisante. Ainsi, c'est aux Marocains eux-mêmes, en profitant de leurs discordes et de leurs rancunes de tribus, que nous donnerions un rôle important dans la pacification du Maroc.

Le problème de leur encadrement est facile à résoudre. On ne peut livrer le choix de leurs officiers et de leurs sous-officiers à la compétition des ambitions hâtives et des relations puissantes. C'est donc dans les corps indigènes d'Algérie et de Tunisie que nous recruterons les instructeurs de nos goumiers. Ils sont familiarisés avec la mentalité des populations nord-africaines ; ils en connaissent la langue, les mœurs et les procédés de combat. Officiers et sous-officiers auront, dans les bleds marocains, un débouché à leur activité, à leurs aptitudes. Les résultats qu'ils ont obtenus avec les douze goums déjà formés inspirent, pour l'avenir, une confiance absolue.

C'est parce que les goums sont des troupes mobiles, souples, fortement dotées de cavalerie, qu'ils doivent paraître préférables à « l'armée chérifienne », dont l'extension ne semble pas à préconiser. Il est encore trop tôt pour tenter, au Maroc, une double expérience qui n'a pas donné en Indo-Chine, avec les tirailleurs et les miliciens, une satisfaction sans mélange. L'organisation des « chérifiens » en bataillons, escadrons et régiments n'adapterait pas les indigènes au rôle qui leur appartient de droit. Il faut qu'ils soient enrôlés dans des formations légères, mixtes, dégagées des entraves d'une hiérarchie formaliste et d'une administration compliquée. D'ailleurs, les conditions du recrutement des « unités auxiliaires marocaines » n'ont pas tellement changé depuis 1912 que la conduite honorable de deux ou trois compagnies en colonne fasse déjà oublier la révolte et les massacres de Fez.

Le nombre des goums varierait avec les besoins du moment, et surtout avec les progrès de la pacification. Des licenciements dans les districts que leur tranquillité permettrait de remettre à l'autorité civile compenseraient en partie les créations nouvelles dans les « régions » où l'autorité militaire doit conserver, pendant longtemps encore, tous les pouvoirs. Si, pour fixer les idées, nous supposons que le Maroc turbulent sera divisé en six « régions », chacune d'elles en trois cercles et chaque cercle en trois secteurs, nous pouvons estimer à 60 ou 70 le nombre maximum des goums quand la conquête sera terminée. L'unité territoriale de recrutement serait le cercle qui correspond en principe à une confédération de tribus, et le commandant du cercle serait le chef des trois ou quatre goums attribués à ses secteurs. Ainsi, progressivement, nous demanderions aux indigènes environ 15 000 hommes, dont 9 000 fantassins et 6 000 cavaliers. Il y aurait, d'ailleurs, avantage à renverser dans les goums des secteurs ou cercles frontières du pays siba la proportion actuelle de fantassins et de cavaliers.

Aux goumiers s'ajouteraient des « travailleurs » pour le génie, et aussi des « conducteurs » pour le train. Encadrés par nos excellents « tringlots », les Marocains rendraient de bons services et coûteraient moins cher que les Arabes et les Kabyles d'Algérie, dont la disparition causerait peu de regrets. On peut donc évaluer à 20 000 hommes le nombre total des indigènes qui seraient enrôlés dans ces services auxiliaires et dans les goums.

A ces forces respectables nous ferions équilibre, en cas d'imprévu, avec « l'armée noire », que la nécessité tire enfin des cartons verts. Douze bataillons sont déjà au Maroc, répartis dans les six régiments mixtes coloniaux qui ont été récemment organisés. L'A. O. F. n'a pas atteint, à mon avis, la limite raisonnable de son effort et, tôt ou tard, les Sénégalais remplaceront tous les blancs qui ne sont pas indispensables dans le corps d'occupation. Aussi bien pour la sécurité intérieure que pour la solidité des colonnes un bataillon par cercle paraît indispensable ; un bataillon groupé dans chaque chef-lieu de région formerait une réserve toujours prête à marcher. C'est donc 24 bataillons ou 20 000 hommes, groupés en 6 régiments[1], — un par région, — que l'A. O. F. entretiendrait, dans quelques années, au Maroc, quand nos garnisons seront éparses sur tout le pays.

Cela posé, il reste à déterminer la contribution que nos armées coloniale et métropolitaine devraient fournir en troupes blanches ou spécialisées. La première donne les cadres aux Sénégalais, la seconde aux goumiers. Ce n'est évidemment pas suffisant.

Les goumiers à cheval paraissent être actuellement inaptes au choc. Excellentes vedettes, patrouilleurs émérites, batteurs d'estrade parfaits, ils n'ont pas encore les traditions d'une véritable cavalerie et l'on ne peut pas toujours compter sur eux soit pour couvrir une arrière-garde sérieusement attaquée, soit pour charger à fond ou poursuivre sans relâche. Ils sont pour un chef de poste des auxiliaires très suffisants dans la pacification d'un secteur ; mais la cavalerie d'une colonne exige d'autres éléments. En plus des goumiers à cheval, la présence d'au moins un régiment

---

1. Peut-être 5, car dans le bassin de la Moulouya un régiment sénégalais serait avantageusement remplacé par un régiment de tirailleurs algériens.

de spahis est nécessaire au Maroc. Selon les circonstances, l'autorité supérieure en affecterait un ou deux escadrons aux colonnes importantes qui ne disposent guère, le plus souvent, que de un ou deux pelotons noyés dans la cohue des partisans et des goumiers.

A ces spahis, il conviendrait d'ajouter un demi-régiment de chasseurs d'Afrique. Ces soldats, remarquables par leur entrain, leur habileté professionnelle et leur bravoure, n'augmenteraient pas la force combative de la cavalerie au Maroc. Ils rendraient des services d'un autre genre, non moins importants. En campagne, détachés auprès du chef de la colonne, des chefs de groupes et même des commandants d'unités, ils seraient des agents précieux pour la transmission intelligente et rapide des ordres. Nous savons en effet que, au combat, les troupes sont dispersées sur un front trop vaste pour que la volonté du chef soit parfois bien comprise et obéie à temps. Dans les unités indigènes, algériennes et sénégalaises, on ne peut employer de sous-officiers français comme agents de liaison ; leur place est avec les hommes pour les entraîner ou les contenir, et veiller à la discipline du feu. De bons cavaliers français sont indispensables pour résoudre comme il convient le difficile problème de la liaison. Et l'on n'en souhaiterait pas d'autres que nos intrépides chasseurs.

La masse de l'infanterie au Maroc étant formée de goumiers et de Sénégalais, il nous suffirait d'un faible contingent de troupes blanches pour y représenter les fantassins français : trois ou quatre bataillons de Légion étrangère dans le Maroc oriental, une brigade coloniale dans le Maroc occidental. Ces troupes seraient réparties dans les grandes villes qu'elles tiendraient en respect, où elles trouveraient le confortable dont elles ont besoin pour conserver intacte leur capacité de rendement. Elles fourniraient quelques détachements, compagnies ou pelotons, dans les postes que leur situation destine à devenir des garnisons permanentes. Leurs soldats, qui représentent tous les corps de métier, dirigeraient entre deux reconnaissances les ateliers et les chantiers du poste servis par les Sénégalais et les goumiers.

De même, l'Algérie-Tunisie détacherait dans les régions du Maroc oriental l'artillerie nécessaire, tandis que le batteries coloniales occuperaient le Maroc occidental. Il ne semble pas, d'ailleurs, qu'une trop forte proportion d'artillerie soit indispensable. A raison d'un groupe mixte (2 batteries de 75, 1 de montagne) par région, l'autorité militaire pourrait faire face à tous les besoins.

Le génie, l'intendance et le service médical doivent être largement dotés. En ce qui concerne le génie, l'incorporation des indigènes réserverait aux cadres et soldats français le rôle d'instructeurs, de chefs d'atelier ; elle leur épargnerait les besognes pénibles et malsaines où fondent les effectifs. L'intendance exige aussi un nombreux personnel pour le ravitaillement des postes et des colonnes avec des moyens de transport rudimentaires et d'un faible rendement. Le service de santé doit pourvoir non seulement aux soins médicaux des troupes, mais encore aux besoins croissants de l'assistance indigène dont les résultats politiques sont si heureux.

En résumé, dans leur complet développement, les éléments combattants du corps d'occupation comprendraient :

Infanterie : 1 brigade coloniale, 3 ou 4 bataillons de légion étrangère, 1 division sénégalaise à 5 régiments, 8 ou 9 000 goumiers, 1 régiment de tirailleurs algériens.

Cavalerie : 1 régiment de spahis, 2 escadrons de chasseurs d'Afrique, 5 ou 6 000 hommes des goums à cheval.

Artillerie : 6 groupes mixtes, dont 3 de l'armée coloniale, 3 de l'Algérie-Tunisie.

Génie : 2 bataillons mixtes. — *Train :* 6 compagnies. — *Intendance, télégraphie* et *service de santé* en rapport avec les effectifs et les difficultés de leur mission.

Dès maintenant, dégagée de tous les éléments européens qui l'alourdissent sans augmenter sa force réelle, l'armée d'occupation serait d'un entretien relativement peu coûteux. La conduite des opérations y gagnerait aussi en célérité.

Les postes composés de garnisons légères et aguerries rayonneraient au loin. En campagne, les commandants de colonnes, libres des préoccupations causées jusqu'à présent par la présence de nombreux soldats français, pourraient oser, risquer et réussir, sans craindre une « casse » dont l'application a souvent paralysé leurs mouvements. L'autorité supérieure exécuterait à loisir son plan général de pacification. Elle frapperait à son heure, dans la direction choisie. Sûrs d'éviter les contre-coups de cabales politiques désormais improbables, ses agents d'exécution exploiteraient à fond leurs succès et obtiendraient des résultats définitifs dans les districts parcourus.

Dans la troupe, nul ne se plaindrait d'une telle modification aux errements actuels. Les officiers y gagneraient l'initiative, le goût des responsabilités, l'espoir de faire, quel que soit leur grade, leur « partie de petite flûte » dans les pacifications locales. Les gradés et les soldats retrouveraient bien vite l'esprit d'offensive qui disparaît peu à peu dans les combats prudents, les stationnements interminables derrière les tranchées, les postes transformés en forteresses, la prudence énervante des colonnes d'observation. Pour les Sénégalais notamment, le Maroc actuel est une mauvaise école. Ces soldats, jusqu'alors habitués à ne jamais regarder en arrière, à ne pas compter leurs ennemis, à ne pas s'émouvoir du chiffre de leurs morts, sont promptement désorientés par la tactique sans élan que la composition ordinaire des colonnes impose à leurs chefs. Et c'est mal les connaître que de les contraindre, pour diminuer les pertes, à l'immobilité, aux luttes à distance, aux retours sans gloire où ils perdent confiance dans l'invincibilité des Blancs.

Correspondant, n° du 25 décembre 1913.

EXPOSÉ HISTORIQUE

Le *Larousse Mensuel* a consacré à la première phase des opérations militaires entreprises au Maroc pendant l'année 1911 un premier article détaillé. (V. *Larousse Mensuel*, t. II, p. 352.) Depuis cette date, des progrès décisifs ont été réalisés dans l'occupation et la pacification de l'intérieur du pays, et méritent d'être étudiés dans leur ensemble.

I. Situation générale. — Au mois de juillet 1911, l'incident d'Agadir, les négociations avec l'Allemagne et l'Espagne eurent pour conséquence l'arrêt des opérations du général Moinier. Les événements prouvaient que la préparation politique de l'entreprise marocaine était insuffisante. Il fallut donc laisser à la diplomatie le temps de définir l'action militaire dans un pays où l'ennemi doit se sentir talonné sans relâche pour s'avouer vaincu.

A cette erreur initiale s'en ajouta bientôt une autre, non moins grave. Après les accords avec l'Allemagne (4 novembre 1911) et avec l'Espagne (7 mars 1912), on négocia un traité de protectorat avec le sultan. On croyait que l'assentiment du souverain aplanirait les difficultés locales. Mais la manœuvre qui avait si bien réussi en Tunisie échoua au Maroc, comme à Madagascar. La mission de Regnault eut des résultats analogues à celle de Laroche, car l'autorité de Moulaï-Hafid était aussi fictive que celle de Ranavalo. La révolte et les massacres de Fez suivirent de près le traité de protectorat signé le 30 mars 1912 au milieu des réjouissances officielles. L'anarchie spontanée s'étendit aussitôt. Regnault dut être rappelé sans retard, comme l'avaient été Laroche de l'Emyrne et Harmand du Tonkin, et le général Lyautey, comme Galliéni et Courbet, eut à pacifier et organiser un pays bouleversé.

Mais l'arrêt imposé au général Moinier par les circonstances avait eu des conséquences funestes. Pendant plusieurs mois, les indigènes s'étaient approvisionnés d'armes et de munitions. D'abord terrifiés par la rapidité des marches et la vigueur des coups portés sur la route de Fez, à Bahlil, autour de Meknès, l'inertie de nos postes pendant les négociations européennes les avait peu à peu enhardis. A des attentats répétés, que le souci des complications diplomatiques faisait laisser presque sans représailles, ils s'aguerrissaient et doutaient de la valeur offensive de nos soldats. Leur tempérament belliqueux et fanfaron s'accommodait de notre passivité, s'exaltait dans les coups de main heureux, dans les fantasias autour des garnisons.

Quand les diplomates eurent terminé leur pénible tâche, l'autorité militaire crut recouvrer sa liberté d'action. Mais le temps n'était plus des tentatives audacieuses et des poursuites sans merci. En France, l'opinion publique n'était plus aussi enthousiaste d'un Maroc qu'elle jugeait coûter fort cher. A la mutilation du Congo, à la « porte ouverte », au partage avec l'Espagne, elle ne voulait pas ajouter les pertes d'hommes qui sont partout, en temps de guerre, la rançon des succès décisifs. Ainsi nos adversaires devenaient plus audacieux, tandis que nos ripostes s'imposaient plus prudentes et, par conséquent, moins efficaces. L'écrasante supériorité du nombre parut alors aussi nécessaire que celle de la discipline et de l'armement pour supprimer les imprévus dans les étapes d'une expansion qui agrandissait avec méthode l'étendue des territoires soumis.

14 000 hommes avaient suffi au général Moinier pour garder la Chaouïa, délivrer Fez et Meknès, organiser deux longues lignes d'étapes ; au mois de décembre 1913, nos effectifs atteignaient 90 000 hommes dans le Maroc occidental et oriental. A aucune époque de son histoire, sauf au temps des croisades, la France n'a fait outre-mer un effort aussi considérable. Quelques personnalités le jugent encore insuffisant.

Au point de vue militaire, les péripéties de la conquête marocaine se déroulent en phases bien distinctes. La première comprenait les opérations des généraux Drude et d'Amade en Chaouïa ; la deuxième, où domine le général Moinier, allait des préliminaires de la marche sur Fez jusqu'à l'ouverture des négociations diplomatiques. Pendant la troisième, le général Lyautey agrandit les régions occupées par nos troupes, en achève la pacification, prépare la soudure entre les forces parties de l'Atlantique et celles qui ont pour base la Moulouya. Cette phase est close à son tour par un temps d'arrêt qui consacre la ruine ou le découragement de nos anciens adversaires, consolide les récentes conquêtes, facilite les projets de l'emprunt indispensable à l'essor économique du Maroc.

Les événements de la troisième phase, qui font l'objet de cet article, se classent entre deux périodes jalonnées par l'établissement définitif du protectorat après la révolte de Fez.

II. Opérations militaires : *Première période.* — Dès l'ouverture des négociations nécessitées par l'intervention des Allemands à Agadir et le débarquement des Espagnols à Larache (juillet 1911), le gouvernement français fit arrêter les opérations militaires. A cette époque, nos troupes occupaient la Chaouïa, le pays des Beni-Meskine de l'Est avec Dar-Chafaï, la partie septentrionale du pays zaër, les routes **de Mehdia à Fez par la vallée du Sebou, et de Rabat à Fez** par Tiflet et Meknès; les abords des deux capitales étaient protégés par les postes de Sefrou et d'El-Hajeb. Le temps avait manqué pour assurer la couverture des routes d'étapes entre Fez et la mer; elles se trouvaient exposées vers le sud aux incursions des Zemmour, Zaïan, Beni-Mtir et Guerrouan. Les circonstances imposaient une attitude passive : il ne pouvait être question que de protéger postes et convois contre des coups de main. Tous les projets d'expansion étaient abandonnés par suite de l'incertitude du lendemain; on n'avait pas les moyens d'améliorer les installations sommaires des troupes vouées au régime des bivouacs. Les maladies firent plus de victimes que les escarmouches incessantes où s'aguerrissaient rebelles et dissidents.

Après la conclusion de l'accord franco-allemand (4 novembre 1911), on put se donner un peu d'air. Mais la saison n'était pas favorable aux opérations de grande envergure en pays montagneux. D'autre part, les effectifs disponibles n'étaient pas jugés assez nombreux pour couvrir les routes de Fez à la mer par un réseau serré de postes qui auraient rendu impossibles les incursions des pillards. En attendant l'arrivée des renforts recrutés au Sénégal ou demandés à l'Algérie on dut se contenter de préserver les abords de Fez. Le poste de Sefrou, sans cesse menacé pendant les mois de novembre et de décembre par les partisans de Sidi-Raho, l'instigateur de la révolte contre le sultan, avait subi, le 3 janvier 1912, une attaque violente. Une colonne forte de 3 bataillons, 1 escadron, 1 batterie 1/2, est organisée à Fez; le général Dalbiez la dirige. Il se met en route le 9, fait sauter, le 11, la kasbah de Sidi-Raho, disperse les bandes ennemies, occupe Immouzer le 14; rayonne de là dans un pays difficile et peu connu. Il revient ensuite à Sefrou. L'apparition de ses troupes, en plein hiver, au milieu des montagnes, produit un effet moral considérable. Les partisans de Sidi-Raho sont découragés.

L'agitateur doit attendre jusqu'en mars pour réunir de nouveaux contingents chez les Beni-Ouaraïn, les Aït-Youssi, etc. Mais cette coalition naissante est dissipée par le lieutenant Hergault à El-Ouata (30 mars), et la tranquillité paraît peu à peu rétablie dans ce district.

Entre Rabat et Fez, on ne restait pas inactif. Il était d'ailleurs urgent de protéger d'une façon efficace la route des convois. Dans une reconnaissance, le lieutenant-colonel Simon avait surpris un camp de pillards à Oldjet-Soltane (25 janvier 1912); mais son retour à Souk-el-Arba des Zemmour, le lendemain, semblait être un aveu de défaite. Le général Ditte est alors invité à organiser une battue méthodique dans le pays des Guerrouan et des Zemmour. Il forme deux colonnes, sous les ordres des colonels Taupin à Agouraï, et Brulard à Tiflet. L'ensemble de ses forces s'élève à 22 compagnies, 3 sections d'artillerie, 2 escadrons. Ses deux colonnes, mises en route le 28 février, font leur jonction le 29, sur le plateau de Tafoudeit, malgré la résistance des montagnards qui harcèlent pendant deux jours le détachement Taupin. Le général Ditte occupe le plateau jusqu'au 4 mars et recueille sur le pays d'utiles renseignements. Après la dislocation, les troupes sont renvoyées à Meknès et Tiflet. Cette reconnaissance est complétée par une randonnée du colonel Brulard qui, parti le 8 mars de Tiflet, arrive à Maaziz le 12 après avoir traversé le pays des Beni-Hakem et des Zemmour.

Il parut alors que le passage des troupes ne suffisait pas à contenir les dissidents et que la création d'un poste au Tafoudeit était nécessaire. Le général Moinier approuva les propositions de Ditte, qui part de Souk-el-Arba le 3 avril avec 12 compagnies, 3 sections de montagne, 4 pelotons de cavalerie. Il laisse un poste provisoire à Mrasset et se dirige, le 5, vers le plateau de Tirzitine. Mais les Zemmour, profitant du terrain, attaquent la colonne pendant son passage au col de Gardou, et lui font éprouver des pertes sensibles. Le 6, le général Ditte est de retour à Souk-el-Arba. La fondation d'un poste au Tafoudeit devait dégager pour quelque temps la route des convois.

En Chaouïa et dans le pays des Beni-Meskine, la paix n'était pas troublée : la population n'avait pas perdu le souvenir des leçons infligées par Drude et d'Amade, et le réseau des garnisons était assez serré. Dans le pays des Doukhala, ravagé par la peste, une mission sanitaire préparait une pénétration pacifique dont nous devions plus tard recueillir les effets.

Or, pendant les opérations de détail au sud de Meknès, le Parlement avait approuvé l'accord franco-allemand. Ratifié le 12 mars 1912, il permettait l'application d'un protectorat dont les conditions étaient depuis longtemps fixées en principe à Paris, mais que Moulaï-Hafid se préparait à discuter âprement. Déjà l'on remplaçait la « mission militaire », jusqu'alors au service exclusif du sultan, par une « armée chérifienne » que le général Brulard était chargé, le 1er mars, d'organiser. On y prévoyait une garde impériale avec des troupes noires, une musique, 9 bataillons d'infanterie, de la cavalerie et de l'artillerie indigènes. Certains, même, en songeant au rôle rempli ailleurs par les Sénégalais, lui assignaient une part prépondérante dans la conquête et la pacification du Maroc. Mais la tentative était prématurée. Les impatiences inséparables d'un début, l'application de règlements auxquels la mentalité des nouveaux soldats chérifiens n'était pas préparée, suscitèrent des prétextes à un mécontentement général qui ne cherchait plus que l'occasion de se manifester. Il résultait du nouveau régime imposé au Maroc, des intérêts que cette évolution lésait, des menées occultes de Moulaï-Hafid et de son entourage qui cherchaient à se faire payer au plus haut prix, en utilisant les sentiments du particularisme musulman, des concessions inévitables, mais pénibles pour leur orgueil et leur avidité. Trop confiant dans son adresse diplomatique, le négociateur du protectorat semble avoir, en outre, dédaigné les avertissements de l'autorité militaire et facilité par son optimisme une explosion qui devait avoir d'immenses et déplorables résultats.

Regnault, ministre de France à Tanger, avait en effet reçu la mission de faire accepter par Moulaï-Hafid notre protectorat. Parti de Tanger le 16 mars, il réussissait à faire signer, le 30, par le sultan, un traité analogue à celui du Bardo. Établi à Fez avec les pouvoirs, sinon le titre de résident général, il préparait l'organisation du Maroc d'après les principes du régime civil. avec, pour ses débuts, des commissaires militaires dans les régions éloignées de la capitale (colonels Gouraud à Marrakech, Rédier à Casablanca), lorsque la révolte de l'armée chérifienne anéantit tous ses projets.

Le 17 avril, dans la nuit, des compagnies obéissant à un mot d'ordre massacrent leurs instructeurs. Les chérifiens se répandent dans la ville où la révolte s'étend, pillent le quartier juif et font la chasse à tous les Français. La retenue sur la solde afin de constituer « l'ordinaire », des prescriptions pour le port du sac, seront tout d'abord les explications officielles de cette sédition. La garnison française, très réduite et stationnée à Dar-Debibagh, ne put intervenir qu'au point du jour. Le commandant Philipot réussit à pénétrer dans la ville avec son bataillon, délivre des Européens assiégés, se maintient jusqu'à l'arrivée du commandant Fellert accouru de Sefrou, qui reprend le bordj sud d'où il bombarde les quartiers insurgés. Le général Brulard dirige la résistance contre les révoltés ; des renforts arrivent de Meknès à marche forcée. Le 19, la ville est matée, les rebelles sont rejetés au delà du Sebou. Pendant ces événements, 13 officiers, 40 soldats, 13 civils ont été tués. La plupart avaient eu l'occasion de manifester un véritable héroïsme.

Le général Moinier, qui avait assisté aux fêtes de la célébration du protectorat, était en route vers Rabat. Il apprit à Tiflet la révolte de la capitale. Aussitôt, il fait demi-tour, ramasse dans les postes de la ligne d'étapes toutes les forces disponibles et arrive à Fez le 20 avril, à temps pour faire échouer grâce à ces renforts, un retour offensif de l'ennemi. Celui-ci, en effet, ne s'était pas découragé. Les guerriers de la montagne étaient accourus à la rescousse. A Fez, la dualité des pouvoirs obligeait Moinier à demander au gouvernement français l'autorisation de déclarer la ville en état de siège. Elle lui fut accordée le 26. Le général en compléta les effets par des colonnes de police (Brulard, Girodon), qui réussirent à maintenir les rassemblements hostiles sur la rive droite du Sebou.

Mais le gouvernement, cédant à la pression des circonstances et de l'opinion, rappelle Regnault, qui doit cependant attendre à Fez l'arrivée de son successeur. C'est le général Lyautey qui est choisi, le 28 avril, pour ses campagnes en Indochine, à Madagascar et chez les Beni-Snassen. On le chargeait de réparer, comme le général Galliéni à Madagascar et l'amiral Courbet au Tonkin, des erreurs causées par un optimisme trop hâtif. En même temps, des renforts sont promptement expédiés d'Algérie, de France et du Sénégal, portant le corps expéditionnaire de 18 à 22, puis 28 et 32 000 hommes. L'opinion publique, en France, apprend avec satisfaction la désignation du général Lyautey, qui arrive à Fez le 24 mai. Le général Moinier, qui n'avait pas impunément supporté les fatigues et les soucis d'une campagne de quatre années au Maroc, rentrait quelque temps après (août) en France. Il avait accompli modestement, avec des moyens restreints et malgré des difficultés de toute sorte, une œuvre durable, dont les tergiversations de la diplomatie arrêtèrent trop tôt le bel essor. Il était remplacé, dans le commandement des troupes du Maroc occidental, par le général Franchet d'Espérey.

III. OPÉRATIONS MILITAIRES : *Deuxième période.* — *a) Autour de Fez.* Or, les rebelles n'avaient pas perdu leur temps. Entraînés par El-Hadjami, ils s'étaient approvisionnés, rassemblés, encouragés, à 20 kilomètres à l'est de la ville. Comme s'ils avaient attendu l'arrivée du nouveau résident général pour lui démontrer la gravité de la situation, dès le lendemain, au nombre de 4 000 guerriers, ils attaquent Fez où ils parviennent à pénétrer, grâce à des complicités. Ils en sont chassés, le 26, par le groupe Mazillier, tandis que le groupe Bernier délivre Bab-Guissa, héroïquement défendu par le lieutenant Chardonnet, dont les deux sections ont 17 tués et 25 blessés. Le 27, une nouvelle attaque se prépare ; toutes les tribus voisines y prendront part, mais des renforts sont arrivés à Fez. L'assaut est repoussé, quoique les insurgés aient pu pénétrer dans le quartier de Tamdert. Ils y sont cernés, mais ils s'échappent bientôt dans toutes les directions à la faveur de la nuit.

Avec une persévérance remarquable, ils essayaient de renouveler leur tentative. Ils se reformaient dans leur camp d'Hadjerat-el-Kohila, à 12 kilomètres au nord du Zalah, où El-Hadjami rassemblait tous ses partisans. Mais le général Moinier disposait à son tour de forces considérables. Il organise une colonne mobile de 5 bataillons, 4 batteries, 2 escadrons, dont il confie le commandement au colonel Gouraud. Le 1er juin, dans la nuit, Gouraud se met en route, rencontre au point du jour les ennemis, qui prenaient eux aussi l'offensive. Il les bouscule, les poursuit sans relâche par la marche et le tir de l'artillerie, enlève **leur camp, brûle leurs tentes,** et rapporte en trophée les

étendards et les effets d'El-Hadjami. Les derniers engagements de Fez et l'affaire d'Hadjerat-el-Kohila nous coû-
taient 55 tués et 122 blessés, mais ils montraient à nos
adversaires que l'ère de la défensive était passée. La disso-
lution de l'armée chérifienne (3 juin) débarrassait la capitale d'éléments douteux. Le colonel Gouraud, promu général pour sa campagne de 1911 et pour son dernier succès,
était nommé chef de la région de Fez. Le général Lyautey
approuvait ses plans. Gouraud n'allait pas tarder à traquer
les rebelles jusque dans leurs retraites les plus lointaines, à
les déconcerter par la rapidité de ses mouvements, à les
anéantir par la vigueur de ses coups. D'ailleurs, l'arrivée
de nouveaux renforts permettait enfin de donner plus
d'ampleur aux opérations.

Autour de Sefrou, la situation était redevenue mauvaise.
Le poste était attaqué par des contingents qu'excitaient les
nouvelles de Fez. La garnison résistait victorieusement, au
prix de pertes importantes : 10 tués et 60 blessés pendant
les attaques des 16, 28, 30 mai et 16 juin. Pour dégager la
contrée, deux colonnes sont formées, qui agiront : l'une au
sud, l'autre au nord de Fez. La première, forte de
3000 hommes, est sous les ordres du général Dalbiez. Elle
part le 27 juin, rayonne dans le triangle Fez-Meknès-Sefrou,
disperse en quelques rencontres heureuses de rassemblements
en formation, et recueille plusieurs soumissions chez les
Beni-Mtir et les Aït-Youssi. Gouraud se met en route le 14,
avec une seconde colonne comprenant 4000 combattants
environ. Le même jour, il bat les Hyaïna, qui ne tardent
pas à se soumettre. Le 28, il s'établit à Souk-el-Arba de
Tissa, d'où il dirige des reconnaissances aux environs. Il
apprend alors l'entrée en scène d'un nouveau Rogui qui prétendait être le fameux Bou Hamara, dont le sculpteur
Théodore Rivière a immortalisé la capture, miraculeuse-
ment sauvé des prisons de Moulaï-Hafid. Campé à Djebel-

bou-Chta il avait fanatisé toutes les tribus de la région, prétendait chasser les Français, et Moulaï-Hafid qui trahissait pour eux la cause de l'Islam. Gouraud juge opportun de ruiner sans retard le prestige de ce nouvel adversaire, qui pouvait devenir gênant. Le 6 juillet, il part de nuit avec un groupe léger, surprend le camp du Rogui dont les partisans se dispersent et se réfugient dans la zone espagnole où l'on ne pouvait les poursuivre. Le 13 juillet, la colonne Gouraud est de retour à Fez.

Malgré ces succès, le pays était toujours en effervescence. Il convenait de protéger les douars soumis, afin qu'ils se livrassent en paix aux travaux des moissons. Un groupe mobile est confié au colonel Mazillier qui part le 17 juillet, bat les Aït-Tsegrouchen le 20 à Inmouzer et tient la campagne en surveillant les mouvements du Rogui. Celui-ci apparaissant en forces, le général Gouraud se porte le 4 août à sa rencontre ; mais l'ennemi ne l'attend pas et se réfugie de nouveau derrière l'O. Ouerra, dans la zone espagnole.

Dès ce moment, le péril qui menaçait Fez est conjuré. Moulaï-Hafid abdique le 12 août à Rabat, et ce souverain falot et cauteleux disparaîtra du Maroc, non sans avoir bénéficié jusqu'à la dernière heure de la générosité de notre gouvernement. Son successeur, Moulaï-Youssef, est proclamé dans l'indifférence générale, mais les tentatives de l'insaisissable autant que persévérant Rogui sont impuissantes à mettre le nouveau régime en danger.

La réorganisation administrative du Maroc entrait alors en vigueur. Fez, Meknès, Rabat, Casablanca, Mazagan étaient les capitales des grandes régions dont les chefs possédaient, sous le contrôle du résident général, tous les pouvoirs civils et militaires. Le général Gouraud, nommé au commandement de la région de Fez, faisait continuer son œuvre pacificatrice par des colonnes sans cesse en mouvement. Ainsi pourchassés, les fauteurs de troubles n'avaient plus ni les loisirs, ni la sécurité nécessaires pour rassembler des groupes nombreux et gênants. Dans cette chasse pénible mais agrémentée d'escarmouches et d'engagements brillants, les colonels Pein, Robillot, Mazillier réussirent à détruire l'influence du Rogui (Pein à El-Ayoun, le 16 août ; Mazillier à Mechra-el-Djorf le 19 février 1913), et les tribus les plus belliqueuses demandèrent l'aman l'une après l'autre : Fichtala, Hayaïna, Cheraga, etc. Les environs de Sefrou sont enfin dégagés. Et, comme toutes les reconnaissances avaient démontré l'importance de Souk-el-Arba de Tissa (40 kilomètres au N.-E. de Fez) pour la sécurité de la capitale et la jonction prévue avec l'Algérie, cette localité devenait, à la fin de février 1913, le siège d'un poste et le chef-lieu d'un cercle. C'était, en même temps que la première étape sur la route de Taza, la consécration d'une paix durable garantie à la plaine du Saïs par les efforts du général Gouraud et de ses collaborateurs.

b) Autour de Marrakech. La révolte de Fez et ses conséquences avaient longtemps retenu toute l'attention du général Lyautey. Les troupes dont il disposait étaient employées à garder la ligne d'étapes, à préserver la capitale d'un nouveau coup de main, à briser les coalitions qui pouvaient la menacer. Dès le mois d'août 1912, après les succès du général Gouraud, la situation dans cette partie du Maroc n'inspirait plus de sérieuses inquiétudes ; mais, à cette époque, un danger pressant était apparu vers Marrakech.

Le Haouz et sa capitale ont, en effet, dans l'histoire de la dynastie actuelle, l'importance de l'Ile-de-France dans celle des premiers Capétiens. Les sultans reniés par Marrakech étaient bien près de perdre le pouvoir, car ils en tiraient leurs troupes les plus fidèles et le plus clair de leurs revenus. C'est de Marrakech que Moulaï-Hafid était parti pour chasser Abd-el-Aziz, et cet exemple récent devait susciter tôt ou tard quelque imitateur. Le régime du protectorat n'avait chance de triompher dans le pays « makhzen » que s'il était admis en même temps par Fez et par Marrakech.

Le général Moinier avait déjà préparé une action jugée opportune vers la grande province du Sud. Sans bruit, dès la fin de 1910, il faisait occuper Dar-Chafaï et Mechra-ben-Abbou qui assuraient la possession des gués les plus importants où les routes de Casablanca à Marrakech par Ben-Guerir d'une part, Kelaa d'autre part, franchissent l'Oum-er-Rbia. Après la signature de l'accord franco-allemand, Mechra-ben-Abbou, qui jalonnait la voie la plus directe, fut peu à peu organisé en base d'opérations. La garnison était renforcée pour la garde des approvisionnements qu'on y concentrait et, dès mars 1912, le génie construisait un pont de bateaux. Dans le pays des Doukhala, une mission sanitaire dissipait les préventions de l'autre côté du fleuve, et l'arrivée de nos troupes était attendue avec impatience par Marrakech et les régions voisines, que tentaient de troubler les clients d'El-Glaoui, disgracié en 1911 après la délivrance de Fez.

La révolte de la capitale et les opérations ultérieures firent modifier tous ces plans. Peut-être une garnison entreprenante de quelques centaines d'hommes aurait-elle suffi pour rassurer les populations du Haouz et protéger la grande ville du Sud dont les notables réclamaient notre appui. Mais le général Lyautey était décidé à résoudre d'abord le problème du Nord. Fez dompté, le Rogui écrasé, il fit face vers Marrakech, où la situation s'était promptement aggravée.

Ma-el-Aïnin avait depuis longtemps tenté de fonder à son profit un État indépendant. Il avait combattu contre nous en Mauritanie, agité le Souss, intrigué chez les Tadla. Après sa mort, son fils El-Hiba hérita de son prestige et de **son ambition. A la faveur des événements de Fez** (avril 1912),

il soulève de nouveau le Souss (fin mai), gagne à son parti
les tribus de l'Atlas, fait son apparition dans le Haouz, où
les bandes du caïd M'Tougui, envoyées pour le combattre,
se joignent à lui. Sa popularité s'étend. Il s'annonce comme
un rénovateur religieux et social venu pour rétablir l'Islam
dans toute sa pureté, pour supprimer les fonctionnaires et
les impôts non-coranniques. Il marche à petites journées sur
Marrakech que les colonies européennes, à l'exception des
officiers et fonctionnaires français, évacuent. Le consul
Maigret organise la résistance avec l'aide des grands caïds.

L'abdication de Moulay-Hafid devenant imminente, El-
Hiba double les étapes. Le Tabor de police envoyé hors de
Marrakech pour en surveiller les abords fait défection, à
l'instigation du pacha de la ville. Nos compatriotes essaient
vainement de partir et doivent se réfugier chez El-Hadj-
Thami-Glaouï. Le 17 août, El-Hiba fait son entrée à
Marrakech où il est proclamé sultan. Il réclame les Français
à El-Glaouï et les retient prisonniers au Dar-el-Makhzen.
Ses troupes se répandent sans retard vers le Nord, et mena-
cent la Chaouïa.

Mais Lyautey était enfin libre du côté de Fez. Cependant,
la gravité de la situation lui apparut telle qu'il réclama de
nouveaux renforts. Ils lui furent accordés. En même temps,
le nombre des goums marocains était doublé ; la réorganisation de l'armée chérifienne donnait quelques ressources ;
d'autres furent prélevées sur la colonne des Zaër en préparation au Camp-Marchand. La jactance d'El-Hiba n'allait
pas tarder à être sévèrement châtiée.

Un groupe de manœuvre comprenant 4 bataillons,
2 escadrons, 2 batteries, 1 goum, est rassemblé à Mechra-
ben-Abbou ; le colonel Gueydon de Dives réunit un groupe
de soutien entre Mechra-ben-Abbou et Settat (5 bataillons,
3 batteries, 2 escadrons) ; enfin, le groupe mobile du lieutenant-colonel Joseph vient de Mazagan pour prendre part

aux opérations. La direction de toutes ces forces est confiée au colonel Mangin (de l'infanterie coloniale), qui exerçait depuis peu de temps le commandement supérieur des Doukhala, où il avait mis fin d'une manière brillante (4 août) à l'incident Triaï.

Mangin sut interpréter avec sa décision habituelle les instructions, à la fois énergiques et prudentes, qui lui étaient adressées par le résident général. Tout d'abord, il s'installe à Souk-el-Arba des Skour (1re étape au sud de Mechra-ben-Abbou). Il fait du mouvement le principe essentiel de sa stratégie et de sa tactique : les ennemis vont être attaqués, harcelés, surpris sans relâche. Cette dérogation aux usages guerriers du pays les désoriente, et la puissance d'El-Hiba s'écroule en quelques jours.

De Souk-el-Arba des Skour, Mangin rayonne chez les Slamna où il ramène la confiance ; le 22 août, il surprend de nuit le camp d'El-Hiba, fait ensuite sa jonction avec le groupe Joseph, culbute un détachement ennemi à El-Hadj-Mekki et revient à Souk-el-Arba le 26. Son camp est attaqué le soir même, sans succès, par des partis d'El-Hiba dont une importante colonne se concentre de nouveau à Ben-Guerir.

Le 29 août, Mangin va bousculer cette harka ; sa cavalerie change la retraite en déroute. A Marrakech le succès a une vive répercussion. La popularité d'El-Hiba diminuait déjà dans le Haouz, car le prétendant n'avait pas tenu ses promesses et, dans la ville, le puritanisme de ses « hommes bleus » servait de prétexte à de nombreux excès. Le colonel recevait des renseignements précis que lui apportaient les émissaires des notables. Il savait que l'arrivée d'une colonne sur l'O-Tensift serait le signal d'une prise d'armes pour la délivrance de nos compatriotes. Il rendait compte au général Lyautey qui, cédant à ses instances, lui donna l'autorisation d'agir. Le 5 septembre, de nuit, Mangin se met en route vers le Sud avec 5.000 combattants. Sa colonne rencontre à Sidi-bou-Othman, le 6, l'armée d'El-Hiba qui comptait environ 10.000 hommes avec quelques canons. Par les dispositions tactiques d'une offensive résolue, l'heureux emploi de l'artillerie, une charge de cavalerie conduite à fond par le commandant Picard, l'ennemi est bousculé après un vif engagement, et doit s'enfuir en désordre, laissant des centaines de morts sur le terrain. Ce brillant succès, qui nous coûtait seulement 5 tués et 23 blessés, mérite d'être comparé à la bataille d'Isly. D'un seul coup, Mangin ruinait le prestige d'El-Hiba qui, talonné par un groupe léger sous les ordres du lieutenant-colonel Simon, l'organisateur des goums marocains, traversait Marrakech sans avoir le temps de faire massacrer les otages et se réfugiait dans l'Atlas.

En effet, le 6 au soir, Simon campait devant Marrakech, où il entrait sans coup férir le lendemain. El-Hiba avait fui dès l'aube, abandonnant ses prisonniers qui se trouvèrent ainsi délivrés. Le gros des troupes du colonel Mangin arrivait dans l'après-midi, faisait une entrée triomphale dans la ville, et Mangin recevait aussitôt les protestations de dévouement des notabilités. Le général Lyautey vint quelques jours après pour sanctionner les résultats définitifs de la campagne. Il fit de Marrakech le chef-lieu d'une région militaire, que Mangin eut la mission d'organiser.

Afin d'y ramener le calme il convenait d'y montrer partout, et sans retard, nos troupes victorieuses. Déjà, le colonel Peltier rayonnait entre Safi, occupé depuis le 30 août, et Mazagan. Mangin se met en route avec une colonne légère, après le départ du général Lyautey. Il quitte Marrakech le 15 octobre ; ses troupes, qui reçoivent partout un accueil empressé, arrivent à Mogador le 22. Il y fait accepter l'autorité de Moulaï-Youssef et revient à Marrakech le 10 novembre, après avoir traversé le territoire de tribus douteuses, que la destruction de quelques kasbahs fait entrer dans l'obéissance.

Mais si, entre Marrakech et la mer, ces succès et ces marches rapides ramenaient promptement le calme, à l'est de Marrakech il fallait appuyer les agents du Glaouï rentré en grâce, qui reprenaient possession de leurs anciens postes, où ils allaient représenter l'autorité de Moulaï-Youssef. Les caïds nommés en 1911 par Moulaï-Hafid ne voulaient pas abandonner leurs fonctions, et leurs intrigues provoquaient une effervescence qui pouvait devenir dangereuse. Mangin résolut d'étouffer la rébellion à ses débuts. Il quitte Marrakech le 14 novembre, bouscule dès le lendemain des groupements hostiles à Tassirimout, où il séjourne pour rayonner dans le pays de Mesfiouna, se dirige sur Demnat où il arrive le 22, non sans avoir infligé une sévère leçon aux contingents rebelles qui avaient chassé les fonctionnaires envoyés par El-Glaouï. De là il se porte, le 27, au-devant des Srarna qui formaient une harka dans le moyen Atlas ; il les attire dans la plaine où il les écrase, les poursuit jusqu'à Foum-Djemma des Entifa et séjourne à Kelaa. Pour compléter les résultats politiques, militaires et topographiques de sa tournée, il envoie vers le Nord un détachement sous les ordres du lieutenant-colonel Savy qui opère sa jonction, le 5 décembre, sur les bords de l'Oum er-Rbia, avec la garnison du poste récemment fondé à El-Boroudj. Mangin, avec le reste de ses troupes, suivait un itinéraire nouveau pour rentrer directement à Marrakech, où il arrivait le 4 décembre. En trois semaines, au prix de pertes légères, il avait rétabli l'autorité du sultan et d'El-Glaouï, son représentant, sur des tribus qui ne devaient plus oublier la rapidité des marches, la vigueur des offensives et le danger des ripostes de nos détachements.

La région du nord de l'Atlas était donc pacifiée. Vers le **Souss, El-Hiba** établi à Taroudant s'efforçait de recruter de nouveaux partisans. Il gardait son titre de sultan son prestige de réformateur. Mais le général Lyautey jugeant inopportune notre action au delà de l'Atlas, Mangin obtint l'autorisation d'organiser des harkas sous les ordres des grands caïds pour contraindre l'adversaire à la défensive.

Exclusivement composées de Marocains musulmans elles rendaient vains les appels à la guerre sainte contre l'étranger. Taroudant fut bientôt investi par El-Glaouï; le M'tougui observait plus timidement le col d'Amerkroud, tandis qu'Anflous et les caïds des Chiadma se concentraient à 35 kilomètres au sud de Mogador.

Cette harka avait devant elle les contingents des Ida-ou-Guelloul que leur caïd excitait en sous-main. Le Guellouli était protégé allemand ce qui compliquait la question. Afin de faire une pression sur les hésitants, Mangin prescrivit au commandant Massoutier, chef du cercle de Mogador, d'appuyer la troupe d'Anflous. Massoutier part le 15 décembre avec une colonne légère de toutes armes. Il se heurte aux Guelloula, est abandonné par les contingents d'Anflous, se dégage et se réfugie dans le Dar-el-Kadi, où il est bloqué aussitôt. Son infortune est promptement connue. Le lieutenant-aviateur Do-Hu, par un vol audacieux, va reconnaître les dispositions des assiégeants. Des troupes sont envoyées en toute hâte de Casablanca par mer à Mogador, où une colonne se concentre sous les ordres du général Brulard. Au lieu de suivre la côte sous la protection des canons du *Du Chayla* elle s'avance dans un pays difficile où elle éprouve des pertes assez sensibles. Le 24 décembre, le détachement Massoutier est délivré. Le 27, la colonne Brulard est de retour à Mogador.

Mais son rôle n'était pas terminé. Il restait à châtier sans retard Anflous de sa défection, qui faisait entrer en révolte les tribus autour de Mogador. La région de Marrakech restait **calme, mais les nouvelles de Dar-el-Kadi provoquaient** chez les Tadla et chez les Zaïan une inquiétante effervescence. Afin de reprendre l'offensive dans de bonnes conditions, Lyautey fait affluer sur Mogador toutes les troupes disponibles dans le sud du Maroc. Aux éléments de la colonne Gueydon de Dives, rappelés de l'est de la Chaouïa et transportés par mer, viendra s'ajouter le détachement du lieutenant colonel Ruef qui opérait une tournée chez les Ouled-Delim en se dirigeant vers Mazagan. Le général Brulard a bientôt sous ses ordres 25 compagnies, 7 sections de mitrailleuses, 7 sections d'artillerie, 2 escadrons, des goums et des partisans. Le général Franchet d'Espérey vint lui-même organiser les opérations.

Tout d'abord, il fallait rétablir les communications avec Marrakech et dégager les environs de Mogador. Le 7 janvier 1913, Gueydon de Dives bat les Chiadma et les Haha dans une rencontre sanglante ; il campe, le soir même, au Soukh-el-Khemis des Meskala. Il y est attaqué le lendemain, mais inflige une défaite à ses adversaires, qui font aussitôt leur soumission. Libre de soucis de ce côté, Brulard peut se retourner avec toutes ses forces (5.000 hommes) contre Anflous, qui rayonnait autour de sa kasbah, située dans un lieu réputé inaccessible aux troupes françaises.

Brulard quitte Mogador le 24 janvier. Un très vif engagement à la Zaouïa-Ould-el-Hasein lui ouvre la route de Dar-Anflous. Le lendemain, nos troupes arrivent devant la kasbah, qui est brillamment enlevée, malgré les difficultés du terrain et l'acharnement de ses défenseurs. Ce succès, obtenu au prix de pertes légères, provoque la fuite d'Anflous et la soumission de Guellouli, l'Allemagne ayant renoncé à le protéger. Guellouli est exilé à Meknès et l'ordre est rétabli dans la région. Le 8 février, le général Brulard rentre à Mogador. Lyautey lui confiait aussitôt le commandement général des Territoires du Sud, avec résidence à **Marrakech.** Le colonel Mangin, à qui l'on avait essayé d'imputer la responsabilité des événements de Mogador, était envoyé bientôt après en pays tadla, où la situation s'était brusquement aggravée.

Depuis cette époque, la tranquillité n'a plus été troublée au nord de l'Atlas. Par le mouvement de ses troupes et l'utilisation des grands caïds, Brulard continue et complète l'œuvre de son prédécesseur. El-Hiba, qui espérait rester indépendant au Souss, avec Taroudant pour capitale, est harcelé sans relâche par les harkas d'El-Glaouï et de M'tougui. Un mouvement combiné fait tomber enfin, le 23 mai, Taroudant, où Moulaï-Youssef est proclamé. El-Hiba doit s'enfuir avec quelques fidèles et, en septembre, on annonçait sa mort, à tort d'ailleurs. Sur la côte, El-Hadj-Lassein qui avait hérité des titres de Guellouli, opérait au sud de Mogador. Il reprenait Agadir, le 31 mai, avec l'appui des canons du *Du Chayla*, et le Souss tout entier reconnaissait la souveraineté du sultan. Une garnison française occupait ensuite Agadir.

Ainsi, au sud de l'Atlas, l'emploi exclusif de contingents indigènes et des grands chefs locaux a donné d'excellents résultats. Mais ces troupes irrégulières et leurs chefs doivent être étroitement surveillés, afin qu'ils ne puissent pas perpétuer à notre service, dans leurs campagnes contre les dissidents, les exactions et les pillages qui rendirent si impopulaires, au temps des sultans, les mehallas du makhzen.

c) *Opérations en pays tadla.* — La rapidité, l'importance des résultats obtenus par le colonel Mangin dans sa marche sur Marrakech avaient rendu inutile l'emploi prolongé, au sud de l'Oum-er-Rbia, du groupe de réserve rassemblé en septembre 1912 entre Mechra-ben-Abbou et Settat, sous les ordres du colonel Gueydon de Dives. Diminué de quelques éléments affectés à la garde des étapes, il fut maintenu sur le fleuve, vers Dar-Chafaï et El-Borouj, pour surveiller les Tadla et les empêcher d'intervenir dans la direction de Marrakech. Quand l'offensive de ces tribus parut improbable, Lyautey résolut de faire coopérer les 4.000 hommes de la colonne Gueydon de Dives à la pacification des pays zaër et zemmour, entamée depuis le 1er septembre par le colonel Blondlat. Ces troupes reçurent donc l'ordre de se diriger vers le Nord, en longeant la limite occidentale du pays tadla.

La colonne Gueydon se met en route le 12 octobre; elle est attaquée, le 14, par les dissidents Beni-Meskine et les Tadla, campe à la Zaouïa de Termast où elle subit, le lendemain, un vif assaut renouvelé le 16 et définitivement repoussé. Le 17 octobre, elle s'établit près d'El-Boroudj, où le général Franchet d'Espérey vient la rejoindre. Elle y séjourne jusque vers le milieu de novembre pour contenir par sa présence les tribus de l'Atlas à l'est de Marrakech, reçoit la soumission des Beni-Meskine de l'Ouest et de quelques fractions tadla, et fonde à El-Boroudj un poste qui surveillera les débouchés du pays tadla vers l'Oum-er-Rbia. Elle marche enfin vers le Nord et fait sa jonction avec la colonne Blondlat, le 26 novembre, à Merzaga. Les deux colonnes, réunies sous le commandement du général Franchet d'Espérey, se portent alors par trois routes sur le plateau de Touidjine et sur Maaziz, où leurs 6.000 hommes sont rassemblés les 29 et 30 novembre. Mais le programme projeté d'opérations contre Zaïan et Zemmour ayant paru prématuré, Franchet d'Espérey doit disloquer ses troupes, et la colonne Gueydon repart vers le Sud. Elle passe à Zahiliga (Christian), et s'arrête sur les bords de l'oued Zem où elle fonde, vers le milieu de décembre, un poste considérable. Les effectifs disponibles sont ensuite dirigés sur la Chaouïa, puis embarqués à Casablanca pour Mogador, où les événements rendaient indispensable leur présence.

Or, ils causaient en même temps une vive agitation chez les Zaïan et les Tadla. Les deux grands chefs de ces confédérations faisaient alliance et convoquaient toutes leurs forces à l'attaque simultanée des postes de Christian et de l'oued Zem. Moha-ou-Saïd, chef des Tadla, trouvant le champ libre, fond sur les fractions soumises autour de ce dernier poste, massacre les plus fidèles, entraîne les autres en dissidence. La garnison est attaquée le 18 février, et des escarmouches continuelles la fixent derrière ses remparts. Une colonne est alors nécessaire pour dégager le poste de l'oued Zem et ramener la tranquillité dans le pays.

Le colonel Simon, chef de la région de la Chaouïa, prend le commandement de 4.000 hommes environ, qui vont camper à Bir-Mezoui. Le lieutenant-colonel Magnin livre, quelques jours après, le 15 mars, le vif combat de Mechra-ben-Ismet. Cependant l'audace des Tadla est devenue telle qu'ils enlèvent d'assaut, le 17 mars, la dechra des Beni-Smir entre le camp et le poste, et massacrent la centaine de ralliés qui s'y étaient réfugiés. Le 19, la colonne Simon bouscule les campements ennemis que cette offensive étonne, mais la présence de Simon est indispensable à Casablanca pour l'installation du régime civil dans certains districts de la Chaouïa. Le colonel Mangin était déjà désigné, le 16 mars, pour le remplacer. A ce moment, le blocus de l'oued Zem avait porté à son comble le prestige de Moha-ou-Saïd. Les dernières fractions tadla, jusqu'alors neutres ou ralliées (Smahla), se mettent à leur tour en rébellion.

Après un rapide examen de la situation, Mangin prend une vigoureuse offensive. Par une marche de nuit, il surprend, le 26 mars, à Botmat-Aïssaoua, Moha-ou-Hamou Zaïani, à qui le commandant Ibos avait interdit l'approche de Christian et qui, ne pouvant pénétrer en pays zaër, était allé offrir son aide à Moha-ou-Saïd. Le grand chef zaïan perd ses bagages ; sa mehallah est dispersée, et lui-même doit s'enfuir jusqu'à Kenifra pour y rétablir une autorité déjà fort ébranlée par de précédents échecs. Le 31 mars,

Mangin fait à Jerrah sa jonction avec Ibos venu de Christian, et dont le détachement avait bousculé, à Msann, des
groupements smahla qui voulaient s'opposer à sa marche.
A la suite de cette affaire et des reconnaissances exécutées
par la colonne Mangin campée à Dechra-Braksa, la haute
vallée de l'oued Grou est complètement pacifiée, ainsi que
les districts autour de l'oued Zem.

Les progrès du colonel Henrys au sud de Meknès rendaient alors facile l'invasion du pays zaïan qui se trouvait
menacé sur trois directions, et dont les caïds des tribus ne
demandaient qu'à échapper avec notre aide à l'autorité
pesante de Moha-ou-Hamou. Une centaine de kilomètres à
peine séparaient les colonnes de Mangin et d'Henrys, et les
troupes devenues disponibles dans le cercle de N'Kreïla pouvaient faire, entre l'oued Grou et l'oued Bou-Regreg, une
intéressante diversion. Mais le général Lyautey ne jugea pas
opportune la marche sur Kenifra. Mangin se retourne alors
vers Boujad, où il arrive le 6 avril, et rétablit notre influence.
Puis, Moha-ou-Saïd ayant rassemblé des forces dans la vallée de l'Oum-er-Rbia, il se décide à briser cet adversaire,
dont la puissance restait un danger pour les territoires soumis.

Le 7 avril, Mangin arrive en vue de Kasbah-Tadla. Il
disperse des groupements ennemis, capture 15.000 moutons,
se porte le lendemain sur Rhom-el-Alem, où la mehalla
ennemie lui est signalée. Elle est mise en déroute par la
seule artillerie et, dans la poursuite, nos cavaliers s'empa-
rent du grand drapeau de Moha-ou-Saïd. Le 8, la colonne
est de retour à Kasbah-Tadla. Mais, sans cesse dispersés,
les partisans de notre tenace adversaire se réunissaient sans
cesse, et l'on ne pouvait espérer la paix, tant que leur chef
ne serait pas réduit à merci. Le 10 avril, Mangin est à Zida-
nia, malgré la résistance des Tadla, qui sont refoulés par
le canon. Ses instructions lui prescrivant de rétablir l'ordre

sur le territoire au nord du Moyen Atlas, il franchit le fleuve le lendemain, bombarde la Kasbah-Beni-Mellal au pied de la montagne, campe au bord de l'oued Derna. Après s'être ravitaillé non loin de l'oued Zem, il revient, le 15, vers le Sud, passe au travers des contingents de Ben-Djabeur et se retrouve, le 16, à Sidi-Sala, sur les bords de l'Oum-er-Rbia. Les dissidents avaient encore vainement essayé de l'arrêter. Le 17, la colonne se portait à la rencontre du lieutenant-colonel Savy, qui venait de Kelaa, et opérait sa jonction sur l'oued el-Habit ; le lendemain, Mangin était de retour avec toutes ses forces à Dar-ould-Zidou. Le général Lyautey venait l'y complimenter, en l'invitant à se maintenir sur la rive droite de l'Oum-er-Rbia. L'accès de l'Atlas paraissait être, en effet, gros de conséquences.

Mais il était difficile de se conformer strictement à ces instructions. Moha-ou-Saïd, à l'abri maintenant dans ses montagnes, n'avait pas désarmé. Ses partisans franchissaient le fleuve, et leurs incursions étaient une menace constante. On ne pouvait laisser croire à nos ennemis que nous n'oserions pas les poursuivre dans leurs retraites et que la montagne leur assurait l'impunité. Les succès de Aïn-Zerga, 26 avril, de Sidi-Ali-bou-Brahim, 27 avril, obtenus surtout par l'habileté de manœuvres qui procuraient de beaux objectifs d'artillerie étaient stériles, puisque Moha-ou-Saïd trouvait dans sa kasbah de Ksiba un asile réputé inviolable. Cependant, ils donnaient quelque répit aux populations paisibles. Mangin en profite pour recevoir des soumissions, organiser un poste à Kasbah-Tadla, que le commandant Aubert avait enlevée en 1910 ; mais la situation politique de l'époque ne lui avait pas permis de s'y maintenir, et le souvenir de sa retraite inspirait, en 1913, la résistance des dissidents.

Moha-ou-Saïd, installé sur les pentes de l'Atlas à Sidi-ben-Daoud, y rassemblait en effet tous les irréductibles et

menaçait d'attaquer à fond les tribus qui avaient demandé
l'aman. Il était gênant et dangereux. Lyautey ordonnait à
Mangin de lui infliger un châtiment sévère. En conséquence
Mangin se porte, le 8 juin, avec 4.500 hommes sur Sidi-ben-
Daoud, et refoule l'adversaire qui se retire en pleine montagne dans la direction de Ksiba. Le colonel laisse alors le
gros de ses troupes à Sidi-ben-Daoud avec l'artillerie de 75
qui ne peut franchir une gorge rocheuse et fait la poursuite
avec un groupe léger. Sa cavalerie, qui avait talonné les
fuyards, est attaquée dans un brusque retour offensif. Elle
résiste sur place, jusqu'à ce que l'arrivée de Mangin la
dégage : elle avait perdu 21 tués, dont le commandant
Picard, qui avait conduit la brillante charge de Sidi-bou-
Othman. La marche est alors reprise jusqu'à la kasbah de
Moha-ou-Saïd, qui est enlevée d'assaut, et brûlée. Le soir
même, Mangin est de retour à Sidi-ben-Daoud. Mais,
apprenant que de nouveaux rassemblements se forment
dans les montagnes de Ksiba, Mangin y revient par une
marche de nuit le 10 juin, chasse les dissidents malgré
leur vive résistance, détruit par l'artillerie ce qui reste de
la kasbah, enlève d'assaut le gros village de Ksiba et rentre
le soir à son camp après un vif combat d'arrière-garde qui
nous coûtait 50 tués et 119 blessés. Ce coup de force ruinait
enfin le prestige de Moha-ou-Saïd. Le soir même, 600 cavaliers dissidents venaient offrir leurs services à Mangin, qui
s'installait, le lendemain, avec ses troupes à Kasbah-Tadla
pour achever l'organisation du pays.

Les pertes, relativement fortes, subies au cours des opérations de Ksiba, et qui étaient d'ailleurs principalement
imputables à des incidents de manœuvre, hors de la volonté
du chef de la colonne, provoquèrent quelque émotion en
France, et même au Maroc. Les conséquences de l'inertie
et de la temporisation y ont été cependant assez funestes
pour qu'on y doive accepter avec joie les résultats évidents

d'une offensive vigoureuse et habile, quelque coûteux qu'ils soient. Le colonel Mangin qui rentra peu de temps en France fut cependant promu général. En fait, depuis les combats de Ksiba, le pays tadla est tranquille, et la paix peut y être aisément maintenue.

d) Opérations en pays zaër. — La première pacification du pays zaër, en 1911, par le colonel Branlière et le général Moinier ne pouvait donner de résultats durables, malgré la fondation des postes d'Aïn-Sebbas, Méaux, Marchand et N'Kreïla. Les garnisons étaient en effet condamnées à l'immobilité par les négociations diplomatiques et par les divergences sur le régime éventuel du protectorat. Les frères Bou-Acheria ou Fokras de Merchouch, qui avaient été les instigateurs de la résistance, purent donc intriguer à leur aise. Servis par les événements (révolte de Fez, tentatives du Rogui et d'El-Hiba), ils firent passer en rébellion ouverte les tribus jusqu'alors indifférentes. Une petite colonne, venue de Boucheron en juillet 1912 jusque dans le Sibarra, constatait les dispositions hostiles des tribus. Malgré les combats livrés par le commandant Rouquette à Touidjine le 2 mai, par le commandant Prokos sur le plateau de Tsili le 17 juillet, Maaziz était constamment menacé par les Zemmour et Zaër dissidents qui insultaient N'Kreïla et venaient razzier sous les vues de Marchand les douars restés fidèles.

Il importait de ne pas laisser s'étendre jusqu'aux portes de Rabat ce foyer de rébellion. Mais les Zaër étaient réputés comme d'indomptables guerriers. La gravité de la situation d'abord vers Fez, ensuite vers Meknès, la fondation d'un poste à Arbaoua pour répondre à l'occupation d'El-Ksar par les Espagnols, ne permettraient pas de consacrer à leur châtiment toutes les troupes qu'on supposait nécessaires. Cependant, après les succès décisifs du général Gouraud, Lyautey jugea qu'il pouvait enfin résoudre le problème zaër. Une colonne fut concentrée à Camp-Marchand, dans les derniers jours d'août 1912, sous le commandement du colonel Blondlat, chef de la région de Rabat. La précipitation des événements vers Marrakech y fit soudain prélever des éléments destinés à renforcer le groupe Gueydon de Dives qui se rassemblait à Settat; mais Blondlat disposait encore de 2 bataillons, 5 goums de la Chaouïa, 2 sections de mitrailleuses, 2 sections d'artillerie, 1 escadron, soit plus de 2 000 combattants.

Le 1er septembre, la colonne des Zaër se met en route vers le Sud où les contingents des Bou-Acheria sont signalés. Comme pour la narguer, des dissidents étaient venus razzier, la veille, un douar à 4 kilomètres de son camp, et cette aventure nous coûtait quelques cavaliers tués. Dans la nuit du 1er au 2 septembre, les Zaër attaquent les troupes bivouaquées au sud du col d'El-Fedj. Après une vive fusillade, ils sont repoussés au lever du soleil par une offensive générale et la colonne va s'installer, le 2 septembre, à Hadjerat-ben-Naceur. Les pertes parurent assez importantes pour justifier la réputation guerrière des Zaër. L'imminence des opérations vers Marrakech fit alors imposer une attitude expectante pendant tout le mois de septembre. Blondlat, maintenu sur sa position d'Hadjerat, fait vider des silos de dissidents et dirige des reconnaissances aux environs (Sidi-Lakdar, 5 septembre; Sidi-Kacem, 14 septembre), qui déterminent quelques demandes d'aman. Dans l'affaire de Sidi-Kacem, la colonne s'était heurtée à tous les dissidents réunis par les Bou-Acheria et soutenus par les tribus zaïan, limitrophes du pays zaër. Malgré son succès, Blondlat dut aller à Rabat pour y faire approuver des projets dont la réalisation paraissait dangereuse et prématurée. Ces projets consistaient dans l'établissement de postes-frontières, dont l'action combinée protégerait les Zaër soumis contre les **incursions des Zemmour, des Zaïan et des Tadla.**

Le 1er octobre, la colonne, sous le commandement provisoire du chef de bataillon Maurial, transporte son camp à 7 kilomètres plus loin, sur le plateau de Zahiliga où elle doit installer une garnison. Les dissidents qui veulent s'y opposer sont dispersés après un bref engagement. On nomme « Christian » le poste nouveau, en souvenir d'un capitaine tué pendant le combat d'El-Fedj, et la colonne aide la garnison à faire les premiers travaux, non sans avoir des escarmouches avec les fidèles des Bou-Acheria. Une base de ravitaillement est organisée dans le poste pour la colonne Gueydon, que l'on attendait, en prévision d'opérations combinées. Mais la colonne Gueydon se trouvant retardée dans sa marche, ainsi qu'il a été dit plus haut, Blondlat qui avait repris, le 6 novembre, le commandement de ses troupes se résout, le 8, à se porter sur Merzaga. Il y arrive le 10, fonde un poste et reçoit 1 bataillon 1/2 de renforts. La colonne Gueydon arrive enfin le 26 novembre. Elle repart le 1er décembre vers le Sud, tandis que Blondlat va fonder un troisième poste à Tedders, chez les Zemmour dissidents et, le 6 décembre, au cours d'une reconnaissance, le commandant Ibos bouscule aux environs un groupe de Beni-Hakem qui prenaient l'offensive. Le 16 décembre, Blondlat établissait le reste de ses troupes en colonne d'observation à Sidi-Larbi, tandis que le chef d'escadron Devanlay nettoyait la forêt de Mamora. La colonne des Zaër est disloquée, le 15 janvier 1913. Le colonel Blondlat était, peu après, promu général.

Sa mission fut complétée par les postes nouveaux. Tandis que Tedders maintenait les Beni-Hakem à distance par quelques escarmouches, le commandant Desportes, de Merzaga, infligeait le 18 février, à Aïn-Ogla, une sévère leçon aux dissidents zaër et zemmour qui renoncèrent désormais à leurs incursions dans ce district.

Au sud du pays zaër, après les événements de Mogador,

les Bou-Acheria, réfugiés en pays zaïan, avaient décidé Moha-ou-Hamou-Zaïani à une action contre Christian, combinée avec l'offensive de Moha-ou-Saïd contre l'oued Zem. Mais le commandant Ibos réussit à déjouer leurs plans et à maintenir les Zaïan sur leur territoire : les 30 et 31 janvier, il canonne les bandes ennemies surprises en voie de rassemblement sur les rives de l'oued Grou ; le 15 février il surprend à Sebba-Aouinet un campement de Zaïan, qu'il disperse, en détruisant leurs tentes. Le 17, surprise à Bou-Maiza, par le lieutenant Méaux, d'une reconnaissance du Zaïani en personne qui doit s'enfuir précipitamment. Le 18, razzia de grains sur le plateau de Besbessa par le capitaine Rouyer qui met en déroute un fort parti dirigé par le frère du Zaïani. Découragé, Moha-ou-Hamou se porte vers l'oued Zem, où le colonel Mangin lui fait subir, le 26, à Botmat-Aïssaoua, un désastre complet. Les Bou-Acheria ne peuvent plus compter sur l'appui des Zaïan, dont plusieurs tribus réclament la fondation d'un poste français sur leur territoire. Ils perdent, en outre, presque tous leurs troupeaux qu'enlève le capitaine Quéré, chef du bureau des renseignements de Christian, par des razzias audacieuses. Ils demandent alors à faire leur soumission au poste ; elle est acceptée le 30 mars, et les Bou-Acheria sont envoyés en exil aux environs d'Azemmour. Enfin, le 31, en allant effectuer à Jerrah une jonction avec le colonel Mangin, le commandant Ibos balaie sur les collines de Msann des groupes de dissidents tadla qui voulaient lui barrer le passage, après s'être installés dans la haute vallée de l'oued Grou.

Les tribus du secteur avaient vaillamment aidé la garnison de Christian, dont la mobilité empêcha ainsi Moha-ou-Hamou de jouer un rôle analogue à celui de Moha-ou-Saïd autour de l'oued Zem. Depuis ces événements, la tranquillité est complète dans le pays zaër.

e) Opérations au sud de Mecknès. — Les conséquences de

la révolte de Fez, puis les événements de Marrakech avaient réveillé l'ardeur guerrière des Beni-Mtir et des Beni-Mguild. Leurs contingents allaient soit aider les Aït-Youssi autour de Sefrou, soit inquiéter El-Hajeb. Pendant longtemps il fallut se contenter de les refouler, les circonstances ne permettant pas des opérations à grande envergure dans le pays difficile des rebelles qui pouvaient en outre recevoir l'appui des Zaïan. La colonne du général Dalbiez avait quitté Fez le 17 juin 1912, visité El Hajeb-Ifran, dispersé sans peine des rassemblements ennemis, obtenu quelques soumissions. Son œuvre était continuée, dans la mesure du possible, par la colonne mobile du colonel Robillot, qui rayonnait autour d'El-Hajeb, mais l'insécurité régnait toujours entre Agouraï et Sefrou. En décembre, le commandant Rose, avec un détachement mobile, et les garnisons d'Agouraï et d'El-Hajeb combinèrent leurs mouvements et dispersèrent à plusieurs reprises des groupements hostiles ; mais le soulèvement des Tadla et des Zaïan eut une répercussion chez les tribus au sud de Meknès. En février 1913, les convois étaient attaqués ; les Guerouan, qui s'étaient soumis en 1911 au général Moinier, firent défection. Le général Lyautey décida aussitôt la création d'un cercle autonome, dit des « Beni-Mtir », dont l'organisation fut confiée au colonel Henrys.

Il était temps. Les dissidents réunis attaquaient El-Hajeb le 18 février, mais Henrys rassemble ses forces (6 bataillons, 2 escadrons, 2 batteries) et fonce sur les Beni-Mtir et les Beni-Mguild coalisés, que fanatisaient le Rogui auquel ils donnaient asile et l'irréductible Sidi-Raho. Il les disperse le 24 mars dans un vif engagement, et les refoule sur la lisière de la forêt de Djaba, où il les bat encore le 2 avril. Le mouvement des soumissions commence à se déclancher. A ce moment, on songea qu'une marche convergente sur **Kenifra**, par les colonnes Henrys et Mangin et par les troupes disponibles du cercle de N'Kreïla, était possible mais le projet fut vite abandonné. Henrys dut se contenter de reculer vers le Sud les limites de son cercle.

Après des pourparlers avec les dissidents, il se remet en route le 18 avril, explore la forêt de Djaba qu'il traverse; au cours d'une de ces reconnaissances le commandant Bernier est tué, mais le Rogui est blessé. Le 23 avril, après un brillant combat, la kasbah Ifran est détruite; le colonel Henrys fait ensuite sa jonction avec le colonel Comte venu de Fez, et il occupe provisoirement Azrou. Les Guerouan, impressionnés par ces succès, font presque tous leur soumission, et Henrys retourne à Dar-Caïd-Ito pour compléter l'organisation de son cercle. Mais le Rogui et Sidi-Raho tentaient encore de pousser à la défection les tribus soumises en menaçant leurs moissons. Afin de les réduire à l'impuissance, Henrys repart le 26 mai, talonne les dissidents, traverse la forêt de Rabah-el-Behar, et les poursuit jusque dans la haute vallée de l'oued Ifran. Le Rogui et Sidi-Raho renoncent à la lutte et disparaissent avec quelques partisans. Un détachement de nos troupes occupe alors Azrou, pour rassurer les tribus durant les moissons. Pendant ces opérations le colonel Coudein, avec une colonne d'observation, stationnait sur le plateau d'Oulmès, où il effectuait des reconnaissances et se tenait prêt à intervenir.

La région au sud de Meknès, jusqu'au pays zaïan, était enfin pacifiée. Le général Lyautey constatait, au cours d'une tournée, les brillants résultats obtenus, avec des pertes légères, par le colonel Henrys qui était bientôt promu général. Il ordonnait la fondation d'un poste à Immouzer, où une jonction s'opérait, le 10 juillet, avec une colonne venue de Fez sous les ordres du colonel Pierron. Ce poste fermait la trouée comprise entre El-Hajeb et Sefrou, et garantissait une sécurité définitive aux communications entre Fez et Meknès. Peu après, pour décourager les derniers dissidents qui se réunissaient dans le district de Soukh-Amras, le lieutenant-colonel Claudel, successeur intérimaire du général Henrys, se portait à leur rencontre, du 1er au 5 août. Attaqué dans son camp pendant la nuit du 3, il effectuait une contre-attaque brillante et, malgré les pertes éprouvées par sa colonne, il les mettait, sans doute pour longtemps, dans l'impossibilité de nuire.

f) *Opérations au Maroc oriental.* — Tandis que les troupes du Maroc occidental agrandissaient sans cesse l'étendue des territoires soumis, les troupes du Maroc oriental, sous les ordres du général Alix, étaient maintenues dans l'expectative par la difficulté des ravitaillements. Elles devaient se borner à un rôle démonstratif sur la Moulouya, tout en préparant la jonction ultérieure entre l'Algérie et Fez. Leur mission pénible n'en est pas moins importante et brillamment remplie.

Dès le commencement de 1912, le lieutenant-colonel Ropert, commandant du Haut-Guir, se préoccupait des voies de communication qui pourraient faciliter, de l'Algérie, une action vers la moyenne vallée de la Moulouya. La grande route d'invasion vers le Sahara, au temps de la puissance des sultans marocains, passait par Kasbah-el-Makhzen et le Tafilelt. Des reconnaissances ordonnées dans cette direction, par la vallée de l'oued Zig, font nouer des relations avec les indigènes qui s'accoutument à conduire leurs caravanes sur le marché de Bou-Denib. Profitant de ces bonnes dispositions, Ropert envoie une petite colonne qui parcourt l'itinéaire levé jadis par de Foucauld, pousse sans avoir à tirer un coup de fusil jusqu'à Tizi-N'telremt, qui est le dernier col de l'Atlas sur la route de Kasbah-el-Makhzen. En temps utile, il sera donc possible de prendre à revers par cette voie, le Moyen-Atlas.

Mais des résultats plus immédiats étaient obtenus dans la basse vallée de la Moulouya.

Après la campagne du général Toutée, les Beni-Ouaraïn de la gada de Debdou, nos principaux adversaires de 1911, étaient restés longtemps tranquilles. Mais, au début de 1912, ils perdent le souvenir de leurs défaites. Ils prétendent interdire à nos reconnaissances l'accès de la plaine de Tafrata, et ils font des incursions sur la route de Debdou à Merada. Pour les contenir, le général Alix fait fonder un poste à Fritissa. Le colonel Pinoteau, en parcourant les environs, rencontre les Beni Ouaraïn au col de Toubibicha (18 mars 1912), et les bat complètement. Afin d'empêcher l'effervescence de s'étendre, Alix fait sillonner la région par le colonel Féraud, avec 2 300 hommes. Nos troupes sont attaquées, le 9 avril, par tous les contingents des tribus voisines. Elles éprouvent des pertes sérieuses, mais les adversaires laissent plus de 200 morts sur le terrain. Pour la première fois au Maroc, un aéroplane est employé pendant le combat.

Cette leçon aurait assuré la tranquillité dans la vallée de la Moulouya, mais la révolte de Fez vint tout remettre en question. Les partisans de la guerre tenaient des réunions à la kasbah de M'soun, et une explosion générale était à craindre. Afin de la prévenir, Alix fait concentrer sous les ordres du général Girardot près de 9 000 hommes à Fritissa.

Or, après s'être entraînées dans des actes de brigandage, les tribus se risquaient, dès le 14 mai, dans l'attaque de Merada. Les escarmouches autour du camp se succédaient sans cesse. Il fallait passer à l'offensive pour dégager la ville et les environs. Le général Alix est enfin autorisé à franchir la Moulouya, sous réserve qu'il ne s'engagerait pas dans une tentative de jonction avec les troupes de Fez, que les circonstances ne permettaient pas de réaliser. Le 24 mai, Girardot passe le fleuve, s'établit à Guercif, rayonne jusqu'à Safsafat et bat les Marocains, le 26, à Teniet-el-Hadj. Les tribus avoisinantes font leur soumission ; le gros des troupes **revient à Merada le 5 juillet, tandis qu'un poste est fondé à**

Guercif par Alix, qui disloque, le 3 juillet, les éléments mobiles pour les répartir entre Taourirt et Guercif, afin de protéger les travaux du chemin de fer qui sont activement poussés. La garnison de Guercif lance des reconnaissances sur M'sounn, d'où elles aperçoivent Taza, et la situation s'améliore dans la région. Pendant plusieurs mois, elle n'est plus troublée que par des brigandages peu importants. Le passage fréquent de petites colonnes y maintient la paix.

Mais la fondation d'un poste à Soukh el-Arba des Tissa posait, du côté de Fez, un jalon sur la route de Taza. Il devenait opportun de faire, en partant de la Moulouya, une étape analogue. Une tournée du général Girardot (17-20 février 1913) au nord du Debdou, jusqu'à l'embouchure de l'oued Za, naguère contestée par les Espagnols, montrait que l'on pouvait compter sur la tranquillité des populations de la rive droite. Le général Alix, nommé commissaire du gouvernement dans la région de la Moulouya, décide alors de préparer les bases de la jonction avec le Maroc occidental. Il concentre des troupes à Merada pour l'exploration méthodique du pays entre le fleuve et Kasbah-M'sounn, et donne à ses reconnaissances des points d'appui dans les postes qu'il établit à Mahiridja, Safsafat et Nekhila.

Ce dernier poste est fondé le 8 avril. Il commandait un point d'eau important et gênait l'indépendance des Beni-Bou-Yahi, qui attaquent la garnison le 9 et le 10 avril, lui font éprouver quelques pertes et tentent de l'investir. Le général Alix part de Merada, le 19 avril, avec 4 500 hommes, surprend, le 20, le campement des Beni-Bou-Yahi au Djebel-Guiliz, et leur inflige une défaite complète qui les décide à se retirer de la lutte.

Libre de ce côté Alix se porte, le 9 mai, de Merada sur Safsafat avec 5 000 hommes pour effectuer l'occupation de M'sounn, déjà préparée par des intelligences dans la place, et dont les abords avaient été reconnus par la garnison de Safsafat. M'sounn est occupé sans résistance le 11 mai ; la population montre une attitude courtoise. Dans la nuit les Beni Ouaraïn et les Riata coalisés viennent attaquer le camp situé hors de la ville. Ils sont repoussés et reviennent à la charge, le 24 mai, sans plus de succès. Mais une prise d'armes générale était annoncée ; les Mestsala, Riata, Branès, etc., se rassemblaient en prévision d'une action décisive. Alix qui était rentré à Merada ne veut pas laisser l'excitation s'étendre. Il part le 26 mai, rencontre, le 28, aux abords de Kasbah-Aïn-el-Arba, les contingents ennemis qui tentaient une marche convergente sur trois directions. Il manœuvre avec décision, disloque successivement les trois colonnes ennemies, n'éprouve que des pertes légères et campe le soir même sur le point de concentration projeté des assaillants. M'sounn était définitivement dégagé.

Actuellement, les postes extrêmes du Maroc occidental et du Maroc oriental, Tissa et M'sounn, ne sont éloignés que d'une centaine de kilomètres. Chacun d'eux prépare par la diplomatie, la rencontre de nos troupes vers Taza. Les difficultés de cette jonction, qui étaient naguère considérables, s'atténuent de plus en plus avec le temps. Les chemins de fer stratégiques, lancés de Rabat vers l'Est et de Taourirt vers l'Ouest, simplifieront au moment voulu les transports et les ravitaillements de nos troupes, tandis que les préventions et les hostilités locales seront émoussées par les effets d'une politique avisée.

IV. Conclusions. — Pendant la deuxième phase des opérations au Maroc, l'emploi des gros effectifs s'est généralisé. A la supériorité de la discipline et de l'armement s'ajoute, pour nos troupes, la supériorité du nombre. Les risques d'insuccès d'une colonne sont donc réduits au minimum.

Malgré les difficultés des ravitaillements et le médiocre

rendement des moyens de transport locaux, l'hygiène et l'entretien des troupes en campagne ont été fort améliorés. Le développement des convois et leur protection n'ont pas toujours été un obstacle aux rapides mouvements des colonnes. La mobilité, d'ailleurs, procure des succès décisifs.

Les tribus indépendantes ne cèdent pas à la persuasion ; elles ne se soumettent qu'après avoir combattu. La vigueur et la rapidité des coups mettent promptement fin aux hostilités. Les soumissions sont alors définitives. Mais des opérations dirigées avec timidité encouragent les résistances et suscitent de nouvelles coalitions.

Une colonne qui a réduit par la force un pays indépendant doit y fonder des postes pour achever la pacification. Ils garantiront la tranquillité aux tribus soumises. Celles ci accepteront alors, sans arrière-pensée, le régime nouveau. Elles en apprécient les avantages : justice, sécurité, profits matériels. Nous ne pouvons de longtemps compter sur la sympathie sincère de nos protégés, mais nous pouvons nous les attacher par l'intérêt.

L'autorité morale du sultan est illusoire en dehors des anciens pays makzen, c'est-à-dire de la région de Marrakech, de la Chaouïa, des contrées entre Fez et Rabat. Dans ces pays, l'établissement d'un protectorat normal est avantageux. Dans les régions dites « bled siba » (Zaïan, Tadla, Zaër, tribus de l'Atlas, etc.), il paraît préférable de prendre les chefs des grandes familles locales comme intermédiaires entre les indigènes et nous, par analogie avec la politique suivie dans la région montagneuse du Tonkin et à Madagascar. Nous augmenterions les difficultés de notre pénétration si nous imposions, ailleurs que dans le « bled makhzen », des fonctionnaires du sultan.

La nécessité admise en principe de forces considérables au Maroc a pour conséquence le développement de nos troupes indigènes. Les Marocains à notre service, dans les goums notamment, ont affirmé de sérieuses qualités militaires. Il est avantageux d'en généraliser l'emploi. Quel que soit le type adopté pour l'organisation des Marocains (goums ou régiments), ils peuvent nous donner l'effectif d'une excellente division, qui diminuera d'autant les charges de la métropole au Maroc. En outre, la rapidité de notre pénétration et les dangers d'immobiliser trop de troupes blanches outre-mer en cas de complications européennes font réaliser l'armée noire, préconisée depuis longtemps par le général Mangin. Le nombre des Sénégalais au Maroc occidental augmente régulièrement : de 1 bataillon en 1910, ils sont passés à 12 en 1913 ; de plus, ils fournissent 1 escadron de cavalerie et les servants dans plusieurs batteries coloniales. Leur réputation de guerriers ne s'est pas démentie. On peut donc prévoir que le corps d'occupation se composera tôt ou tard d'Algériens, de Marocains et de Sénégalais, avec les éléments blancs strictement indispensables : génie, troupes coloniales et légion étrangère.

Larousse mensuel, décembre 1913.

FIN

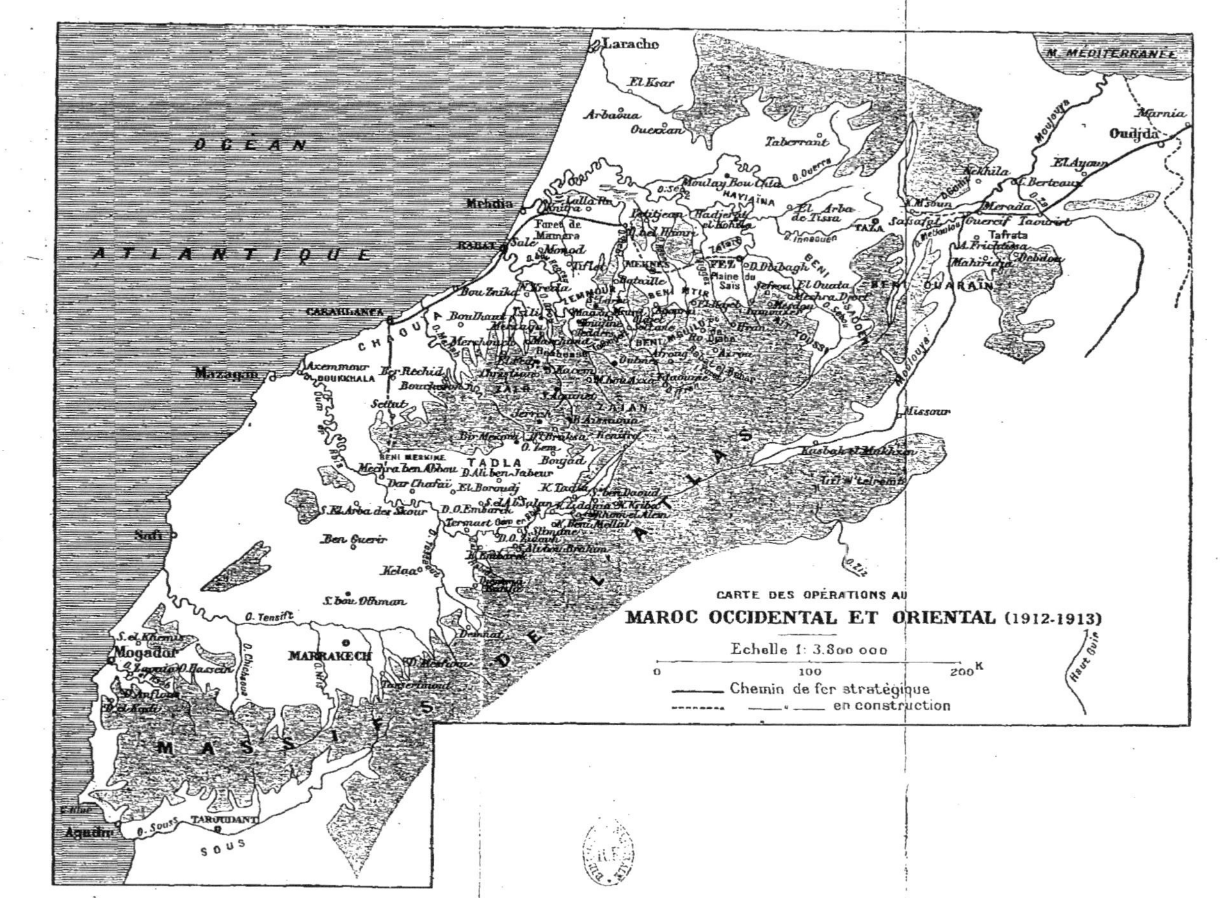

CARTE DES OPÉRATIONS AU
MAROC OCCIDENTAL ET ORIENTAL (1912-1913)
Echelle 1: 3.800.000
0   100   200 K
Chemin de fer stratégique
en construction
OCÉAN
ATLANTIQUE
M. MÉDITERRANÉE
SOUS
MASSIF
TADLA
HAUT ATLAS
CHAOUIA
Larache
El Ksar
Arbaoua
Taberrant
Oudjda
Mazagan
Casablanca
Mehdia
Marrakech
Mogador
Agadir

TABLE DES MATIÈRES

ANNEXES

ÉVREUX. — IMPRIMERIE CH. HÉRISSEY

9 782013 426251